汪 堂 家 文 集

著 述 卷

Lectures
on Jacques Derrida
汪堂家讲德里达

汪堂家 著

上海三联书店

图书在版编目(CIP)数据

汪堂家讲德里达/汪堂家著.—上海:上海三联书店,2019.5
(汪堂家文集)
ISBN 978 - 7 - 5426 - 6629 - 1

Ⅰ.①汪…　Ⅱ.①汪…　Ⅲ.①德里达(Derrida,Jacques
1930—2004)-思想评论-文集　Ⅳ.①B565.59-53

中国版本图书馆 CIP 数据核字(2019)第 033455 号

汪堂家讲德里达

著　　者 / 汪堂家

责任编辑 / 黄　韬
装帧设计 / 黄胜锦
监　　制 / 姚　军
责任校对 / 张大伟

出版发行 / 上海三联书店
　　　　　(200030)中国上海市漕溪北路 331 号 A 座 6 楼
邮购电话 / 021 - 22895540
印　　刷 / 上海展强印刷有限公司

版　　次 / 2019 年 5 月第 1 版
印　　次 / 2019 年 5 月第 1 次印刷
开　　本 / 640×960　1/16
字　　数 / 200 千字
印　　张 / 15.25
书　　号 / ISBN 978 - 7 - 5426 - 6629 - 1/B·632
定　　价 / 78.00 元

敬启读者,如发现本书有印装质量问题,请与印刷厂联系 021 - 66366565

《汪堂家文集》编纂组

郝春鹏　　黄　韬　　李之喆
孙　宁　　石永泽　　吴　猛
王卓娅　　叶　子　　张奇峰
曾誉铭

德里达

德里达

德里达

《汪堂家文集》编者前言

汪堂家先生是我国当代著名哲学学者,在近现代欧陆哲学、美国实用主义哲学、生命-医学伦理学等领域卓有建树。同时,先生还是一位卓越的学术翻译家,迻译了包括德里达的《论文字学》、利科的《活的隐喻》在内的大量学术作品。此外,先生还是一位优秀的哲学教育家,通过在大学的授课和言传身教影响了众多青年学子的思想和人生道路。

1962年5月21日,先生出生于安徽省太湖县。先生早年毕业于安徽大学,后就读于复旦大学并获得哲学博士学位,生前担任复旦大学哲学学院教授、西方哲学史教研室主任,并兼任复旦大学杜威研究中心副主任和《杜威全集》中文版编辑委员会常务副主编。先生因病于2014年4月23日去世,享年52岁。

先生一生笔耕不辍,虽天不假年,却在身后为世人留下总计约400万字的著述和译作,这些作品记录着一位当代中国学者苦心孤诣的思考历程。为缅怀先生对当代学术与思想所作的贡献,全面呈现先生一生的工作和成就,我们谨编纂《汪堂家文集》,作为对先生的纪念。

从内容上说,《汪堂家文集》(以下简称《文集》)包括两部分,一部分是先生的著述,另一部分是先生的译作。无论是著述部分还是译作部分,都既包括先生生前发表过的作品,也包括先生的遗著中相对完整者。

先生生前发表的著述包括著作和文章。著作中有独著和合著,文章也有一部分已汇成文集出版。先生的独著有《死与思》(完成于20世纪80年代的遗著)、《自我的觉悟——论笛卡尔与胡塞尔的自我学说》(1995 年)和《汪堂家讲德里达》(2008 年),合著有《心灵的秩序》(1997 年)、《人生哲学》(2005 年)、《17 世纪形而上学》(2006 年);先生的文集有两部:论文集《哲学的追问——哲学概念清淤录之一》(2012 年)和散文集《思路心语——生活世界的哲思》(2011 年)。我们将尽可能完整地收录先生的这些著述和文章,不过一些作品的呈现方式会有所变化,读者会见到一些在先生生前未曾出现过的书名,原因在于:其一,有不少著述需要从不同地方(合著或期刊)汇集到一起;其二,先生的著述中有不少是未曾发表过的遗稿;其三,先生临终前有过比较明确的系统整理自己著述的想法,并设计好了相应的书名。我们根据先生的遗愿确定了相应作品的书名。具体说来:《文集》将全文发表《死与思》;我们还将《自我的觉悟——论笛卡尔与胡塞尔的自我学说》与先生的多篇"应用现象学"研究论文合为一册,名为《现象学的展开——〈自我的觉悟〉及其他》;同时,《文集》将先生关于伦理学的著述汇作《生命的关怀——汪堂家伦理学文集》;另外,《文集》将先生的学术随笔和其他散文、时评等收入《心造的世界——汪堂家散论集》。除此之外,《文集》将没有收入上述各书的文章以及比较完整的遗稿一起收入《哲学思问录》一书。

先生留下的翻译作品共约 180 万字。除了他最有影响力的译作《论文字学》(1999 年)和《活的隐喻》(2004 年)之外,先生还翻译了《乱世奇文——辜鸿铭化外文录》(2002 年)、《无赖》(合译,2010 年)、《承认的过程》(合译,2011 年)、《杜威全集》中期 15 卷(合译,2012 年)等。《文集》将以最大努力呈现先生的这些工作。除此之外,我们将先生的译文遗作汇为《汪堂家遗译集》,其中特别收入先生早年译的福柯《知识考古学》(残篇)。

《文集》的主要编纂工作是汪堂家先生的学生们戮力同心完成的。这部《文集》寄托了我们的期盼:愿先生的生命在他留下的文字中延续。尽管我们在整理先生的文稿过程中尽了最大努力,然囿于识见,相信仍会有不少错讹之处,敬祈诸位师友斧正。

《文集》的出版,若非得到众多师长、同仁和朋友的鼎力襄助,是不可能实现的。在此我们要特别感谢上海三联书店总编辑黄韬先生,正是他的倾力帮助,使本《文集》得以顺利出版。同时我们还要感谢孙向晨先生、袁新先生、邵强进先生、林晖先生、孙晶女士、陈军先生、金光耀先生、汪行福先生、张双利女士、丁耘先生、赵荔红女士、杨书澜女士、杨宗元女士和师母廖英女士的热情支持。本文集的出版,得到了复旦大学哲学学院和复旦大学亚洲研究中心的支持,特此鸣谢。最后,特别要说明的是,由于所涉作品版权等原因,本《文集》的出版采取了多家出版社联合出版的形式,在此我们谨向参与《文集》出版的各家出版社致谢!感谢上海三联书店牵头组织了本《文集》的出版,并感谢复旦大学出版社、上海译文出版社、中国人民大学出版社、上海人民出版社和北京大学出版社在《文集》的整个出版过程中给予的大力支持和帮助。还有其他帮助过我们的朋友和机构,恕不一一,谨致谢忱。

《汪堂家文集》编纂组

2018 年 4 月

序　　言

　　德里达(Jacques Derrida,1930—2004)是对当今世界学术界影响最广,同时也最具争议的 20 世纪法国思想家之一。自 1967 年出版《语音与现象》、《论文字学》和《书写与差异》以来,他出版的论著(包括参编的著作、讲演录和访谈录)达八十余种(见书末的文献目录),影响遍及哲学、文学、艺术、政治学、法学、语言学、教育学、社会学、宗教学、美学、人类学、数学和心理学等领域。他所创造的"解构"一词已经成为一种建筑风格和时装样式的代名词并且出现在伍迪·艾伦(Woody Allen)拍的电影和坡利提(Schritti Politti)的通俗歌曲中。以德里达为题材的电影有两部,一部是法瑟(Safaa Fathy)拍摄的《德里达在别处》(Derrida's Elsewhere,1999),另一部是迪克(Kirby Dick)和科夫曼(Amy Ziering Kofman)拍摄的《德里达》(Derrida,2002)。20 世纪70 年代以前,德里达一直保持低调,他很少对现实的政治、法律和宗教问题发表看法,也几乎不愿接受记者的采访。到了 70 年代,他一改以前的作风,经常接受一些媒体和学者的专访,他不仅将早年的解构策略娴熟地运用于对政治、宗教、法律等问题的分析并大胆地阐述自己的主张,而且不断就建筑、电影、戏剧、媒体、大学改革、社会捐赠、种族歧视、女性主义、恐怖主义、第三世界的饥饿和文化遗产保护等论题表明自己毫不妥协的立场。今天,人们给德里达的哲学冠以各种名称,如"解构主义"、"差异哲学"、"德里达主义"、"后现代主义"等等;德里达本人则常被人称为"解构主义者"、"后结构主义者"、"后现代主义者"、"新尼采主义者"。但德里达并不接受这样的标签。他的主要工作仍是对思想史的重新阐释。他首先是一个具有强烈历史感和社会关怀的哲学家。

然而，德里达总是给人一种喜欢批评的印象。他既是思想的批评家，也是文化的批评家，更是当代社会的批评家。他把批评作为思想家的天职。多亏有了像他这样的正直的批评家，我们的社会才对自己的疾病和危机保持着基本的警觉与自省。我把德里达、乔姆斯基、罗蒂和哈贝马斯看做20世纪下半叶最伟大的"牛虻"。我们应该庆幸我们的时代拥有这样的牛虻。如果说批评是进步的动力，那么，我们应当欢迎德里达这样的哲学家通过批评为我们的社会进步注入活力。不管我们是否喜欢德里达的哲学，我们都不能不承认一个事实：他提出的许多问题是当今社会无法回避的。他对文化多样性的捍卫，对欧洲中心主义的批评，对形形色色的霸权行径的抨击，对社会边缘人群和少数民族的同情，对人类思想遗产的珍爱，对人类前途和命运的殷殷关切，足以成为我们这个时代的哲学家不囿成见、不畏强权和追求正义的标志。我们甚至可以说，当德里达通过继承以蒙田、笛卡尔和帕斯卡为代表的法国哲学家的怀疑精神对西方文化传统进行不遗余力的批评时，他同样代表着我们的时代对古典精神的怀念。虽然他提出的某些观点遭到不少学者的嘲弄，有人甚至认为他根本不配称为哲学家，但他提出的一些术语、他的独特思路、语言风格和理论策略已经融入了当代思想的潮流，并且影响了一些领域的学术走向。

毫无疑问，一个思想家的地位和贡献不一定需要得到政治人物的认可。但是，当2004年10月9日法国总统府向全世界发布德里达因患胰腺癌在巴黎逝世的消息并盛赞德里达是"我们时代的精神生活的主要人物之一"时，我们还是感到一丝欣慰，因为它代表了尊重思想的当代法兰西对这位饱受争议的思想家的象征性承认。对五大洲的读者来说，德里达的著作不仅唤起过批评的热情，燃起过嘲笑的欲望，荡起过争议的风波，而且在我们这个经常拒绝思想的多元化的时代里激发过思想的灵感。

但我们最终还是要庆幸自己生活在一个多元化的时代，在这个时代里，最珍贵的财富不是我们的先进产品，而是我们拥有为创造这些先进产品所不可缺少的思想自由。对于那些思想自由的勇毅的捍卫者和实践者，我们除了从内心里表达我们的敬意，还需要耐心而细致地研读他们的文本，与他们一块提问，一块思考，一块解答。文有高下，学无中西。我们的民族"自性"与自信虽然离不开我们的文化身份，但同样需要世界眼光与人类情怀，或者不妨说，这种眼光与情怀应当成为我们悠久的开放文化的一部分。在重新开放的文化中，我们看到了"德里达"这个名字，我们把它看做对这个多元化时代的献礼。

呈现在读者面前的这本小书是我从上个世纪80年代以来研读德里达的一点心得。所思未必成熟，所感却是真切的；所论未必完善，所求却是执著的。虽然我很早就想写一本这样的专著，讨论德里达的那些不易为人把握的思想，但我迟迟不敢动笔。主要原因是，德里达的大部分作品都是对历史经典的解读并且是非常细致的解读，如果我不将德里达解读过的经典再细致地解读一遍，就无法判断哪些是历史经典的词句，哪些是德里达的发挥（尽管他本人常说解读就是增益），也无法判断他的解构是否成功。因此，我不得不循着德里达的足迹，将他走过的路再走一遍，将他思考过的东西再思考一遍，而这需要耗费相当长的时间。但我把它看做值得珍惜的精神生活的一部分，因为我们是在走路中学会走路的，并且，路因常走而常新。我感到高兴的是，自己能通过研究德里达再读一遍经典。

德里达的著作的确是晦涩的，这不仅表现在他自创了不少术语，而且表现在他故意采取一种"抵制翻译"的写作方式，好用隐喻以及用同一个词同时表示多种意义就是它的突出表现。幸运的是，除旅居法国的高宣扬先生外，我国学界同人，如，杜小真、尚杰、冯俊、张志伟、张旭、杨大春、佘碧平、张宁、刘国英、陆扬、汪民安、赵兴国、陈永国、于奇智、钱捷、方向红、肖锦龙、朱刚、夏可君、周荣胜、胡继华以及其他我无法一一列举的学者，已经在汉语学界做了值得我个人好好学习的相关工作。他们或翻译或介绍或组织一些相关学术活动。他们的观点可能不同，视角可能有别，但他们的名字已经代表了不畏艰涩的努力。我希望，我的这本迟到的小书能稍稍增进我国读者对德里达的艰深思想的进一步理解。尽管我试图按编辑的要求写得尽可能通俗些，但由于自己尚未达到自由的境界,离通俗的目标还有一段距离。因此,我善意地建议一些讨厌抽象的读者可以跳过抽象味道比较浓的第二章和第三章。我还要说明的是,本书的一小部分文字曾发表在《文汇读书周报》,《天津社会科学》、《河北学刊》和《同济大学学报》上,但做了一些必要的增删。我感谢它们为传播思想提供宝贵的园地。此外,考虑到我国读者的阅读习惯,我尽可能用自己的话来表述德里达的"意思"并尽可能引用德里达著作的中译本,但大多对照原文做了核对,有些译文可能做了改动,恕不一一说明。

最后,我要感谢北京大学出版社的信任,也要感谢杨书澜女士的不断鞭策。她的艺术化的催稿方式不仅让人感到温暖,而且使人不能不加倍努力。从她那里我更感受到什么叫宽容、耐心与敬业。责任编辑闵艳芸女士对文稿进行了耐心细致的审读并提出了一些具有建设性的建议。在此,我向她表示衷心的谢意。[1]

汪堂家
谨识

---

[1] 本书原由北京大学出版社出版,此次收入文集,序言一如其旧,以示纪念。——出版者

目录

第一章　为学的人生

　　德里达首先是一个普通人,然后才是一个思想家。了解一个思想家的最好方式就是倾听他的言说,阅读他的文本,观察他的行为,了解他的生活。德里达这位在少年时曾梦想当一个职业足球明星的思想家且一直过着普通人的生活,有着普通人的情怀。他的满头华发、深邃的目光和透出几分刚毅的面庞,也许会使人联想到生活的沧桑和以学术为志业的人的超脱。如果按常规对德里达的一生做个粗略的描述,我们只能说,他的前半生伴随着艰辛与坎坷,他的后半生则充满争议与荣耀。

一

　　德里达于 1930 年 7 月 15 日出生在阿尔及利亚的一个法籍犹太人家庭。第二次世界大战期间,德里达因其犹太人身份而饱受欺凌与迫害,他曾两次被维希政府赶出学校。纳粹主义对犹太人犯下的罪行给他的心灵留下了永远无法抚平的伤痕,并在一定程度上影响了他后来的哲学思想。早在中学时代,德里达就表现出很高的文学才能,并在《北非评论》上发表过诗歌作品。尽管对文学与哲学一直保持着浓厚的兴趣,但德里达对考试似乎很不在行。1947 年他在中学会考中失败,随后又在巴黎高师的入学考试中两次失败。1952 年,尝尽失败滋味的德里达终于如愿以偿,进入巴黎高师,并在那里结识了马克思主义理论家阿尔都塞,他接下来对马克思主义发生兴趣应部分地归功于阿尔都塞的引导。1953年，德里达在索邦大学获得文学与哲学学位并在那里结识了福柯，此后保持着长期的友谊。1956年，德里达通过了哲学教师资格考试，随即赴美国哈佛大学进修一年。回国后，他又转赴阿尔及利亚服了两年兵役。1959年，德里达在索邦大学担任著名哲学家、文艺理论家保罗·利科的助教。四年后又应著名哲学家伊波利特和阿尔都塞之邀重返巴黎高师担任助教，但在助教职位上一干就是二十年。

这二十年恰恰是他在学术上取得累累硕果的二十年。在这二十年中，他出版了十几部著作，其中1967年出版的《论文字学》、《书写与差异》、《语音与现象》，以及1972年来出版的《撒播》、《哲学的边缘》等书奠定了他的解构理论的基础。这二十年还是他获得广泛的国际声誉的二十年。1966年，他在美国霍普金斯大学召开的一次国际会议上发表了题为《人文科学话语中的结构、符号与游戏》的讲演，引起了热烈的反响。随后，他又接受邀请在纽约、伦敦、柏林、布鲁塞尔等地发表讲演。他先后当选为纽约人文与科学学院院士、美国文理科学院院士，并被许多大学授予名誉博士学位。但这二十年也是他在国内哲学界备受排挤的二十年，是他在哲学的边缘游走的二十年。当他申请接替利科的哲学教授职位时先是受到法国教育部长的阻挠，继而受到原本推荐他的法国同行的否决。这并不是因为他处理人际关系太过糟糕，而是因为他的思想太离经叛道，难以为正统哲学家所容纳。用他的一本书的书名《哲学的边缘》来形容他在当时的处境是再恰当不过了。

然而，这位几乎成为"制度化的哲学"的牺牲品的哲学家最终还是为尊重思想、尊重思想家的法兰西所承认。法国的许多媒体一直关心和报道他的思想走向。1981年底，德里达在布拉格主持的"主体的政治问题"的讨论班因宣扬自由思想而遭到捷克当局的查禁，正当德里达准备回国时，捷克当局派人在德里达的行李中偷偷放入一些毒品并让海关查到这些毒品，随后德里达被逮捕入狱。按当时捷克的法律，德里达至少要在监狱里待上两年并且不准保释。此事很快被法国总统密特朗得知，他责成法国外交部全力以赴与捷克当局交涉，确保将德里达释放。事情的真相很快被查清,德里达被无罪释放。这件事倒是帮了德里达一个大忙。他因捍卫自由思想而受到了越来越多的人的尊敬。1982 年,法国政府委托他筹建国际哲学学院,德里达于次年担任该院的首任院长。此后德里达在国际上的影响日益提高,不断应邀到世界各地讲演。

2001 年秋,他到北京、南京、上海和香港讲学,受到学界的广泛欢迎。[①] 美国"9·11"事件发生时他正在上海。他预言美国将实行警察统治并对外发动战争。事态的发展不幸被德里达所言中。我曾有幸倾听他的讲演并参加过座谈。我的总体感受是,他讲的内容并不新鲜,在他的论著和一些访谈录中我们大致都能读到那些内容。但有一件事给我留下了深刻的印象。在复旦大学举行的一次座谈会上,德里达照例要澄清人们对"解构"一词的误解。在对一些问题做了轻描淡写式的回答之后,德里达唯独对一个女孩的问题做了在我看来比较深入的回答。这个女孩其实在公司上班多年(我当过她的班主任),但对思想家仍然保持极大的尊敬。这个表面冒失而实质上热爱思考的女孩请德里达谈谈对爱和算命的看法,在座的人都哄堂大笑,显然觉得她提了一个"愚蠢的问题"。德里达不但耐心倾听这个女孩的较长陈述,而且对她的问题做了较长时间的思考。他对算命的问题做了回避,但谈到了"爱"在希腊文、拉丁文、法文和英文中的不同"含义",并特别指出了法国人和美国人对"我爱你"这句话的不同理解和反应。一些嘲笑那个女孩的听众显然忘记了,熟读柏拉图的德里达自然知道"爱"自古以来就是严肃的哲学主题,他在 1994 年写过一本题为《友爱的政治学》的著作,其中的第二章还专门论述了"友谊中的爱"。在此,我叹服的不是德里达的回答,而是他对别人提问的态度。名人们往往需要听众,他们常常喜欢言说而不喜欢倾听。德里达显然不属于这类人。由此,我不禁想起 1996 年在德国莱比锡召开的一次会议上的情景。一个非洲学者向伽达默尔提出了一个有关神秘文化的问题,在座

---

① 关于德里达在华活动的详情,可参看杜小真、张宁主编:《德里达中国讲演录》,北京:中央编译出版社 2003 年版。

的人同样大笑,也许觉得这位非洲学者太过幼稚,伽达默尔却非常认真地倾听对方的陈述并给予不厌其烦的解答。什么是大师? 这就是大师。他们不但有不同于常人的独特眼光,而且有虚心纳物的胸怀。

谈到德里达的一生不能不涉及两桩公案。正是在这两桩公案中体现出他的仁者之风和勇者之气。一件涉及"海德格尔丑闻",另一件涉及"保罗·德·曼事件",而这两件事均与犹太人在二战期间受到的迫害有关。现在就让我们看看德里达是如何对待这两桩公案的。

1987 年,法里亚斯(Victor Farias)的《海德格尔与纳粹主义》的法译本在巴黎出版,(书的原文为西班牙文,有趣的是,1988 年出的该书的德译本书名被改为《海德格尔与国家社会主义》,名称虽然实质上差不多,但在德国人的心中会激起不同的联想)该书揭露德国著名哲学家海德格尔在二战期间与纳粹合作的不光彩经历,指责海德格尔自1933 年开始一直参加纳粹的活动并在战后保持沉默。[①] 他在就任弗莱堡大学校长的演说中就宣称德意志人民是英雄的人民,在必要时要为国家奉献土地、劳动和鲜血。有些人(包括法里亚斯在内)把他的这篇演说与《存在与时间》第 67、68、69 节联系起来,说海德格尔的哲学乃是纳粹主义的表达。实际上,法里亚斯并没有提供多少新东西,他依据的是马丁(Bernard Martin)和奥托(Huge Ott)早就整理过的档案材料,很多德国人不仅熟悉这些材料而且对海德格尔在二战期间的所作所为心知肚明。但是法国人并不清楚内情,所以,法里亚斯的著作出版后不啻是一颗炸弹。法国的报刊对海德格尔展开了全面的讨伐。当时的《世界报》甚至用"哲学的崩盘"来形容"海德格尔丑闻"带来的灾难性影响。正是在这样的背景下,利奥塔和德里达等哲学家加入了那场讨论。德里达撰写了《论精神、海德格尔与问题》以及《心灵,他者的发明》等书来阐述自己对海德格尔丑闻的态度。德里达一方面肯定人们对海德格尔的指责有其正当性,另一方面又实事求是地指出法里

[①] 关于德里达对此问题所作的评论,可参见 J. Derrida,"Heideg. gers Schweigen",in: G. Neske/E. Kettering (Hg), Antwort. Martin Hei-degger im Gerpraech. Pfullingen, 1988, S. 157—162。

亚斯对海德格尔的阅读和理解很成问题。更为重要的是,德里达主张冷静地看待海德格尔与纳粹主义的关系。他特别强调,大家不能用指责代替阅读,用谩骂代替分析。为了思考纳粹主义,我们首先必须对它感兴趣,揭示它的根源。他主张把纳粹主义放在欧洲社会文化的总体框架中进行思考,因为纳粹主义是在与其他国家、其他政府,与一些学术机构、宗教机构的同谋关系中发展起来的。从某种意义上讲,纳粹主义不单单是一种意识形态,而且是一整套社会运作模式,凡是以"自由精神"和"普遍解放"的名义而推行单一模式的人也有可能成为纳粹主义的同谋和帮凶。在纳粹主义甚嚣尘上的时代,人们是否反省过自己也在为纳粹主义的存在制造土壤呢?对海德格尔知之甚少的人是没有资格谈论海德格尔的文本与纳粹主义的关联的。无论如何,海德格尔仍是我们这个时代最需要认真对待的思想家。尽管有足够多的档案材料证明海德格尔与纳粹主义的关联,但我们不能因此无限制地把他的哲学看成纳粹主义的表达。作为犹太人,德里达无疑保留着对少年时期的痛苦记忆,他对自己的犹太人身份和任何排犹主义倾向保持着高度的敏感。按照常理,德里达本该对海德格尔骂得最凶,指责最烈,但他并没有选择这样的方式,而是主张用一种理智的态度去对待海德格尔身上所发生的一切。在他看来,海德格尔不过是那个时代的一个小小的标志。解构海德格尔的文本也意味着实事求是地对待它,与它同时确立起多重的关系。这便是德里达对待海德格尔的态度。在对海德格尔的讨伐声一浪高过一浪的时候,这种态度本身就显示了德里达的勇气。

另一件公案涉及著名文论家保罗・德・曼。早在 1966 年,德里达就与他相识并与他保持着终身的友谊。保罗・德・曼 1919 年出生于比利时。有人指控,在 1940 年 12 月至 1942 年 12 月间,他曾为一家亲德国占领者的极端报纸主持文艺专栏并发表过若干亲纳粹主义的文章。凑巧的是,他这个曾在德国康斯坦茨大学任教并为康斯坦茨学派的产生做出过贡献的学者与接受美学的奠基人、同为康斯坦茨学派领军人物的耀斯(Jauβ)几乎被同时揭露在年轻时与纳粹主义有牵连。耀斯在 80 年代被人指控参加过纳粹的冲锋队,以致一直备受指责并于 1995 年在忧郁中离开了人世。1996 年,当我试图打听耀斯在著名旅游胜地博登湖(Bodensee)边上的墓园时,一个德国年轻人神秘地建议我去读读那些揭露他的劣迹的报纸。1983 年,保罗·德·曼逝世。四年后,他被人指责与纳粹主义有牵连(理由如本段开头所述),《纽约时报》1987 年 12 月 3 日登了一篇题为《美国的愤怒:耶鲁教授曾是合作分子》的文章,对此做了绘声绘色的描述。这件事在欧美的文艺理论界被搞得沸沸扬扬。作为德·曼的朋友,作为"耶鲁四人帮"(保罗·德·曼、哈特曼、米勒、布鲁姆)的精神同道,德里达深感事态严重。作为犹太人,他也不可能不在内心产生疑问。为谨慎起见,他详细了解了事情的来龙去脉,并花了很多时间去调查德·曼的过去以及与他亲近的人。1988 年,德里达在《批评探究》(1988.3)上发表了《犹如贝壳深处的涛声》一文,为德·曼做了全面而有效的辩护。德里达指出:"保罗·德·曼发表其代表作是在大战前不久。据我所知,受到指控的文章没有一篇写于 1942 年之后,也就是说早在战争和德国占领结束之前。"[①]这就意味着那些人的指控根本就不符合实情。许多人不理解一个犹太人为何要为反犹主义行为进行辩护。德里达说,我们要明白事实,要了解事情的背景。首先要弄清德·曼在上面发表文章的那份比利时报纸是不是反犹太主义的报纸;其次是弄清德·曼的文章是否真有反犹主义的确凿证据;再次,我们要弄清当时 21 岁的德·曼是否真能为他的行为负责。德里达以他平生少有的明晰语言,反复强调耐心、谨慎、细致和艰巨的研究的重要性,并宣布不根据这样的研究而作出的结论将是不公正和不负责的。因此,德里达不计较别人的误解,也不理会可能面临的各种压力,以事实说明保罗·德·曼如何在战争期间站在正义一边。然而,德里达还是受到了部分人的指责,尽管他坦然地面对这些指责。

从这两桩公案中,我们看到了什么样的德里达呢?我们看到了一

---

① 德里达:《多义的记忆——为保罗·德·曼而作》,蒋梓骅译,北京:中央编译出版社 1999 年版,第 16 页。

个坚持理想、尊重事实并怀有公正心的德里达,看到了在离经叛道的同时保持着深深的同情心的德里达,看到了为弄清事实真相而坚持不懈的德里达。

二

德里达是个喜欢论争并且不断引起论争的人。这也反映了他的离经叛道的精神,正是这种精神使他像历史上的许多思想家一样不断遭到别人的指责乃至谩骂。《观察家》(*Observer*)上曾有一篇文章把德里达称为"计算机病毒",德国《明镜》(*Der Spiegel*)周刊干脆以此作为一篇文章的标题来描述德里达的工作。英国一位名为李希蒙德(Sarah Richmond)的学者说德里达的思想是"年轻人的毒药";另一位学者斯克鲁顿(Roger Scruton)则说德里达的理论是"彻头彻尾的虚无主义",如此等等,不一而足。德里达是否真的像这些人所说的那样对一个时代造成毒害呢?一个不愿读或没有耐心去读他的著作的人是无法做出准确的判断的。

与上述指责形成鲜明对照的是,德里达不仅被美国耶鲁大学、西北大学、加州大学艾尔文分校(Irvine)、霍普金斯大学、康奈尔大学、纽约城市大学等著名学府聘为客座教授,而且被德国学界授予"尼采奖","阿多尔诺奖"。与此同时,还有许多大学,如哥伦比亚大学、卢汶大学、艾塞克斯(Essex)大学、威廉姆斯学院,纷纷授予他名誉博士学位。但是,当剑桥大学要授予他名誉博士学位时,却出现了不小的争议。奇怪的是,这场争议的最大策源地并不在剑桥大学内部,而是在外部。当时,来自美国、德国、英国、法国、奥地利、荷兰、澳大利亚、波兰、瑞士、意大利、西班牙等国的 19 位学者向英国《泰晤士报》发表公开信(此信刊载于 1992 年 5 月 9 日的《泰晤士报》上),质疑剑桥大学将名誉博士学位授予德里达的合理性,而此时离剑桥大学就决定是否将名誉博士学位授予德里达而进行投票尚有一个星期的时间。这封公开信不仅指责德里达的影响是在他从事的哲学领域之外并且其工作不符合既定的专业标准,而且指责他的表述方式晦涩难懂,甚至指责他对理性的价值和真理进行半通不通的攻击。但是,剑桥大学最终还是以 336 票对 204 票的表决结果通过了给德里达授予名誉博士学位的决定。

德里达在接受剑桥大学授予的荣誉博士学位之后,借接受《剑桥评论》记者采访的机会对那封公开信进行了严肃的回应。① 德里达首先批评那封公开信的作者们试图借媒体的力量来影响剑桥大学的内部决定,干预一所著名大学的正常讨论,损害了民主原则、学术自由原则、无视外界压力的原则或不在权威性的干预下展开论辩的原则;德里达也批评他们不肯花一点时间和精力去阅读他的文本而是随意歪曲他的术语,甚至编造他没有用过的术语,然后把它们强加给德里达(比如,德里达从未用过"逻辑阳具"这种术语,而那些公开信的作者们却说德里达用过这样的术语),从而表明他们缺乏正常的学术讨论所需要的实事求是的态度,有违讨论的伦理精神,造成了对教授权威的滥用;德里达还批评他们低估剑桥同行的判断力,误判剑桥同行对授予荣誉学位一事的严肃态度;最后,德里达力图从学理上说明为何不应当以保护主义的姿态去看待哲学并以具体事例说明他始终保持对哲学的历史本质的重视以及在历史层面所做的各种尝试。他强调,他所做的研究不能算非哲学的工作,更不是反哲学的工作,甚至不能简单地看成外在于哲学的。"此外,有必要区分几种文本。……有些文本能被看做是一种非常经典意义上的哲学,而其他一些文本则试图从哲学内部改变哲学讨论的规范,还有一些文本有着哲学的特性,但又不局限于哲学。"②总之,德里达力图为哲学风格的多样性辩护,为哲学存在的多样性辩护。

应当说,德里达的回应是得体的,也是比较有说服力的。国际上许多杂志、报纸和其他媒体对剑桥大学授予德里达荣誉博士学位所引起的

---

① 那封公开信的中文译文和德里达的访谈的中文译文载《一种疯狂守护着思想》,何佩群译,包亚明校,上海:上海人民出版社 1997 年版,第 208—235 页。

② 德里达:"作为一种荣誉:这事情极为滑稽",载《一种疯狂守护着思想》,何佩群译,上海:上海人民出版社 1997 年版,第 208—231 页。

争议给予了高度的关注,以至后来国际学术界把它称为"德里达事件"。这一事件不仅再次印证了德里达是 20 世纪引起争议最多的哲学家这一事实,而且再次表明了德里达的工作是如何触动一些人的神经的。

客观地讲,德里达的晦涩的行文风格和难以捉摸的术语常使一些人面对他的著作望而生畏,也使不少人对他的思想产生严重的误解。有些没有细读过他的著作的人甚至把他说成是真理与正义的敌人。他在耶鲁和另一些地方讲学时每每出现这样一种景象:一开始人们都慕名前来,最后很多人因听不懂他讲些什么而纷纷离开。但一种反叛传统的革命性的理论历来都面临被误解和被攻击的命运。对此,德里达是有思想准备的。他除了在不同场合反复澄清自己的"解构"并非消极破坏,并非相对主义、怀疑主义和虚无主义之外,还对一些批评进行了正面的回应。他不仅把对传统的解构工作称为"对传统的悼念",而且明确指出,解构"对我来说始终伴随着肯定性的要求。我甚至要说,没有爱,解构决不可能进行"①。当有人指责他是真理的敌人时,他回答说他恰恰是真理的不懈追求者,这个不懈的追求者不断勇于就真理的问题千百次发问;当有人说他对正义充满敌意时,他义正词严地说:"正义是无条件的,因而也是不可解构的。"他并不只是靠解读经典度日的人,实际上他对世界上发生的许多重大事件保持高度的敏感并在经过一番思考之后严肃地做出反应。前面,我们已经谈到他对"海德格尔丑闻"和"保罗·德·曼事件"的多少有些出人意料的反应。这里,我们有必要谈谈他对"9·11"事件和恐怖主义的看法。

"9·11"事件发生时,德里达正在复旦大学等地讲学。他除了对死难的人们表示深深的同情与悼念之外,还关心这一事件的长远后果和深层原因以及它的象征意义。在后来的论著(如《无赖》)和几次访谈中,德里达常常谈到"9·11"事件和恐怖主义,但他并不孤立地看待这一事件,而是把它放在更广阔的背景中加以审视。

在德里达看来,"9·11"这个词所指称的事件无疑是令人恐惧的,

---

① James K. A. Smith, *Jacques Derrida: Live Theory*. New York and London: Continuum, 2005. p. XV.

但这个词与"恐怖"相联并被无休止地重复反倒激起了更多的恐惧,而这恰恰是恐怖主义者千方百计要造成的效果。客观地讲,"9·11"事件不过是众多的恐怖事件中的一件,不管这种事件是以国家名义进行的还是少数犯罪分子所为。"9·11"事件之所以被作为骇人听闻的重大事件不仅是因为它发生在美国——自1812年以来首次在本土遭到大规模武力袭击(珍珠港事件因发生在外岛除外)的大国,而且是因为它与世界秩序的主宰者的政治话语、国际法、媒体、外交制度、强大的科技力量和军事力量遭到蔑视和冲击有关。这一事件造成的震惊、悲哀与愤怒关乎政治、传统、媒体等等的机制。为什么发生在柬埔寨、卢旺达、巴勒斯坦、伊拉克等地的杀戮并未引起全球的如此关注呢?德里达不断追问这一问题。

德里达认为,"9·11"事件其实是冷战的遥远的回响(那些袭击者和支持者受惠于美国人在冷战期间为对付苏联人而进行的培训)。它透露的重要信息至少有以下几点:

1."9·11"并不是孤立的事件,而是历史悠久而又范围广泛的恐怖主义的一部分。不仅普通学者们要关注这一点,其他人也要关注这一点。美国人,尤其是美国政府也需要反思自身的行为。德里达明确指出:"事实上是美国自己为它的'敌对者'的力量铺平了道路并且把各种力量团结在一起,美国培训本·拉登这样的人,而他只是最为触目惊心的例子。美国还首先创造了各种政治—军事环境欢迎他们的到来并且改变他们的忠诚。"[①]

2."9·11"事件表明,总体性的威胁不再来自一个国家,而是来自某种根本无法预料、无法计算的匿名力量。这种威胁没有界限,没有明显的征兆,由于它从冷战的时代寻找各种资源也就显得更加危险,更加恐怖。德里达完全不同意有什么"邪恶轴心",因为全球化或世界

① Giovanna Borredori, ed., *Philosoply in a Time of Temor*: Dialogueswith Jauergen Haberbas and Jacques Derrida. Chicage: The University of Chi-cago Press. 2003. 中译文见《恐怖时代的哲学——与哈贝马斯和德里达对话》,王志宏译,北京:华夏出版社 2005 年版,第101页。

化已使每个角落都有邪恶。至于"反恐战争",那更显得荒唐,因为你根本不知道你的敌人是谁,隐蔽在哪里。技术已模糊了战争与恐怖主义的界限。"国际恐怖主义"这个词在德里达看来也是值得商榷的,因为这个概念模糊不清并且其鉴定标准难以确定因而容易为人挪用。此外,"国家恐怖主义"反倒更应引起我们的重视,毕竟它的危险更大,像法国 1954 年在阿尔及利亚的镇压行动就属于国家恐怖主义。美国和以色列在一些地方采取的军事行动也属此例。

　　3."9·11"事件反映了社会自身免疫机制的危机。从 20 世纪 80 年代开始,德里达就时常谈及社会的自身免疫机制问题,就像人体的自身防御机制出了问题就会生病一样,一个社会的自身免疫机制出了问题就会产生类似"恐怖主义"这样的疾病。德里达特别提及一些恐怖分子在美国、欧洲受训并且有本国中产阶级公民支持的事实。他把西方自身免疫机制的危机分为三大阶段:第一阶段是在"头脑"中进行的"冷战"。第二阶段是比冷战更糟糕的阶段,在这个阶段,人们的心灵创伤不断加深。通过像"9·11"这样的事件,人们对核武器、生物武器和化学武器有可能被用于恐怖袭击更加担心。西方媒体反复播放双子楼倒塌的画面以及美国宣传机器所作的渲染恰恰使恐怖分子们暗自高兴:让人们对未来的恐惧挥之不去。第三阶段被称为"压抑性恶性循环",其特征是明显的自杀,因为它试图以破坏自身免疫性的方式来建立免疫性,"反恐战争"就属于这一类。德里达毫不掩饰他对"反恐战争"的困惑、质疑与批评。在他眼里,"反恐战争"不仅使无辜的百姓承受战争的恐惧,而且在客观上帮了恐怖分子的大忙,因为它扩散并加深了仇恨与绝望,并撕裂了我们的文明,模糊了战争与和平、军人与平民的界限,从而制造了虚拟的战争主体,颠覆了战争法则。"反恐战争"实质上成了西方同盟发动的针对自己的战争。

　　德里达的批评无疑是尖锐的并且引起了一些人的不快。但真正的学者天性上服从真理,而不是服从人们的好恶。何况,他的思考是富有深度的。尽管他的评论会令一些人难堪,但它可以让人们保持冷静。他所提出的"恐怖主义并非一个自明的概念"的观点至少可以提醒我们在使用政治语言时要保持谨慎。

三

德里达的后半生几乎是在论争中度过的。论争,尤其是健康的论争维持着学术的活力,也常常是灵感的源泉。它可能使两个人分道扬镳,也可能使两个人精诚合作,但健康的论争不管采取何种形式都通常会激发人们讨论和交流的热情。提起德里达参与的论争,我们不能不提一提他与伽达默尔、哈贝马斯之间充满误解并且立场迥异的对辩(我这里故意不使用人们说的"论战"这种火药味太浓的词语)。虽然他们在对辩时常带有各说各话的味道,但提出的问题却是 20 世纪的重大哲学问题。

1981 年 4 月 25—27 日伽达默尔和德里达参加了法国学者 Philip Forget 组织的题为"文本与阐释"的学术讨论会,这使他们有机会直接面对面地交换意见。伽达默尔作为德国诠释学的重要代表,应邀做了主题报告并对德里达的海德格尔阐释进行了批评,从而捍卫了自己的理论出发点,因为德里达批评海德格尔在批判传统形而上学时陷入了新的在场形而上学和逻各斯中心主义。德里达则出于对伽达默尔的尊敬,以他惯常使用的反问方法(在我看来,这种反问方法多少带有逼问的性质并作为一种反批评策略比较有效)向伽达默尔提出了三个尖锐的问题。这三大问题可以简单地表述为:(1)伽达默尔所使用的"善良意志"概念是否与形而上学有关,尤其是与康德的"尊严"概念有关?(2)伽达默尔所说的语境和语境的扩展是什么意思?这种扩展是连续的扩大还是非连续的重构?(3)伽达默尔是否通过使用"经验"概念掩盖了其哲学的形而上学倾向?[①]

---

① J. Derrida, "Three Questions to Hans-GeorSe Gadamer", in: *Dia-blagua* & *Deconstruction*. Mlichefelder and Palmer(ed.). New York: SUNY Press. 1989. p. 53. 中文见《镶法之争:伽达默尔与德里达的对话》,孙周兴、孙警春译,上海:同济大学出版社 2004 年版。

有趣的是,德里达的谈话使用的法文标题是 Bonnes volontès de puissance,这个题目就像德里达的其他论著的标题一样可作双重理解,从而体现他一贯秉持的观点:意义是多样的,理解也是多样的。这个题目既可理解为"强力的善良意志",也可理解为"善良的强力意志"。因此,这个标题严格说来无法翻译。但是,我们可以看到,德里达不愧为语言大师,他以这个题目巧妙地暗示了他的主题与伽达默尔所说的"善良意志"和尼采的"强力意志"(Der Wille zur Macht,法译为 volontès de puissance,英译为 will to power)的双重关联,并间接对伽达默尔将理解和解释提升到存在论的做法进行质疑。伽达默尔则在承认他与德里达有共同的起点即海德格尔哲学的同时,批评德里达用尼采去解释海德格尔,并且为自己的老师海德格尔辩护。他认为,海德格尔远远超越了尼采并批评德里达把"语言"理解得太狭隘。他在"对德里达的回答"中试图让德里达相信,理解是比"说"和"写"更为根本的东西,文本与解释有着本质的关联。他指出:"甚至邪恶的存在者也试图相互理解。我无法相信,德里达在这一点上实际上不会同意我的看法。不管是谁,一开口说话就希望被理解,否则,一个人既不想说也不想写。最后,我有一个极好的证据证明这一点:德里达向我提问,因此他必定假设我愿意理解那些问题。"①后来,伽达默尔还写过《诠释学与逻各斯中心主义》等文进一步批评德里达,遗憾的是,后者未做什么正面回应。

德里达与哈贝马斯的关系则呈现另一种情景,他们经历了从误解、理解到合作的过程。一开始,德里达受到哈贝马斯的误解与批评,后来不少人把他们的分歧看做现代性的捍卫者与现代性的批判者之间的分歧。但德里达并未忙于立即对哈贝马斯的批评做出回应,而是首先向世人澄清自己的一些看法,以消除人们的误解。在《现代性的哲学话语》中,哈贝马斯批评以德里达、福柯和利奥塔为代表的所谓的

---

① J. Derrida:"Three Questions to Hans-George Gadamer", in: *Dia-logue* & *Deconstruction*. Michefelder and Palmer (ed.). New York: SUNY Press. 1989. p. 55.

后现代主义者对"现代性"充满敌意,而现代性的确立乃是启蒙运动的基本成果。对哈贝马斯来说,德里达质疑现代性意味着他也质疑启蒙运动,尤其是启蒙运动的政治理想。哈贝马斯认为启蒙运动并未完成,启蒙运动的理想还远远没有实现,放弃这一理想会使人类回到蒙昧状态。哈贝鸟斯还指责德里达等人反对"革命",反对人类的普遍解放,反对现代人为摆脱专制极权的政治结构所做的努力,并把德里达归于"保守派"或"新保守派"之列。哈贝马斯还将矛头指向德里达的解构性文学批评,讽刺德里达只关心如何颠倒逻辑学对修辞学的优先性,而亚里士多德曾将这种优先性奉为圭臬。①

但德里达既不接受"保守派"或"新保守派"的名号,也不接受哈贝马斯对自己的文学批评理论的指责,更不承认自己拒绝启蒙运动的计划,相反,他还提出了另一种"启蒙"概念,即,"将要降临的启蒙"(Les Lumières à venir;不同于"未来的启蒙",即,Les Lumières futures)概念。在 2003 年出版的《无赖》(Voyous)一书中,德里达对这一新概念进行了阐释。他宣称,他非但不反对启蒙,相反要将启蒙进行到底;与此相应,他并不是非理性主义者,更不是反理性主义者,相反,他要拯救理性,防止它被归结为市场经济所需要的计算活动(《无赖》一书的副标题就是"关于理性的两篇论文")。德里达不仅把"解构"称为"无条件的理性主义",而且明确地把解构描述为一种新启蒙。用他自己的话说,"我坚决拥护一种新的大学启蒙"②。

从德里达的不少文本看,他为回应哈贝马斯等人的批评所作的理论辩护是比较成功的。他的策略是,不断拉近与法兰克福学派的距离,同时强调自己所说的启蒙带有某种"弥赛亚性",即,对某种允诺将要降临的东西的渴望。简单地说,他以上说的新启蒙并不放弃近代启蒙运动的理想,但这种新启蒙是由富有情感的理性驱动的,而不是由冰冷的计算推动的。他的"解构"旨在恢复理性的名誉,树立理性的尊

---

① J. Habermas, *Der philosophische Diskurs der Moderne*. FrankfurtMain, 1985, S. 234.

② J. Derrida, *The Principle of Reason: The University in the Eyes of Its Pupils*. Diacrities V01. 13. 1983. p. 5.

严,它的首要任务是守护以不可计算性为导向的理性的纯洁性,防止它被市场资本主义的"计算性思维"所玷污。因此,史密斯的说法部分是正确的,"如果解构体现是吸收了某种马克思主义的精神,这是因为它也将某种启蒙精神贯彻到底,尤其是将理性与民主之间的至关重要的联系推到了极致,也将对普遍性的渴望推到了极致,而这种普遍性变成了一种新世界主义。解构具有一种启蒙的谱系,从德里达有关理性、民主和普遍性的论断中尤其可以看到这一点"①。

然而,我们必须注意的是,德里达强烈反对把本不具有普遍性的东西作为普遍性,也反对把普遍性等同于同质性。他关注的是异质性,是生活在被强行同质化的边缘的人群(包括他们的语言、文化传统、思维方式和生活方式),是"他者"的不可计算的尊严。启蒙对德里达来说是一个远未完成的事情,启蒙需要不断开始,从每个人开始,从每一代人开始,启蒙永远不会有完结。

通过德里达的不断澄清和反复阐释,也通过对德里达思想的细细揣摩,哈贝马斯终于感到德里达在某些方面可以成为自己真诚对话的伙伴,并且在政治哲学方面具有合作的余地,至少他与法兰克福学派的社会批判理论具有某种相容性。哈贝马斯曾出席给德里达颁发"阿多尔诺奖"而举行的仪式。他后来深有感触地谈到德里达与阿多尔诺在思想上的亲缘关系:"德里达在接受'阿多尔诺奖'时在美茵的法兰克福的保罗教堂发表热情洋溢的讲话,在这篇讲演中,这两个人(指德里达与阿多尔诺——引者)在精神上的亲缘性得到了激动人心的表达,这种事让人不能不感动。"②

哈贝马斯和德里达这两位思想家基于相互理解的接近为他们的进一步交流与合作开辟了道路。按哈贝马斯的回忆,他与德里达在伊文斯顿、巴黎、法兰克福等许多地方见过面并进行了多年的哲学讨论。

---

① James K. A. Smith, *Jacques Derrida*: *Live Theory*. New York and London: Continuum. 2005. p. 88.

② Juergen Habermas in Conversation: *America and the World*. Logos. 3. 3. 2004. 谈话的电子版可见 logosjournal. com/nabermas-americas-htm。

他们年龄相当(哈贝马斯比德里达大一岁),但有不同的生活经历和学术背景。对康德的参照把他们联系在一起,而对后期海德格尔的不同态度以及对启蒙的不同立场又使他们在一些方面发生了分歧,但这不妨碍他们发展学术友谊。哈贝马斯认为,休战或调和并非开诚布公的友好交流的恰当方式。"9·11"事件之后,两人走得更近了,他们对恐怖主义也有着近似的看法。促使他们合作的是伊拉克战争发生后全欧洲的反战游行。哈贝马斯支持为制止种族屠杀而进行的科索沃战争,但反对美国及其盟国借反恐之名而进行的伊拉克战争,认为这场战争践踏了国际法的基本原则。

2003 年 5 月 31 日,哈贝马斯与病重的德里达在《法兰克福汇报》共同发表文章,该文题为:《我们的改革。战后:欧洲的重生》①。这篇文章由哈贝马斯起草,德里达因病重无法单独写文章,但欣然签名,表达了对哈贝马斯观点的认同。这篇文章的主旨是为欧盟共同的外交政策作辩护,并呼吁欧盟加强在国际层次和联合国框架内的广泛合作,反对美国的单边霸权主义。该文还呼吁加强欧盟成员国的政治归属感,因此不仅要排除竞争障碍,而且要就共同的目标达成一致意见,而不能仅仅依靠公民本身的动机与信念。对共同的政治命运和共同的前景的意识当然重要,但它们在加强欧洲认同感的同时要塑造能确保听到不同声音的共同政治空间。两位思想家相信,在全球经济峰会上,在世界贸易组织各专门机构内,在世界银行和国际货币基金组织里,欧洲必定能影响世界各国的国内政策。我们还可以发现,这篇文章不仅表达了德里达一贯坚持的一个基本观点:良好的国际秩序是离不开国际法的,而且采用了德里达经常使用的术语和语调:"对差异的承认——对他人异在性的相互承认——也可以成为共同的同一性的标志。"②正当不少知识分子和其他民众对欧洲的竞争力和社会活力

① J. Derrida und J. Haberrman, "Unsere Emeueruns. Nach demKrieg: Die Widergeburt Europaa", *Frankfurter Allgemeine Zeitung*. Mal. 31. 2003. 8. 33.

② O J. Derrida und J. Haberrmas, "Unsere Erneuerung, Nach dem Krieg: Die Widergeburt Europas", *Frankfurter Allgemeine Zeitung*. Mai. 31. 2003. S. 33.

表示失望之时,这两位思想家提醒说,欧洲在 20 世纪下半叶为两大社会问题的解决提供了范例。第一,欧洲是超越民族国家的治理形式的范例;第二,欧洲的社会福利制度长期以来形成了基本模式。为使一个被战争撕裂的文明恢复活力,两位思想家都梦想一个和平的合作的欧洲、一个向其他文化开放的欧洲、一个容易对话的欧洲的出现。

细心的读者可能会发现,虽然德里达并非这篇文章的起草人,但他在 20 世纪 80 年代以来提出的一些主张已经在这篇文章中得到了反映。如果哈贝马斯不熟悉德里达的观点和风格,他显然无法在一篇短文中浓缩德里达的那些富有穿透力的思想并进而得到德里达的签名认可。有趣的是,同一篇文章的法文版几乎同时发表于《解放报》①上,但题目被德里达改为:《欧洲:为共同的对外政策辩护》②。从这种细微的改动中,我们同样可以看到两位思想家对母语及其代表的文化和思维方式的尊重(此外,这篇文章用德文发表时德里达的名字在前,而在用法文发表时哈贝马斯的名字在前)。他们分享了共同的公共空间,但又保持着各自的思想独立——他们的合作是求同存异的典范。它也表明,所谓的后现代性(如果真有的话)并非现代性的对立面,而是发挥现代性中的异质因素的结果。

令我们深感遗憾的是,正当我们期待两位思想家有更多的交流、对话与合作时,德里达病情持续恶化并于 2004 年 10 月 8 日晚离开了我们,从而中断了他一辈子为之倾心、为之奉献、为之牵挂的思想事业。但是,他的那种仁者之风、勇者之气和智者之识永远存留在读者们的心间。

---

① liberation,2003/06/01.

② Europe:plaidoyer pour une politique exterienre commune.

第二章　"解构"策略的制定

　　德里达的名字总是与他创造的"解构"(déconstruction)一词联系在一起。今天,这个词不仅进入了广泛的学术领域并被一些媒体经常使用,而且随着被命名为解构式风格的建筑、装饰、时装、戏剧和公园的出现而进入了人们的日常生活(中央电视台的新大楼可以作为解构式建筑的范例)。英语和法语词典也已收入这个词。比如,1989 年出版的《牛津英语辞典》(*Oxford English Dictionary*)就收入了此词并有两条释义,第一条把"解构"解释为破坏事物结构的行为,第二条把它作为哲学与文学术语,并认为它"是与法国哲学家德里达相联系的批判性分析的策略,旨在揭示哲学和文学语言中未经质疑的形而上学假设和内在矛盾"。近二十年来,论述德里达思想的著作多如牛毛,但都几乎无一例外地把"解构"作为最重要的论题。

　　有些人觉得解构在德里达那里意味着对传统的彻底否定并由此断定德里达是一个历史虚无主义者。这的确是一个严重的误解。虽然大部分人把德里达的哲学称为解构理论,但德里达本人总是拒绝这种标签式的提法。他甚至提醒我们,解构本质上是个可有可无的术语。如果说有"解构",最好用复数去表示,因为解构活动无处不在,无时不有。就像德里达的许多书名用复数形式表示(如《多重立场》、《多义的记忆》、《马克思的幽灵们》等等)一样,他的一些不用复数形式表示的书名也要从多种意义上去理解。比如,《论精神,海德格尔与问题》中的"精神"就要从多种意义上理解,而 Du Droit à la philosophie 这个书名既可理解为"从权利到哲学",也可理解为"论哲学的权利",

《论文字学》中的"文字"则要从古典意义上理解,即,既把它理解为刻划痕迹的活动又把它理解为刻划下来的痕迹。《书写与差异》中的"书写"(l'écriture)既指"写",又指"写下的东西";而"差异"一词的原文(différence)既可表示"差异"又可表示"显示差异的活动",即,我们通常所说的区分。了解这一点对我们理解德里达的一些关键术语是很有帮助的。从这里可以看出德里达创造"解构"一词的基本意图。对"解构"一词本身我们同样要从多种意义上理解。德里达反复强调,最好不要把解构理解为某种特殊的方法和技巧,而要理解为一种阅读方式和写作方式,最好理解为一种策略。当然,我们不仅要听德里达本人怎么说,而且要看他怎么做。解构无疑是德里达的早期著作常常使用的术语之一。尽管 20 世纪 90 年代以后这个词被用得越来越少,但它体现的基本精神一直没有消失。因此,我们的讨论不能不由此开始。

一

德里达的"解构"源于胡塞尔和海德格尔的"拆解"概念。胡塞尔在《经验与判断》中首次使用了"拆解"一词(Destruktion),海德格尔借用这一术语来批判传统形而上学,《存在与时间》的第二部分甚至将"拆解"形而上学作为自己的基本任务。在不少地方,海德格尔还用过与 Destruktion 意义相近的另一个德文词 Abbau 来描述他批评形而上学的活动。通过对康德《纯粹理性批判》中提出的"纯粹知性概念图式论"的解释,他试图表明,"拆解形而上学对他来说也有建设性的方面"[1]。他将这种建设性的方面具体地表述为以康德式的方式去克服形而上学弊端,在肯定的意义上去批判它,挖掘或揭示形而上学的根据,指出它的范围与限度,把它的基本因素暴露出来。因此,海德格尔实际上给"拆解"一词赋予了"打破"、"揭示"、"暴露"之类的意义。不

---

① Heine Kimmerle. J. *Derrida zu Einfuehung*, Hamburg: Junius1997, S. 47.

仅如此,海德格尔的目的不在追问形而上学体系的根据,而是通过分析让它的各种因素和内容自由地展现。从这种意义上说,海德格尔的"拆解"本身就具有肯定的因素,或者说包含建设性的要求。按海德格尔本人的说法,"我们把这一任务理解为以存在问题为主线而对古代本体论流传下来的内容进行拆解,将它们分解为一些原始经验,而这些原始经验乃是产生最初的,后来起主导作用的存在规定的根据"①。用我们今天的话讲,拆解在某种意义上首先就是追根溯源,然后是考析或分解,从而使原始的经验自行向我们涌现出来,这样方有真理的澄明和朗现。

德里达在继承和发展海德格尔的"拆解"观念的基础上提出了自己的"解构"策略。对这一策略,德里达在不同地方作了不同描述。正如德里达常常强调解构就是要打破同一、显示差异,因而不能用统一的定义去描述某个概念一样(德里达甚至还说"解构"不是概念),对"解构"本身也要采取解构的方式去对待,换言之,我们不应也不能给"解构"下一个统一的定义。但是,我们可以明确的一点是,作为一种策略,解构是一种带有谱系学性质的解读活动。在这种活动中,某种概念的源起、更替、变迁、衍生过程通通在我们面前展现出来。甚至与该概念相邻的东西也被清理出来。这一点是德里达从尼采那里学来的。如果人们听过上一代人向下一代人讲述自己的家世,特别是背诵或翻阅家谱(至今在非洲和南太平洋岛国的一些地方,有些目不识丁的人甚至可以口头讲述几十代家谱),就不难理解谱系学方法的一些特点。德里达把解构比喻为谱系学的思考方式,比较贴切地道出了"解构"的总体特点。他在接受隆塞采访时指出:"'解构'哲学,就要通过最忠实和最内在的方式思考哲学概念的结构谱系学,同时又要从哲学不能规定或者不能命名的某个外部来规定这一历史可能掩饰或禁止的东西,因为这一历史是通过某个外部的压抑而成为历史的。"②德里达的大部分工作都是解构历史上不同的哲学文本,在他看来,这些

---

① Martin Heidegger, *Sein und Zeit*, Tuebingen: Niemeiyer, 1963, S. 22.
② 德里达:《多重立场》,余碧平译,北京:生活·读书·新知三联书店 2004 年版,第 7 页。

文本构成了所谓哲学的历史。但哲学的历史又被自身压抑着,外在的东西也总是掩盖它、禁止它,把它封闭在某个固定的界限里,因为人们害怕它越界。而通过解构这些文本,原来的封闭性就被打破了,文本的界限也被打破了。

在《论文字学》中,"解构"一词一开始便与"拆解"和"清淤"(la desédimentation)一同出现,这或多或少显示了这几个术语之间的联系。德里达指出,"'理性'支配着被大大推广和极端化的文字,它不再源于逻各斯——也许正因如此,它应当被抛弃。它开始拆解所有源于逻各斯的意义的意义,但不是毁坏,而是清淤和解构"①。这段话已明确点出了"解构"与"毁坏"的区别,也暗示了解构理论与虚无主义的区别(德里达在一次接受采访时说他一辈子都在反对怀疑主义、相对主义和虚无主义)。德里达的写作实践进一步说明了这种区别。他并不试图由文本回到它的作者,也不想追问某个概念或话语的原意是什么。解构要以肯定的精神干否定的事业,这种事业就是打开语词空间、意义空间,把文本变成游戏的对象。但是,解构并不绝对地否定某个东西、取消某个东西。相反,经过解构的东西非但不会消失,反而会显示更多的内容和更多的可能性,从这种意义上说,解构不仅不是毁掉原有的东西,而且是一种意义增殖活动。因此,德里达一直拒绝承认自己是什么虚无主义者。他虽然对传统概念、传统的思想体系和传统的思维方式进行不遗余力的质疑,但他根本没有想到要抛弃传统、否定传统的价值,否则我们就很难解释他为何要花那样多的精力去解读古代经典。他恰恰要通过对这些经典的解构告诉我们,传统并不只有某种意义,我们其实有更多的思考同一问题的方式,也有更多的解释同一概念的方式,包括对解释进行解释的方式。

解构既是"破"又是"立",既是"拆散"又是相对的"建设"。它的特殊性在于"视角的不断变换"。它首先要解开传统思想的纽结,把一些传统概念在历史中形成的意义统统展示出来,排除其中心意义。这一

---

① 德里达:《论文字学》,汪堂家译,上海:上海译文出版社 2005 年版,第 13 页。

过程就是上面所说的"清淤"。我们之所以要清淤,是因为在漫长的历史过程中一个概念或语词的意义通过各种隐喻和非隐喻的方式不断演变和丰富并被我们的文化累积起来,最近的意义往往掩盖着过去获得的其他意义并成为我们阅读和思考问题的中心。如果我们对此没有充分的自觉并保持足够的警惕,我们就很容易以单一的观点和封闭的心态去对待文本,从而导致思想的僵化和独断并最终妨碍思想和行动的自由。清淤可以使那些被掩盖的意义进入我们的视野并参与到我们思想的自由转换中来,因为它让我们意识到我们其实面对着多种意义和多种理解的可能性。清淤决不是将所有意义还原为单一的意义,它的目的仅仅是暴露和展示。而这种暴露和展示对于克服独断的思维具有重要意义,因为它们本身就是思想解放的姿态。所以,我们不能把德里达所说的"清淤"简单化地理解为对某些意义的清除,它所做的工作不是消极的,而是积极的。它将隐而未显的意义一一呈现给我们,因此,它的一个重要价值是使语言的意义透明起来,而不是让语言污染思想。

通过对传统形而上学的解构,德里达发现整个西方文化传统实质上受逻各斯中心主义(logocentrisme)的思维模式的支配。关于形而上学,德里达从海德格尔那里继承了一些思想,但他认为海德格尔还很不彻底。原因是,海德格尔是用传统形而上学概念来批判形而上学,并且他的思想中还存在着逻各斯中心主义的残余。在《论文字学》中,德里达这样写道:"逻各斯中心主义支持将在者的存在规定为在场。由于海德格尔的思想并未完全摆脱这种逻各斯中心主义,它也许会使这种思想停留于存在一神学的时代,停留于在场哲学中,亦即停留于哲学本身。"[①]此外,海德格尔思想中还有严重的语音中心主义倾向,而语音中心主义(phonocentrisme)恰恰是逻各斯中心主义的特殊形式。语音中心主义的最大特点是把声音与文字对立并赋予声音以特权。比如,海德格尔常常用声音隐喻来解释各种艺术形式,为此,他

---

① 德里达:《论文字学》,汪堂家译,上海:上海译文出版社 2005 年版,第 16 页。

特别强调倾听的重要性。他不仅宣称要将诗歌从文学中解放出来,而且赋予诗歌和歌曲这两种与话语和声音相关的文艺形式以优先性。他还试图把建筑和雕塑放在说话和语词的空间中加以解释并认为建筑和雕塑是由话语和语词支配和主导的。显而易见的是,他还在用"言"与"文"、"音"与"型"的二元对立模式来解释艺术作品的本源和真理。而使用这种二元对立的模式并认为一方优于另一方乃是柏拉图以来的西方形而上学的基本特征。德里达用逻各斯中心主义来描述这种特征。

那么,什么是逻各斯中心主义呢?要回答这个问题,我们先得了解逻各斯在这里究竟指什么。对古希腊哲学有所了解的读者都知道,"逻各斯"一词是希腊文 logos 的音译,它有许多含义,其中最基本的意义有"言说"、"道路"、"理性"、"法则"、"规律"、"比例"、"分寸"等等。从字面上讲,逻各斯中心主义既意味着语音中心主义,又意味着理性中心主义,也意味着法则中心主义。但是,德里达用这个词时赋予了其特别的意义。它主要指贯穿于西方传统形而上学乃至整个西方文化的一种思维模式。这种思维模式设置了各种各样的二元对立,如主体与客体、言语与文字、必然与偶然、能指与所指、同一与差异等等对立。但这些对立的双方不是平等的关系而是从属关系,第一项每每居支配地位和中心地位,第二项仅仅是对第一项的限制和否定。"解构"工作需要清除这些僵硬的对立。为此,它一方面要颠倒那些对立双方的等级关系,另一方面,需要打破原有系统的封闭状态,从内部把原有的构架拆解开来,使它的各种因素显示出来,暴露出来,然后,让这些因素随视角的不断变化而自由组合。德里达说我们这个时代接受了解构的主题,也把解构作为自身的特征。它呼唤多样性。因此,让铁板一块般的东西分解或脱节并将分解的因素与其他东西对接也成了解构活动的一个方面。可以说,解构是一门让各种对立因素"和解"的艺术,是一门解放精神的艺术。

但是,解构与系统相关,也与结构相关。有些人以为德里达反对结构主义也意味着要抛弃传统的结构概念,这其实是一种误解。德里达并不笼统地反对使用结构概念,他自己甚至在不同地方也使用这一概念。他所反对的是将结构理解为绝对稳定的有单一中心的封闭体。比如,他在讨论分延或延异(la différance)概念时就特别指出,分延是一个结构性的概念。但分延又是比结构更原始的东西,没有分延就没有结构,分延是所有二元对立的本根,结构不过是分延的暂时结果而已,从这种意义上讲分延就是结构本身的最一般结构。这个最一般结构恰恰是比较松散的、动态的、排除中心(décentrer)的散漫的力量。因此,德里达认为我们无须因为结构主义者们滥用这一概念而干脆抛弃它,实际上我们根本无法抛弃这一概念。我们只需从内部去改变它、改造它、置换它,这有点相当于我们所说的旧瓶装新酒。所以,德里达十分明确地指出:"解构活动并不触及外部结构。只有居住在这种结构中,解构活动才是可能的,有效的;也只有居住在这种结构中,解构活动才能有的放矢。之所以说在一定程度上居住在这种结构中,是因为我们始终都在居住,甚至在我们没有料到此事时仍然如此。由于必须从内部入手,由于要从整体结构上借用它们,也就是说,不能把各个因素各个原子孤立起来,解构工作始终在一定程度上成了它自身劳动的牺牲品。"①

讲到这里,有些人也许仍然觉得德里达使用的这个术语有些玄乎,甚至让人摸不着头脑。德里达素有晦涩哲人之称,由于他生造了一些术语并且给一些看似平常的术语赋予了异乎寻常的意义,加之他采用了不能为一般人所接受的语言风格,他的一些著作被人视为"天书"也就不难理解了。实际上,如果我们耐心地读一两本他的著作,仔细琢磨一下他的表达方式,特别是把他的观点与他的解构实践结合起来考虑,我们仍可以把握其思想的脉络,至少一些术语不如许多人想象的那样难以理解。"解构"就是如此。

"解构"不是传统意义上的概念,也不是传统意义上的怀疑与批评方法,它甚至不是由一种语境过渡到另一种语境的技术性程序。它首

---

① 德里达:《论文字学》,汪堂家译,上海:上海译文出版社 2005 年版,第 32 页。

先是一种分析性、开放性的阅读方式。何为开放性的阅读方式呢？按笔者的理解，这种阅读方式不把文本看做固定不变的实体，也不认为它有一个值得读者去紧追不放的本源性意义，更不认为其中隐藏着作者的绝对权威，相反，它要我们取消文本的绝对界限，使文本成为向我们无限开放的东西，向其他文本不断开放的东西。在解构性阅读中呈现出来的是具有多样性和可变性的意义之网，即使我们看到一个我们千百次使用的具有固定意义的语词，我们也应把这个词的现有词义掏空，看它能向我们展现出多少种不同的意义，看它在另一种可能的语境中有什么新意义。因此，解构性阅读仿佛是一种复杂的体验，各种因素在这里汇合起来，发生不断重复的错位。读者在此处面对的文本是广义的，它可以是一段历史，一个事件，一幢建筑，一道风景，一些典籍，也可以是一个梦境，一种情绪，一道手势，一部电影，一场戏剧。拿海湾战争来说吧，既有人把它解读为野蛮的入侵，又有人把它解读为对国际法理念的捍卫，也有人把它解读为两种不相容的文明的冲突，还有人把它解读为一些国家对未来的可能性所做的试探性反应。是什么使人们做这样的解读呢？战争本身显然没有告诉我们应当如何解读，而是与战争相关的其他因素组成的系统决定了我们的解读方式。解构性的解读试图展示这些可能性并追溯它们的根据，如果可能，它还要揭示解读如何代表了不同的视角，这些视角如何相关联并形成新的视角。解构是视角的不断更新。

鉴于此，德里达认为，解构不是简单的对某种结构进行分解，更不是取消和消灭那种结构。它触及根基与构成根基的各种因素的关系，触及结构的封闭性与开放性，用他自己的话说，"解构首先与系统相关。这并不意味着解构击垮了系统，而是敞开了排列和集合的可能性，如果你喜欢，也可以说是凝聚起来的可能性"①。虽然"解构"这个词有时被德里达说成是对胡塞尔和海德格尔常常使用的"Abbau"（即"拆掉"）的置换。虽然德里达始终都在批判西方形而上学，并声称解

---

① 《德里达访谈录》，何佩群译，上海：上海人民出版社 1997 年版，第 19 页。

构不仅仅是对话语、哲学陈述做语义学的分析,而必须向制度,向社会、政治结构,向最顽固的传统挑战,但德里达始终把解构看成一种建设性的工作,而不是对一切价值的摧毁。为此,他自嘲地把自己称为没有建筑师资格的建筑师。他在回答卡昂(Didier Ca-hen)的提问时说的一段话更能说明"解构"的肯定意义:

> 我当然要强调这样一个事实,即:解构的运动首先是肯定性的运动,不是确定性的,而是肯定性的。让我们再说一遍,解构不是拆毁或者破坏,我不知道解构是不是某种东西,但如果它是某种东西,那它也是对于存在的一种思考,是对于形而上学的一种思考,因而表现为一种对存在的权威或本质的权威的讨论,而这样一种讨论或解释不可能简单地是一种否定性的破坏。认为解构就是否定,其实是在内在形而上学过程中简单地重新铭写。关键不在于把人们从这个过程移开,而在于赋予解构以思考的可能性。①

解构不仅是一种开放性的阅读方式,而且是一种隐退性的写作方式。所谓隐退性的写作方式就是使作者不再显得是作品的中心,而是作者和原意都不出场。德里达的大部分著作都是这种解构式写作的实践。它的特点是把写作视为对被掩盖着的历史起源的反思。在这里,每个关键性语词都是通达其他语词的"索引",语词、句子和整个文本是制造出来的"痕迹"。在场与缺席、生与死、肯定与否定的力量同时显示在文本中,解构把文字的意义展示出来,或者说使意义像种子一样撒播开来。为此,德里达常常在同一段话甚至在同一句话中故意使用同一个词的不同意义。比如,在《论文字学》中,德里达通过对列维-斯特劳斯的《悲惨的热带》、《亲族的基本结构》和卢梭的《语言起源论》的分析,揭示了文字是一种差别系统的事实,说明了文字的各种可

---

① 《德里达访谈录》,何佩群译,上海:上海人民出版社 1997 年版,第 18 页。

能性,指出了列维-斯特劳斯和卢梭的思想中隐含的逻各斯中心主义、语音中心主义和人种中心主义倾向。德里达大大扩展了文字概念,并追求词义的丰富性。于是,隐喻成了维护文字色彩和开放性的工具。《论文字学》成了多种风格并存的混合体:其文风时而轻松活泼,时而凝重滞涩;句子时而洗练无比,时而冗长不堪;用词时而生僻古奥,时而明白浅显;表面上,引文杂乱无章,实质上条分缕析。总之,它是策略的展览也是策略的运用。通过解构活动体现出来的文本的不确定性在这本书中可谓淋漓尽致,过去与现在、历史与将来在这里交错。德里达以文字的跳跃性来显示思想的发散性。他的文字探险也是写作风格的探险。

二

解构作为策略是针对文本的。通过解构,我们可以对文本作不同的解释,并且通过不同的解释,文本的内容和意义得以显示。这就阻止了意义的自我封闭。它把文本的内在差异暴露出来,让它的意义涌现出来,由此保证了文本随着阅读而常新。文本在德里达那里是一个广义的概念,所有痕迹性的东西的总体都可以成为文本。比如,舞蹈、绘画、音乐、书本固然是文本,弗洛伊德所说的"梦境"或无意识也是文本,一个时代、一个社会、一种生活都是文本,甚至大自然的图案也是文本。他不仅断定文本之外无一物,而且断定语境之外无意义。用德里达本人的话说:"在语境之外无法确定意义,但语境不会达到饱和状态。"[①]简单地说,语境是不断变化的,开放的,这一点决定了意义的非单一性和文本的开放性。不过,德里达对语境的解释也很特别。他说,语境可以是生活、世界、实在、历史、言语,甚至是集体精神体验和符号化的自然。

随着语境概念的引入,德里达发现我们不能根据传统的语言学模

---

① J. Derrida,"Living On",in: Herold Bloom et al, *Deconstruction and Criticiam*. New York Seabury Press,1979,p.81.

式来理解文本,相反,我们要超出语言来理解文本,换言之,我们要考虑语言的他者。语境便是语言的他者,记号和符号也是语言的他者。1994 年,德里达在接受费拉利斯(M. Ferraris)的采访时指出:"引入痕迹概念或文本概念是为了标明语言学转折的界限。这就是……我宁愿谈论记号而不是语言的原因。首先,记号不是人类学的,而是前语言学的。它是语言的可能性,凡存在与他物的关系或与他者的关系的地方就存在记号。对这种关系而言,记号不需要语言。"[①]由于使用记号也是动物界的天性,如果我们放弃对文字的特权并以广义上的文字来包括记号的功能,人类就可以重建与动物的关系,并丰富我们对世界的理解,因为从广泛的范围看,人类与其他动物分享着呈现出记号关系的同一个世界,世界上的万物仿佛是些记号,它们构成了引导我们探索无穷秘密的文本。德里达甚至由此断言,人并非唯一的政治动物。

事实表明,德里达虽然也继续使用文本概念,但他已改变了文本概念的内涵,至少可以说,他大大拓展了文本概念的外延。在他看来,文本不是什么意义的容器,不是意义的载体;文本也不是作者的见证,而是作者的隐退,是签名者的隐退。文本虽然是某物,但是一种不同于物体、不同于有机体的东西,甚至是某种残存物。这种残存物有些像我们留下的痕迹,有些像动物留下的痕迹(不单单是踪迹),甚至像天体运行留下的轨迹。痕迹仅仅显示不在场的东西,但是单一的痕迹并不足以成为一种文本,只有痕迹构成的系统才能成为文本。因此德里达有时说文本是一种织体。在此,德里达所说的痕迹很像我国古人所说的"文"。通过对柏拉图、胡塞尔、卢梭和列维-斯特劳斯的文本的解读,德里达指出了对文字的贬低并不能帮助他们确立语音优先的原则。他本人不仅用一种广义上的文字概念来置换传统意义上的文字概念,而且常常用痕迹概念来置换文字概念。他承认文字有中介化的作用,但他认为这种作用并非文字的弱点,而恰恰是文字的优点。此

---

① Derrida and Ferraris, *A Taste for the Secret*. Cambridge, UK: Poli-ty,2001, p.76.

外,我们也不能由此认定言语贴近思想,而文字就远离思想。实质上,言语并非思想的再现,文字并非言语的再现,因此不是再现的再现。言语与思想始终是有差异的,说出的东西要么比想的东西多些,要么比想的东西少些,说与想之间不是绝对相等的关系。同样,文字也并非作者思想的等价物,它只是作者的痕迹,是思想的痕迹而已。"被逻各斯中心主义/语音中心主义传统认为是一种因文字的中介化而导致的污染的东西乃是一种原初条件。所有语言都以中介化和能指的解释性游戏为特点,而这种游戏被认为仅仅限于文字。为了表明这种中介化条件的本原性,德里达引入了'原初文字'(arche-écriture)这个概念。他把原初文字作为语言(包括言语)的可能性的条件。"[1]由此可见,德里达在这里所说的原初文字并非指人类说话之前事实上就存在一种特殊的文字,而仅仅指语言本身所具有的那种中介化力量,这种力量对于语言本身是原初性的。对德里达来说,所有语言都是一种文字,从痕迹的意义上讲,言语也是特殊的"文字",即声音痕迹。在《语音与现象》中,德里达甚至将原初文字叫做"分延"(différance)的别名(在后面,我们将单独解释这个词)。他所要强调的无非是原初文字其实是指弥漫于语言中的起区分作用的力量。

谈文本就不能不谈书本,因为在大多数情况下,人们所说的文本就是指书本。德里达承认"书本"无疑是重要的文本,但他怀疑有单一的书本,也怀疑有作为完满整体的书本,更怀疑传统的"作者"概念。书本并没有受固定的理性次序支配的固定结构。德里达区分了文本与书本,他认为文本是隐而不显的,是无法感知的,而书本却有可见的外在形式。他还大量引证伽利略、笛卡尔、休谟、舒伯特和卢梭的例子说明他们如何将大自然也看做广义上的书本。书本不过是文本的某种包装。在《论文字学》中,德里达就说过,"如果我们将文本与书本区别开来,我们可以说,就像现在各个领域出现的那样,书本的拆毁意味

---

① Jamea,K. S. Smith. *Jacques Derrida：Live Theory*,New York and London：Continuum,2005,p. 43.

着剥去文本的外衣。这种必要的暴力是对于一种不必要的暴力的回应"①。这种书本在他看来不是封闭的没有开口的实体,否则我们就没法阅读,也不会有误解的问题。书能被误解和理解本身就说明书本不是绝对完满并具有单一意义的东西;书本的开放性通过阅读、理解和误解而得到证明。书本的开放性同样表明书本始终是尚未完成的东西,书本不是由传统意义上的作者界定,而在相当大的程度上由读者界定。由于每个时代的读者有不同的阅读方式,所以书本是常新的。

德里达还把书本的作者形容为制造痕迹的人。他明确地指出,"文本不再是一本完成了的文集,不是包含在一本书或它的边缘的某种内容,而是起区分作用的网络,是一种痕迹的织体,这种织体不断地指称某种不同于自身的东西,指称其他的起区分作用的痕迹。因此,文本超越迄今加诸它的所有限制(不是将它们淹没在一种未分化的同一性中,而是使它们成为更复杂的,起划分作用和增殖作用的笔画和线条)——超越了所有的限制,超越了相对于文字(言语,生活,世界,实在,历史,等等)而确立的一切,超越了每个指称领域(涉及肉体或心灵,意识或无意识,政治和经济,等等)"②。总之,正如罗依勒(Nicholas Royle)概括的那样,德里达所说的文本是指一切记号系统、痕迹系统和指称系统。③ 人类使用的所有指称物,不管其物质材料是什么,都带有文本的性质。文本服从起区分作用的网络逻辑。文本并不是一种在场者,但又能作为不在场者的提示者;在一些重要方面它始终是不可感知的,它具有幽灵般的力量,它能标划界限,但自身没有界限。文本没有绝对开端,也没有绝对的终结。它的内容并不能以线性推论的形式呈现出来。即便我们眼里的完整书本也不过是些残篇断简而已,因为它只是由此出发通达其他文本的线索。

文本遵循一种替补逻辑,即,既补充又替代。这里所说的"替补"对应于法文的 supplément。在法文中,supplément 源于动词

---

① 德里达:《论文字学》,汪堂家译,上海:上海译文出版社 2005 年版,第 24 页。

② J. Derrida. "Living On", In H. Bloom et al, *Deconstruction and Criticism*, p. 84.

③ Nicholas Royle, *Jacques Derrida*, London and New York: Rout-ledge, 2004 , p. 65.

suppléer，意指"补充缺少的东西，提供必要的剩余，代替和代理"，德里达巧妙地将这些意义综合在一起，但他主要同时用这个词的两种意义，即，给原来的东西增加额外的东西，以及作为整体代替原来的东西。这很像树的年轮，外面的每一圈都是对前一圈的增补，但看上去又代替了前一圈，并且掩盖了前一圈，包含着前一圈。正如 Boyle 正确地理解的那样，替补既是剩余物，是丰富另一种充分性的充分性，又弥补缺乏的东西，仿佛有虚空要填充。[①] 替补既非在场也非缺席，既非内在也非外在，但它同时既是内在又是外在。在《论文字学》中，替补（supplément）是德里达的一个非常重要的概念，他借解读卢梭著作的机会用了整整两章的篇幅来讨论替补问题。他不但需要用这一概念对卢梭和列维-斯特劳斯的著作进行精心的解构，而且需要这一概念说明文字与言语、文化与自然、教育与自然、译文与原文、文明与原始等等方面的关系。对他来说，替补留下的缝隙给解构提供了可能性。文本在某种意义上说就是一种替补之链。比如说，教育是对天性的替补，文化是对自然的替补，译文是对原文的替补。

　　"替补"一词在卢梭的《忏悔录》中出现最多并且被卢梭用来说明手淫与性爱（手淫被称为对性爱的危险替补）、符号与言语（文字是言语的替补，而符号则是对一般文字的替补）、奶妈与母亲（奶妈是对母亲的替补，而情人又是对母亲的替补）的关系。德里达之所以喜欢这个词，还因为这个词很能说明解构的下述特点：解构是用一种文本来补充另一种文本，用一种意义来补充另一种意义，但与此同时，它也是用一种意义代替另一种意义，用一种文本来代替另一种文本，这就使得文本的界限不断地扩展，不断地推移。为此，德里达常常借用别人的标题作为自己文章的标题，他也很关注书的边缘、旁注、题记或跋的作用，有时还关注文字之间的空白或省略号的作用，他甚至写过一篇题为"Et Cetera..."（在拉丁文中表示"等等……"）的文章，因为它们显示了某种替补功能。他有时用一个作者的话补充另一个作者的话，

---

① Ibid., pp. 48 - 49.

有时也用自己的话去补充别人的话,甚至用同一个作者的某个文本补充另一个文本。正因如此,如果我们不了解德里达解读过的其他作者的文本并把德里达的话与其他人的话精心对比,我们肯定会将它们混为一谈,这也是我们解读德里达的著作时要特别留意的地方。下面我们就来看看德里达是如何具体讨论替补的。

德里达在讨论卢梭的经历与其文字理论的关系时将替补作为一切概念的核心并在此基础上去理解文化的退化和社会共同体的分裂。卢梭的替补概念给人这样一种印象:替补是危险的。德里达则借题发挥,力图把卢梭所说的替补的两重意义统一起来并认为它们同时出现在某种机制中,而不是像卢梭那样让它们交替出现,孤立地发挥作用。如果卢梭使用的符号概念和文字概念强调其摹写功能,德里达则强调摹写功能本身是由替补决定的。在他看来,替补的两重意义的并存虽然有些奇怪,但这是必然存在的现象。

一方面,替补可以补充自身,它是剩余物,是在场的完整呈现。"它将在场堆积起来,积累起来。正因如此,艺术、技艺、摹写、描述、习惯等等,都是自然的替补并且具有一切累积功能。这种替补性在某种程度上决定着所有的概念对立,卢梭将自然概念铭刻在这种对立中,因为它应该是自足的"[1]。

另一方面,替补在补充的同时进行代替。"它介入或潜入替代性(a-la-place-de):它在填补时仿佛在填补真空。它通过在场的原始欠缺进行描述和临摹。替补既是补充又是替代,它是一种附属物,是进行替代的从属例证。作为替代物,它不对在场的积极因素进行单纯的补充,它并不进行烘托,表示空无的符号已经确定它在这一结构中的地位。在某种程度上讲,某物只有通过让符号和指代者填满自身才能自动填满自身和完成自身。符号始终是物本身的替代物"[2]。不过,德里达非常强调"替补"的两重意义的不可分割性。替代物与它所替代的东西不是同质的,而是异质的,因为它是外在的增加并且与前面的

---

① 德里达:《论文字学》,汪堂家译,上海:上海译文出版社2005年版,第211页。
② 同上。

东西不同。所以,绝对的复制是不可能的。所谓"太阳底下无新事"不过是比喻性的说法,莱布尼茨所说的"世界上找不到两片相同的树叶"才真正道出了真理。卢梭曾经用文本的注释来说明替补的作用,因为它增加原著的内容,但又不同于原著。它通过差异来丰富自身。替补体现了显与隐的辩证法,也体现了分延的特点。因此,德里达说,"替补介人缺席与完全在场之间。替代活动填补特定的空白并标志着这种空白"[①]。

德里达使用替补概念还有批判在场形而上学的作用。这一点首先表现在,他认为替补既不是在场,也不是缺席,传统的本体论无法思考它;其次表现在它不将传统形而上学的对立看做固定的对立,而是把那些对立双方看做外在补充的关系、替代的关系。这样就避免了把能指与所指、文字与言语、指代者与被指代者等等对立看做一方优于另一方的关系。此外,德里达的替补概念在很大程度上是反中心主义和非本质主义的。之所以说它是反中心主义的,是因为替补是对起源的替补,因而也代替起源,而在过去起源总是被作为思考的中心;之所以说它是非本质主义的,是因为德里达认为替补是没有本质的,"没有本质恰恰是替补的奇特本质"[②]。

从写作与阅读的关系看,阅读在一定的意义上也是对写作的补充。文章一经写出来,就不能由作者来决定应当对它做何解释。他(她)也不过是一个读者而已。"意谓"总是个人的,但一经说出来、写出来就成了他无法支配的东西。我们常常追问作者的原意是什么,不过是要他(她)徒劳无功地说他的"意思"。实际上,我们已经为作者做了回答,我们已经对它进行了"替补",我们已把自己的视角、把他的视角看做文本的一种因素。就此而言,解构具有诠释学的特征。

---

① 德里达:《论文字学》,汪堂家译,上海:上海译文出版社 2005 年版,第 230 页。
② 同上书,第 457 页。

第三章 分延或延异

对文本的解构之所以可能,是因为它是一种充满散漫力量的差异系统。但这里所说的差异不同于黑格尔意义上的那种差异,而是指延缓状态中的差异,或差异状态中的延缓。德里达生造了一个法文词 la différance 来表示这样一种散漫力量。这个词在德里达的早期和中期著作中反复出现,在他生造的所有词汇中这个词被使用的频率仅次于"解构",并且对理解德里达的基本思想特别是他的解构策略至关重要。此外,他对这个词的解释体现了他对海德格尔的批评,特别是对其论著《阿那克西曼德之箴言》的批评以及他对黑格尔、尼采、弗洛伊德和索绪尔的批判性改造。因此,我们有必要专门对它作些说明。

一

严格地讲,la différance 这个词是不可译的,因为德里达用它同时表示多种意思,但在众多的意思中有两个主要的意思,即"延缓"和"差异"。这个词源于法文动词 différer,除了上面所说的意义,德里达还强调它的"区分"意义,以表明它的动态性。所以,我们把它译为"分延"(也有学者把它译为"延异",我以为这两种译法可以同时并存,以便能突出它的不同侧重点),以表明它同时兼有这些意思并重点强调它的动态性。早在 1967 年出版的《论文字学》和《语音与现象》中,德里达就阐述了与"分延"相关的思想。1968 年,他发表了题为 La différance 的专文集中讨论这个问题。此文后来收入《哲学的边缘》①。按德里达本人的说法,我们甚至不能说它是一个词或概念。但我们为了讨论问题的方便,还是要给它一个称呼。因此,我们仍假定它是一个词。

为了明白这个词的意思以及德里达的基本意图,让我们先从它的词形说起。Différence 是德里达根据法文的 différence(差异,区分)改掉一个字母而来。将此词中的元音字母 e 改为 a 对德里达而言包含深刻的意图。

首先,以 a 替换 e 显示了 différence 和 différence 在语词外观上的明显差异,在其中两个元音间的差异只是书写形式上的差异,它可以辨识出来,书写出来,但无法听出来,因而无法通过发音把两个词区分开来,因为在法文中 différence 和 différence 发音完全一样。

其次,法语中有不少以 ance 结尾的词,往往表示名词的动态化,这样的名词自然暗示了它的状态,它与动词的关联,因而也暗含了某种动态性。德里达以 différence 一词表明差异并非平面的、静态的东西,而是动态的处于过程中的东西。这样一来,德里达就有意从某种程度上改变自柏拉图到黑格尔、海德格尔和索绪尔的整个西方哲学传统对同一与差异的关系的认识。众所周知,柏拉图在《巴门尼德斯篇》中大谈同与异,但他所说的"异"是由静态的"异"的理念而来。黑格尔虽然从差异中看到向矛盾过渡的可能,但他毕竟没有把差异直接看做延缓中的差异。海德格尔虽然写了《同一与差异》的专论,但他使这一问题的讨论服务于对"存在"问题的讨论,而同一与差异仍是相互对立的东西。索绪尔虽然将差异性原则作为语言符号系统的两大原则之一(另一个原则是任意性原则),但他并未对"差异"概念本身作什么深入的形而上学思考,更没有把差异看做在延缓中显示出来的差异。所以,德里达用 différance 来表示差异的动态性、过程性对改造传统形而上学具有革命性意义。

---

① J. Derrida, *Marges de la philosophie*. Paris:Editions de Minuit,1972:pp. 1—29.

再次，德里达用 a 替换 différence 中的 e，还有另一层隐喻意义。他解释说，a 在这里就像一个标志，一个沉默不语的记号，既象征着金字塔的外形，也象征着坟墓，因为 a 的大写字母是 A，而 A 不就像埃及的金字塔吗？金字塔既然是坟墓，它就隐藏着死亡的秘密，它的墓碑显露出死者的信息。但是，德里达提醒大家，墓碑本身是无声的，它只有通过文字向你诉说。因此，这里的 a 将你的注意力引向文字，引向文本，引向书写，而不是引向声音。这样，德里达就达到了宣扬文字重要性的目的，也间接地批评了表音文字的形而上学的荒谬：不存在纯粹的表音文字，即使有表音文字，它也离不开语符（如标点、间隔）的作用。

最后，也最为重要的是德里达试图通过生造 différance 这个词来批评传统的在场形而上学。德里达声称，他一辈子都在与在场形而上学作斗争，这种形而上学不仅赋予"在场"（presence，用通俗的话说，就是直接呈现给我们的东西）以特权（比如，把意识、意识的主体看做在先的在场者），并且把存在的意义理解为在场的东西，而且不断依赖于逻各斯中心主义，尤其是语音中心主义。它不加区别地用"……是什么"这样的提问方式去追问"存在"，追问意识和意义，甚至用这种方式去追问上帝，总之，用它去追问一切东西。结果抹杀了一切东西的差异。对逻各斯中心主义，我们在前面已作过解释。这里，我们还是先看看德里达是怎样通过生造 différance 一词来反对语音中心主义的。

语音中心主义的第一个重要特点是强调语音的优先性。它在对待言语与文字的关系时将言语放在优先地位并认为文字只是言语的再现。因此，在依据语音中心主义而建立的传统形而上学中，拼音文字被抬得很高，而埃及的象形文字和中国的汉字却遭到贬低，与这种文字相关的文化也遭到贬低，因为传统形而上学认为它们并未像拼音文字那样实现音与形的统一；而是把发音与书写分离开来。黑格尔就是抬高拼音文字而贬低象形文字的典型。他甚至在《哲学全书》中说，拼音文字自在自为地最具智慧，它代表文明的最高阶段。在此，值得注意的是，德里达所说的语音中心主义在黑格尔那里是欧洲中心主义的一种支持手段。但黑格尔忽略了一个基本事实,中国成为世界上最繁荣的国家时所使用的文字与她在相对落后的情况下所使用的文字是同一种文字,而欧洲在非常黑暗的年代使用的文字与她在繁荣时代所使用的文字都是拼音文字(不管是拉丁文还是法文、德文、英文或其他拼音文字)。德里达是欧洲中心主义的批评者,对语音中心主义的批评则间接地成了对欧洲中心主义的批评的一种特殊形式。

语音中心主义的第二个重要特点是,在强调语音优先性的前提下相应地强调听对于看的优先性和本源性。从苏格拉底到海德格尔,这一点都体现得十分明显。苏格拉底述而不作。海德格尔则有对倾听的一整套独特分析,甚至像凡高的《农鞋》这样的画作在海德格尔那里也被赋予与"听"密切相关的价值,仿佛艺术的真理要通过"听"来显现。由于对"听"的重视蕴涵着对声音的重视,德里达断定在海德格尔那里存在一种语音中心主义,其突出表现就是赋予了语音和语音表达手段以特权,其他艺术形式也要参照与语音相关的艺术来理解。但是,语音中心主义的另一种严重后果表现在符号学领域并通过这一领域影响到整个语言学领域。

在德里达看来,语言学是一般符号学的一部分,但20世纪的符号学深深地打上了索绪尔的烙印。索绪尔写的名著《普通语言学教程》反传统地提出了"能指"与"所指"的区分并认为两者不可分割,但是他又保留了传统形而上学的一个可怕要求,即"先验所指"的要求。而且,"他认为,出于必要的和基本上是形而上学的理由,必须赋予言语以及维系符号和语言的一切联结物以特权。他也谈到思想和话语、意义与声音之间的'自然联系'"①,甚至谈到了"思想—声音"。正如卡勒(Culler)在其著作《论解构》中所指出的那样,"在索绪尔的论证中同时存在着对逻各斯中心主义的肯定。索绪尔由其出发的符号学概念则以对可感物与可知物的区分为基础;能指的存在是为了通达所指,因而似乎从属于概念或概念表达的意义。而且,为了将一个符号与另一

---

① 德里达:《多种立场》,余碧平译,北京:生活·读书·新知三联书店2004年版,第25页。

个符号区分开来,语言学家必须假定把握'所指'的可能性,使之成为他们的出发点,符号概念如此牵涉到逻各斯中心主义的基本概念,以至即使索绪尔想摆脱它,他也难以做到这一点"①。

作为逻各斯中心主义的特殊形式,语音中心主义肯定了"听—说"过程与思想的贴近性,而相应地贬低或淡化"文字—阅读"的重要性。比如,柏拉图早就指责文字败坏思想、扭曲思想,而相应地认为言语是思想的直接表达。自柏拉图以来,西方思想传统一直没有摆脱这一基本倾向,即赋予言语从而也赋予"听—说"以优先权。为什么自柏拉图以来的语音中心主义要赋予言语以优先权呢?按照语音中心主义的思维方式,首先,日常生活的一个直接证据证明了强调言语优先权的合理性,这就是,一个人是先学会了说话,然后才学会了写字;其次,说话是在直接地表达思想,自然地表达思想,即时地表达思想,而听话的人也可以即时地把握说话人的意思(当然,过去的人肯定没有想到录音技术的出现会驳倒他们的观点)。相反,文字是不透明的,一旦写下来,作者就隐退了,甚至还有匿名写作的情形,这表明文字是远离作者思想的,阅读一篇文字并不等于把握作者的思想。文字只是言语的再现,言语则是思想的再现,但文字在再现言语时总是表现出不确定性、模糊性,因而导致各种误解。其深层原因则在于文字远离了意识的在场,在于文字的意义不由写字的人支配。所以,语音中心主义者否认文字是思想的直接现实,而是把文字看做思想的歪曲甚至看做思想的威胁。这样就导致了对文字的严重不信任。索绪尔虽然在语言学和符号学上做出了许多革命性的贡献,但德里达认为他仍在逻各斯中心主义与语音中心主义的圈子里打转,因为他还在跟着谈论文字的危险、文字的寄生、文字的暴力、文字的矫饰和文字的威胁。

那么,德里达通过生造 différance 一词怎样批判以语音中心主义和逻各斯中心主义为基础的在场形而上学呢?

首先,德里达力图通过这个词说明文字自有文字的优越性,文字

① J. Culler, *On Deconstruction*. London & Henley. Routledge & Keg-an Paul. 1985. p. 99.

并非依附于、寄生于言语的东西,言语与文字之间也不应存在传统的二元对立的关系。如前所述,différance 一词是由法文 différence 改动而来,但这两个词(我们姑且把 différance 算作一个词)在法文中发音完全相同,换言之,仅听别人从嘴里讲出这两个词是无法将它们区分开来的(其实,这种同音异形的词还很多),我们只有通过书写、通过字形才能确认 différance 与 différence 是两个不同的词。这一点表明文字恰恰有言语本身无法比拟的优点:言语无法做到的事,文字却能做到。

其次,针对传统在场形而上学根据文字远离思想的说法就断定文字不如言语恰当地表达意义这一观点,德里达力图从根本上证明文字恰恰体现了差异的延缓(亦即,différance 表示的基本意义)的力量。胡塞尔曾断定意义只能涉及“在场”(presence,德里达在许多意义上使用这个词,把此词全部译为“在场”是不妥当的,比如,他在“在场”、“出场”、“存在”、“呈现”、“介入”等意义上用过这个词,并且故意这样做,以表明词义的多样性。因此,有学者把 presence à soi 译为“向自我在场”或“对自我在场”不仅不符合逻辑和中文的语法,而且不合德里达的用法,尽管在字面上它貌似正确)。此处的在场者指表达手段。德里达则在《语音与现象》中质疑这一点并认为意义并不总是与表达式联系在一起。而胡塞尔认为表达式(Ausdruck,他有时在 Wundt 和 Frege 使用的意义上用这个词)之所以被意义所占据和激活恰恰是因为它决不在言说之外发生,他甚至把面部表情和手势都排除在意义的表达手段之外,原因是它们无法为言说者所控制。“德里达想质疑将声音作为直接性的场所,他证明声音的‘明显的超越性恰恰在于它只是现象’。”[1]

再次,与对文字重要性的强调相对应,德里达也自然要强调书写的重要性,因而从根本上颠倒传统在场形而上学使文字附属于言语,使言说附属于思想,使书写服从于说话的思维模式。德里达从野蛮人

---

[1] James K. Smith, *Jacques Derrida: Live Theory*, New York and Lon-don: Continuum. 2005. p. 33.

的"划道道"中看到的是文字的萌芽,看到的是文本的萌芽,而不是思想的败坏和堕落。德里达发现并不存在绝对的纯粹意义上的表音文字,因为我们通常所说的表音文字要通过标点、间隔来起作用。Différance 提示我们:"我们既不能忽略文字文本也不能放弃改正其中产生的混乱——这一点对我来说至关重要。"①书写以及写下的东西和其他广义上的文字甚至比声音更能体现差异游戏的特征,而差异游戏恰恰是一切符号得以存在并发挥作用的可能性的条件。文字就是这样一个差异系统,它通过一个词与另一个词的区别来显示意义。但这里所说的差异并非单纯的同时性的差异,而是一种延缓的差异。它体现了经济原则,就像 différance 这个词既体现差别又体现延缓一样。

德里达很欣赏埃及的象形文字以及汉字,并认为这类文字系统没有受逻各斯中心主义和语音中心主义的毒害,且最能体现文字的分延性,因为其发音与字形没有直接关联,其书写形式可以多样化并且最能体现文字的经济原则。根据德里达的逻辑,我可以得出结论:由于音与形的分离,汉字的外在形式并非声音的再现,我们可能认识和写出某个字而对其发音一无所知。这当然增加了学习的难度,但也使我们大脑的不同部分(分管声音的部分与分管图形的部分)可以通过学习汉字而得到锻炼并自行发展。这一点可以解释为什么可以通过学习汉字来治疗西方国家的失读症,也可以解释为什么汉字文化圈里失读症患者要远远少于使用拼音文字的国家的同类患者。此外,汉字是非常经济的,它的形象性、隐喻性和意义的不确定性最能表达分延的特点。

为了显示意义的不确定性,德里达还提出了"撒播"(la dissémination)概念并以此表示文本的意义像种子般撒播开来。它们没有固定的落点,没有明确的方向,没有规则性的存在方式,而只有不太确定的区域。德里达的一本书就取名为《撒播》,这一点本身就具有象征意义。与"撒播"的隐喻巧合的是,德里达注意到古希腊曾经有"犁沟写字法"

---

① J. Derrida,"Ia différance",in: *Marges de la Philosophie*, Paris: Minuit, 1972, pp. 1—29.

（l'écriture par sillons）或"牛耕式书写法"（boustrophedon）——人们从左写到右然后又从右写到左，就像农民犁田那样，犁到田地的尽头后并不回到起点，而是调头犁向相反的方向，这样可以省时、省力、省空间，能提高效率。遗憾的是，这种很经济的书写方式却由于与阅读习惯不一致而被抛弃了。这说明阅读方式与书写方式是有差异但又有相关性。

我认为汉字可以用来说明德里达的上述观点。汉字可以向任何方向书写，它把文字的差异性表现得淋漓尽致。汉字试图实现手与眼的协调，但汉字直排比拼音文字直排更方便阅读。横排则更适应我们的双眼，因为我们的双眼是横着长的，而不是竖着长的。在同样的时间里，看横排字的字数通常要高于看直排字的字数。对拼音文字而言，这一点尤为明显。对汉字而言，直排书写与横排书写则影响不大。由于汉字一字一音，如果随着现代计算机技术的日益发展，声音识别技术日趋完善，在单位时间内输入的汉字在逻辑上讲应当多于在单位时间内输入的拼音文字，而不是像现在这样的状况。这也说明，音与形的差异还不是最根本的差异，它们是可以转换的。由于汉语语法并不非常复杂，与一些西方拼音文字相比，其句子通常很短，但又能灵活地表达意思，其优点将随着声音识别和转换技术的进步而不断显示出来。因此，中国科技界加大对语音识别和转换技术的研究力度对发挥汉字的上述优点具有重要的战略意义。这一点也表明，人文因素可以并且应当在科学的发展和技术应用方面起到重要的作用。汉字的书写方式的特殊性在科学技术上得到充分体现不仅可以丰富人类的文化，而且可以成为推动科学技术进步的重要因素。

二

德里达提出"分延"一词还有更为深刻的意义。它可以把传统形而上学所主张的对立消融于自身之内。具体地说，"分延"不是一个在场者，"……是什么"这样的提问方式不适用于"分延"。它超越了"在者"与"存在"的对立而又包蕴了在者与存在的差异。它质疑将存在确定为在者的做法,也质疑将存在归结为在场的一切形式。而传统形而上学恰恰无视它们(存在与在者)的差异并因为无视这种差异而将所有在者作为存在看待或反过来将存在归结为在者。德里达强调他对传统形而上学所使用的"相同"概念重新进行了理解。他所说的"同"(le meme)不是与"异"对立的"同",而是"分延",是从一个对立项向另一个对立项的不断推移与过渡。传统形而上学是以这种对立为基础的。德里达承认他生造 différance 一词并不是为了完全抹去那些对立,而是为了颠覆传统形而上学依据这种对立而确立的等级制度。为此,他希望我们看到每一个对立项都是另一项的"分延"。比如,我们不妨把文化看做分延的自然,把观念看做分延的直观,而不是把它们看做一方压倒另一方的对立关系。这样,现代社会和文化的基本目标就有必要重新思考。

一方面,有了分延,存在就不再是绝对的中心形式,而是一种规定、一种效应,这种规定和效应不再处于一种属于在场系统的系统内,而是处于分延的系统内,这种分延系统不再容忍主动与被动,原因与结果,非决定与决定等等的对立。① 这样一来,分延仿佛具有本源性意义,换言之,差异成了分延的结果,分延成了差异的本源。但德里达不断提醒说,这里所说的"本源"是不得已而使用的词,因为其实并没有真正意义上的本源与中心。"本源"这样的词仍然是传统形而上学的术语(这一点也进一步说明我们要一只脚站在形而上学之内另一只脚站在形而上学之外来批判形而上学),从这种意义上说,"分延"一词因突显存在与在者的差异而仍然属于形而上学术语。在《论文字学》第一章中,德里达写道:"相对于差别而言,不管是实体性的、本体论的还是实体—本体论的在者与存在都是派生的东西;与我们以后所说的'分延'(这个经济性的概念表示双重意义上的 différer 的产生过程)相比,在者与存在同样是派生的。……分延才是更'本源性'的东西,但

---

① J. Derrida, "la différance", in: *Marger de la philosophie*, Paris: Minuit, 1972, pp.1—29.

我们再也不能将它称为'本源',也不能称为'根据',因为这些概念本质上属于存在一神学的历史,也就是说,属于抹去差异的系统。"①（由此可见,德里达所说的"分延"具有置换传统形而上学对立的意义）

另一方面,分延并不取消在场,而是使在场既不同于自身又使在场成为可能。因此,德里达不断说,分延既不是在场又不是缺席,但又成为它们的条件或为它们提供可能性。分延显示了处于能动运动中的差别,但也超越这种差别。缺席与在场隐含在其中。存在与在者湮没在其中。所以,我们不应根据存在的意义来理解分延,而要根据分延来理解存在的意义。同样,我们也不能根据在者来理解分延,而要根据分延来理解在者。如前所述,分延并非某物,并非在者,因而不能问"分延是什么"。如果实在要问"分延是什么"这种问题,我们也只能说分延是在延缓中彰显差别的散漫力量。德里达还以十分抽象的语言写道:"分延并不抑制占有,并不对占有进行外在的限制。分延从动摇异化开始,以打破重新占有告终,直至死亡。死亡是分延的运动,因为这种运动必然是有限的。这就意味着,分延使在场和缺席的对立成为可能。没有分延的可能性,在场的愿望就会窒息。这同样意味着,这种愿望本身隐含着它无法满足的命运。分延产生它禁止的东西,使它导致其不可能的东西成为可能。"②

这段话读起来有些让人费解,但是,它无非要表明分延是在场的根源,是产生对立而又包蕴对立的根源。如果进一步从时间维度和空间维度去理解分延,我们就会发现分延中有着某种张力,它既是时间中的张力,也是空间中的张力,是愿望与愿望的无法满足之间的张力。因为有这种张力,我们才能历时性地理解差异,亦即把差异理解为一个动态过程。所以,德里达说,分延既不是静态的,也不是生成的,既不是结构的,也不是历史的。它需要综合地加以理解。即,从时间的空间化与空间的时间化的维度加以理解。

从空间的时间化的维度看,分延使得差异在时间中展开,或者说,

---

① 德里达:《论文字学》,汪堂家译,上海:上海译文出版社 2005 年版,第 32 页。
② 同上书,第 209 页。

是通过延缓的方式而展开自身。用德里达本人的话说:"分延仅仅是存在或本体论差异的历史性或时间性的展开,分延(différance)中的 a 标示着这种展开活动。"① 如前所述,différance 一词源于法语动词 différer,这个词既可表示区分,又可表示延缓,前者也被称为空间化,后者则被称为时间化。前者所起的作用是使一个东西始终有可能打破自我封闭的同一性。始终有他者性或异在性的因素存在于自身之内。因为有区分的力量或分化的力量,事物的内部、一个事物与另一事物之间就会有间隔。间隔首先以隙缝的形式存在,以连接点的形式、以缝线的形式存在,它显示着事物的空间限度,从而也使事物处于与其他事物的非同一性关系中。间隔还以时间的形式存在。其实,时间是颠倒了的空间,是线性化、绵延化的空间。比如说,我们一眼看上去"狗"不同于"猫",但"狗"与"猫"实际上是在不同时间里呈现给我们的。它们的差异首先表现为它们是空间中的不同个体,处于不同位置,但在时间上它们是先后出现在我们面前的,如果我们想了解各自的细节,就更是如此。所以,德里达说,分延不仅表明原初的区分活动,而且表明差异的延缓性的迂回。有迂回,就有中介;有中介,就有间隔。仅从这一点看,分延已经体现了空间与时间的统一性。

从时间的空间化的维度看,在我们思想所及的范围内,虽然分延不以在场者、存在者的形式出现,而是以差异的不完全的本源的形式出现,以差异的效应的形式出现,但分延表明了主动性与被动性的中间状态,表明了产生和构成不同事物的分割和区分的过程。在这种情况下,在时间中展现出来的差别表现为空间里的"储存物"。现在的东西通过分延保留了"过去了的"东西的因素,现存事物打上了既往事物的标记,并通过表明与未来事物的不确定的关联而敞开了自身。在此,在分延中展开的现存物通过与他者的相关性而构成了现时的在场者。而现时的在场者与他者之间有一种间隔起着使现时与非现时分开的作用,它使现时成为现时,并继续对现时进行分割。这样一来,在

① J. Derrida, "la différance", in: *Marge de la philosophie*. Paris: Minuit, 1972, pp. 1—29.

时间中延续的东西可以表现为空间上的间隔。于是，历史的东西也可表现为空间上或结构上累积起来的东西，分层的东西。

上面这些说法还是太抽象，我们不妨举个形象化的例子来说明。树木的年轮可以通过一圈又一圈的标记来识别，每一圈都代表一种现时，它将不同的现时分隔开，时间的延缓在空间的间隔中展开。南极的冰层和地质学上所讲的地层都可用来说明时间的空间化过程。这个过程是不能用单纯的在场或单纯的缺席来说明的。道依齐(Penelope Deutscher)比较恰当地表明了这一点："与在场和缺席之间的对立相关联，分延既不出场也不缺席。相反，它是一种产生在场效果的缺席。它既非同一性也非差异性，相反，它是一种区分作用，这种区分作用产生同一性的效果也产生那些同一性之间的差异性的效果。"[1]

最后，我们要指出的是，按德里达在《多重立场》中的观点："分延是差异的系统游戏，是差异痕迹的系统游戏，是间隔的系统游戏，正是通过这种间隔各种因素才发生相互关联。"[2]这段话已经点明了分延与痕迹的联系。但这里所说的痕迹该作何理解呢？德里达所说的"痕迹"是指一切消逝的东西的指代者，符号、文字、踪迹都不过是痕迹的特殊形式。言语也是广义的痕迹，即，声音痕迹。文本则是痕迹的织体。他用"痕迹"(trace)一词时颇有深意。一方面这个词可以提示意义、所指的非场性；另一方面可以提示起源或中心的消失。同时，如果把文本理解为痕迹的织体，作者中心主义也就不能成立；如果言与文都被理解为痕迹，那么言与文的矛盾在差异系统内"就不过是那种与铭写相对的发声(la diction)的自我关联"[3]。

更重要的是，痕迹表明了分延的力量，表明了间隔的作用，它以迂回的形式显示延缓的在场。痕迹本身就像分延一样没有本质，它不是

---

① Penelope Deutscher, *How to Read Derridda*. New York and London: W. W. Norton & Company. 2005. p. 29.

② 德里达：《多重立场》，余碧平译，北京：生活·读书·新知三联书店 2005 年版，第 31 页。J. Derrida, *Positions*. Paris: Minuit, 1972, p. 38。

③ J, Derrida, *la Dissémination*. Paris: Seuil. 1972. p. 182.

在场者,因而与"保留"、"储存"概念无法相容,也无法在在场者的基础上进行思考。痕迹不是效应,也没有起因,因而不服从线性的因果律。德里达还以弗洛伊德的无意识概念为例,说明用单纯的在场和缺席都无法描述无意识现象,因为无意识既不是隐蔽的、潜在的自我的在场,也非实体性的自我的在场。无意识既区分自身又延缓自身。也就是说,它本身就是分延的痕迹。"痕迹"概念与"差异"概念的联系在于,痕迹是差异的条件,在痕迹产生过程中的所有差异是延缓中出现的差异,而不是在同时性中产生的差异。所以,德里达说,"无意识痕迹产生过程中的全部差异,而不是在同时性中产生的差异。"他又说:"在无意识痕迹的产生过程和铭写过程(Niederschrift)中,全部差异都可以在保存的意义上解释为分延的瞬间。"①

　　总而言之,德里达的"解构"策略之所以能发挥作用,是因为他重新审视了文字、符号、意义、文本以及它们与作者、思想的关系。"分延"、"替补"这些并非概念的"概念"(德里达本人反对将"分延"作为概念),是服务于总体的解构策略的。有了这些"概念",结构主义所说的共时性与历史性的对立问题,能指与所指、文化与自然的等级制对立问题,可以在新的基础上得以思考并被颠覆。意义不再是僵死不变的规定,原有的本源与中心不再是本源与中心。绝对的控制、绝对的权威、绝对的统治和绝对的王国在"分延"的作用下消失了。这样一来,普遍性本身的权威、在场者的权威也就遭到了威胁,这一点恰恰质疑了西方形而上学史上的"普遍主义"潮流,也给启蒙运动以来的一些价值观的强制推广造成威胁。由于德里达不将痕迹作为在场,而是把它视为"一个改变自身、移动自身、指称自身的在场的假象",作为不断抹去自身的悖论结构,传统形而上学所说的在场者在德里达这里变成了符号的符号、痕迹的痕迹。涂抹或涂改(rature)则属于它的结构。被形而上学遗忘了的存在与在者的差异通过分延,通过痕迹而彰显出来,存在的真理、存在的思想通过分延而得以自行展开。由于"痕迹"

---

① J. Derrida, "la différance", in: *Marge de la Philosophie*. Paris: Minuit, 1972, pp.1—29.

概念超越了基本本体论和现象学的深刻联系,它在区分中延缓,在延缓中构成差异,它反比海德格尔的"此在"能说明更多的东西。因为"痕迹的游戏不再属于存在的视域,但又传达和包含了存在的意义"①。

① J. Derrida,"la différance", in: *Marges de la Philosophie*. Paris: Seuil, pp. 1—29.

第四章　哲学与教育

　　德里达曾声称自己不是萨特式的人物，不是福柯式的人物，也不是知识分子意义上的或人世的哲学家，他甚至说自己"既不是作家，也不是哲学家"①；并且他本人的确在相当长的时间里不受法国学院派哲学家们的承认和欢迎，甚至受到过一些谣言的伤害（比如，说他贩毒）。但是，所有这些仍不妨碍国际学术界把他视为 20 世纪最重要的哲学家之一。

　　严格地讲，他的确不是传统意义上的哲学家，他不接受传统哲学的许多词汇和表达方式，他也反对为哲学设定固定的空间界限，他的绝大部分论著是以全新的方式去解读历史上一些大哲学家的著作，因此，他的许多论著如按传统规范来看像是在讨论哲学史问题，因而要算哲学史著作。然而，这也恰恰是他的哲学的独特之处，因为他不是以单纯的历史观点去看待历史上的哲学，而是把历史上的哲学看做哲学本身的不断展开。在他那里，哲学史仿佛是意义的河流，是语言的展览，是思想的痕迹。即便如此，一些学院派哲学家仍不愿把他对哲学史的解读看做严肃的哲学史研究。这部分是因为他采用了既不能算文学也不能算哲学（传统意义上的）的隐喻式语言去谈论历史上的哲学家。他也不试图像通常的哲学史论著那样去梳理某个概念或命题的固定意义并寻求确定不移的真理。他的着力点不在弄清原著的原意，因为他强调不是作者决定文本而是文本决定作者，而是要让封

---

① 德里达："海德格尔，哲学家的地狱"，见《一种疯狂守护着思想》，何佩群译，上海：上海人民出版社 1996 年版，第 144 页。

闭的哲学文本打开自己并呈现多种解读的可能性。为了实现这一目标,他比较成功地实现了语言空间的转换或不同文本的嫁接,他首先打破了哲学语言与文学语言的壁垒,在他的著作中,有的语句晦涩得像谜语或"黑话",有的语句精练得像格言或警句。他甚至将《尤利西斯》的风格引入哲学思想的讨论,他希望这种新的尝试会提供一种新的"语调",新的"场景",乃至新的文本。这种文本既部分呈现所要解构的对象的特征,又不至于陷入模仿的套路。德里达不只在一个地方表明并且以终身的实践表明,哲学史不是外在于哲学的某个学科,研究哲学史本身就是在研究哲学。至于采取什么方式去研究,那本身就是一个哲学问题。

此外,当人们问什么样的问题才是哲学问题,什么样的东西才配称为哲学时,人们已经在问真正的哲学问题。这一问题是在哲学的根源处显示哲学的生命。针对有些批评者反对将德里达的作品归于哲学的范围,德里达在许多场合都做了回应,那些回应不仅具体地表明了他的哲学观,而且解释了他写的那些东西为何不能算是"非哲学的",也不是"反哲学的",甚至不能简单地看成是外在于哲学的。他所做的不过是尝试另一种哲学的风格,尝试哲学的另一种存在形式和另一种哲学姿态。他明确地告诉我们:"我保持着对哲学的历史本质的重视,和对这个历史层面尽可能多地掌握的尝试。"[1]按德里达的做法,哲学因素与非哲学因素可以同时在他的某一本书,甚至在某一段文字中发挥作用。他绝大部分时间所从事的工作都涉及哲学,他也总是在各种理论阐释中把自己放在与哲学相关的位置。因此,他很难理解为何一些人把他认真地讨论哲学问题的论著看做是非哲学的东西。

经过深入思考,德里达感到,问题的症结在于两个方面。一方面,他的相当一部分的文本试图"从哲学内部去改变哲学讨论的规范",这使那些习惯于或囿于传统规范的人难以接受,同时,他的另一些文本"显示出哲学的特征但不局限于哲学"。这里所说的局限既是就语言

---

[1] 德里达:"海德格尔,哲学家的地狱",见《一种疯狂守护着思想》,何佩群译,上海:上海人民出版社1996年版,第222页。

而言,也是就论题而言,更是就讨论的方式和风格而言。对那些长期浸淫于逻辑分析哲学的人来说,对那些长期追求语言和意义的确定性的人来说,德里达的哲学论述太过于离经叛道,因为他居然要从根本上颠覆自柏拉图以来的整个西方哲学传统,并认为这一传统所塑造的二元对立的思维模式将西方文明引上歧途。还有什么比这种做法更能激怒以西方文明为傲的学者呢?

另一方面,尽管德里达自认为或者说希望他的某些文本可以被看做经典意义上的哲学文本,但他本质上是一个反体制的哲学家。他宁可当 20 年助教也不愿改变自己的风格就是证明。当然,他 50 岁还要去争取获得国家博士学位也表明了他在某种程度上对体制的妥协。但那些指责他的作品不属于哲学范畴的学者通常对哲学本身进行了褊狭的理解并且处于传统体制内。这些学者在德里达看来往往把哲学混同于在特定体制和传统中所从事的再生产,而且是在一个受到体制保护的社会职业和环境内所从事的再生产。"对于下面这点人们并不陌生:当一个哲学家缩在他或她的哲学壁龛里,不懂另一位哲学家、另一种哲学语言、其他前提、其他规则、其他逻辑的或修辞学的程序、其他推论的或教学法的结构,每次他或她想要攻击这些东西或这些东西的合法性时,他或她就会简单地说:这也不再是哲学了。"①因此,德里达感到那些传统体制内的学者们与其说是在批评德里达本人不务正业,还不如说是害怕传统的体制受到质疑,因为这种质疑常使他们感到他们所受的训练以及他们的社团的独特性受到了威胁。另一个不可忽视的因素是,当今的哲学教学和研究"正受到政府和市场的某种自由逻辑的威胁",这反过来促使那些传统体制内的职业学者们拼命固守已有的阵地,所以,他们变得比以往任何时候更具防备之心和保护主义意识,对传统哲学的任何批评都会触动他们敏感的神经。从这种意义上讲,他们对德里达的强烈批评是出于一种学术惯性的本能反应。当他们批评德里达时,他们实际上已经将德里达看成了

---

① 德里达:"海德格尔,哲学家的地狱",见《一种疯狂守护着思想》,何佩群译,上海:上海人民出版社 1996 年版,第 222 页。

威胁传统体制内的哲学的某种代表和力量的化身。

　　然而,德里达认为哲学传统是无法通过固守来保持的,只有哲学变革才能给哲学本身注入活力。我们不能设想哲学只有一种表述方式。承认哲学文本的多样性,承认其存在形态的多样性本身就是哲学变革自身的力量。德里达在哲学变革方面所做的工作既表现在他试图改变哲学的表述方式以及哲学与其他人文学科的关系尤其是哲学与文学的关系上,也表现在他不断努力促进中学与大学的哲学教育上。他不仅是"哲学教学研究团体"的创始人,而且是巴黎国际哲学学院的建立者和实际领导人(该学院一开始有意不设院长而采取集体领导体制)。

　　就哲学的表述方式而言,有人认为存在理想的哲学话语,一些英美哲学家甚至认为理想的哲学话语应由纯粹的理想语言所构成,这种语言排除了矛盾、歧义和模糊性,计算机语言一度被视为样板,在这种情况下,斯宾诺莎和莱布尼茨的理想似乎被重新激活了,因为他们也曾试图为哲学寻找绝对明晰的语言和无可争议的论证方式。有些人也正是基于这一点而攻击德里达,因为他的表述太不合常规。对此,德里达回答说,寻求理想的哲学话语充其量只是一种理想。事实上,这种理想是无法实现的,他并不相信这是哲学应当追求的理想。况且,计算机语言正日趋复杂,要把思想还原为计算机本身就是非思想性的做法。那么,哲学的前途又何在呢?德里达的回答是,对这个问题无法做出简单的回答。至少他本人并不像某些人那样认为哲学会有完成之日或已经完成。甚至在他谈论逻各斯中心主义的封闭或形而上学的封闭时,他也没有用"终结"一词。在他眼里,说哲学会有最终结论、终结或完成是一件危险的事情。他说哲学是有前途的,哲学就是前途本身。但哲学要考虑那些让它终结的东西,要考虑一系列有限的可能性。德里达也不断追问,这种有限性是什么呢?哲学中的这种有限因素是什么呢?人们常感到,哲学话语已经穷尽了,哲学不可能有什么新花样,哲学只能以不同的方式,以不同的组合来复制自身。谈论哲学的完结恰恰给哲学以机会,给思想以机会。"它丝毫不同于死亡或终结,而是机会。如果将这称为哲学,那么,我认为,哲学不仅有前途,而且只要存在前途,只要不可预料的事件会发生,哲学就意味着前途。"①德里达在这里感兴趣的是事件,并且,只要它不可能被程式化因而无法预料,事件就可以激发思想,激发哲学。在一定程度上,德里达赞同哲学是为精英们保留的,无论如何普通民众无法充分理解它,因此需要努力去传播它,将它搬到一些机构中去,不应认为哲学研究可以在机构之外进行。

到此,有些人也许会觉得非常奇怪:德里达一方面声称自己是反体制的哲学家,另一方面却打算给哲学建立某种体制。他致力于国际哲学学院的建设以及建立哲学教学研究团体就是一种证明。德里达为什么主张要建立一些哲学机构呢? 他的基本根据是,我们需要一些哲学机构来保证哲学传统的存在,保证哲学技巧的训练和传授,保证人们可以学习那些无法直接为普通人所把握的哲学论著。哲学代表着一种精神传统、一种智慧资源,甚至代表一种文化气质。仅凭个人的兴趣和一时的意愿,人们无法使它具有一种连续性,也无法将不同兴趣集中于一个统一的精神空间里,并使它们成为一种彼此互补与合作的力量,或营造一种共享的精神氛围。哲学机构(如"柏拉图学园","伊壁鸠鲁花园",中国的书院,近代西方的大学和沙龙等等)都对哲学史做出过这样或那样的贡献。因此,"机构是必不可少的。没有机构,人们无法以哲学的方式进行思考。这并不意味着每种机构都是好的,也不意味着我们必须满足于现有的机构。我本人与机构的关系是非常复杂的,这是因为我能做的事在某些方面似乎是反体制的,但这毋宁与一些机构的某种现有状态背道而驰"②。

根据上面的论述,我们不难发现,德里达尽管声称自己是反体制的哲学家,但他反对的是一些不合时宜的体制,他并不是要反对一切体制。早在 1975 年,德里达就与其他一些学者一道创立了"哲学教育

---

① "德里达与英特利的谈话",载 *French Philosophers in Conversation*, ed. by Raoul Mortley. London and New York: Routledge. 1991. pp. 93—108。

② 同上。

研究团体",这个团体关注的东西主要是法国的哲学教育,但关注的地域并不限于法国。德里达之所以要从事这项工作,是因为他觉得哲学与哲学教育的关系往往是一体二面的关系。从哲学的观点看哲学教育,我们不应把哲学教育看做知识的简单传授,而要突出它如何传承某种精神传统,如何唤起人们对于思想的热忱,激发人们对思辨的兴趣。

但实际状况是,全世界只有为数不多的国家在中学阶段开展哲学教育,在一些英语国家的中学里根本不开哲学课。德里达希望捍卫和发扬在法国的中学阶段开展哲学教育的传统并希望在 16 岁或 17 岁以下的学生中也进行哲学教学。他也希望这一做法能推广到其他国家。但在教育界,对给 17 岁以下的中学生开哲学课一直存在争议,对哲学教学方式也有不同看法。按德里达的看法,虽然法国的哲学教学计划涉及"行动"、"思想"、"知识"、"本体论"、"伦理学"等等内容,但哲学教育一定要重视对历史的考察,尤其是重视问题史的探讨。无论如何,历史向度对哲学教育始终是很重要的。基于历史文本来从事哲学教学一直是法国的教育传统,这一传统与欧洲大陆哲学的研究传统是一致的,因为无论是法国哲学、德国哲学,还是意大利哲学都非常注重历史文本的研究,几乎所有大哲学家都从某个历史上的哲学家出发去阐发自己的哲学思想。那些被称为大哲学家的人与哲学史的关系非常密切,在某些情况下甚至表现出一种"暴力关系",因为他们常常曲解哲学史,甚至有意识地将过去的哲学思想强行纳入自己的理论框架。亚里士多德、康德和黑格尔就是这方面的典型。

德里达始终认为,大哲学家们虽然并不像传统意义上的哲学史家那样去对待过去的哲学,但他们并不漠视哲学史,相反,他们通常很重视哲学史。与通常意义上的哲学史家不同的是,他们从根本上保留一种批判的态度,一种有思想的态度,一种具有积极意义的强制态度,他们对"过去的哲学"保持历史的敏感,但他们并不觉得过去的哲学已经"过去了",因为过去的哲学所提的问题仍然以新的形式出现在我们的面前。况且过去的哲学一直维系着我们的精神传统。从某种意义上讲,海德格尔也是重视历史的,尽管他得出了一些传统的哲学史家难以接受的结论。

除了强调哲学教育的历史向度,德里达还主张将法国中学哲学教育的时间提前(到 1975 年时被安排在中学最后一年)。但一些中学教师抱怨说,现在的学生与以前相比太缺乏语言、逻辑和修辞训练,因此过早教哲学恐怕他们难以理解。德里达承认那些中学老师的说法在一定程度上是事实,在其他国家也同样如此,但他感到最关键的问题是以什么方式教哲学。实际上,儿童已经在向大人提哲学问题,比如,"我们是怎么来的?""天外是什么呢?"古希腊哲学家们问的许多问题其实都是儿童们感兴趣的问题。一些哲学家和心理学家(如克尔凯郭尔、斯宾塞、柯尔伯格等等)之所以说从儿童到青少年的成长过程中包含形而上学阶段就是因为这一点。按德里达的分析,有些人骨子里是很害怕哲学的,因为他们觉得哲学很危险,但他们不愿承认这一点,于是找了许多遁词,诸如"哲学太难学","哲学是为训练有素的头脑准备的"等等。他们这样做不仅有政治上的原因,而且有认识上的原因,因为他们感到哲学探讨本质上是"超越的"①。

那么,谁害怕哲学呢? 他们为什么害怕? 有些不愿变革或不思进取的政客害怕哲学,一些因循守旧的人害怕哲学,一些思想懒惰的人也害怕哲学,他们害怕自己苦心经营的摊子在哲学的挑剔目光下破绽百出,讲到底,他们害怕真正的哲学提倡的批判精神,这种精神要求我们不承认万古不易的教条并且要勇于批判自身和超越自身。同时,哲学家们多半是一些时代的观察者、诊断者和批判者,这些被称为牛虻的人总是不满足于现状,总爱对现行的东西说三道四,总爱捕捉哪怕一丝社会疾病的信息,他们有时与敏感的诗人为伍,充当时代危机的感应者和呻吟者,还有什么比指出一个人所处的地方隐含危险更让他感到担忧呢? 实质上,哲学让人警觉起来。不管是无病呻吟还是尖锐批评,哲学始终在提醒我们,我们的时代是一个充满重大危机和内在

---

① "德里达与英特利的谈话",载 *French Philosophers in Conversation* ed. by Raoul Mortley. London and New York: Routledge. 1991. pp. 93—108。

冲突的时代。"杞人忧天"对哲学家来说是最自然不过的事,也是必不可少的事,甚至是最重大、最根本的事。人类的存亡绝续恰恰系于这种危机意识,因为正是这种出于本源处的忧虑让我们产生了一种怀疑精神和批判精神,这种精神既使我们常怀改进之心,常存进取之念,常思自满之弊,常想变革之难,也使我们意识到自己的承诺、责任与决断在多大程度上得到了成功的履行,更使我们不断意识到自身能力的有限性,意识到无法应对不断变化着的现实的僵化思维模式隐含着许多人尚未意识到的危机。哪里有危机,哪里也有希望。危机的存在正是寻找出路的动力。哲学未必能开救世良方,但它敦促我们不忘检查社会的机体,甚至要对检查手段的可靠性和检查方法的有效性进行检查。当一些人还不习惯做这种检查的时候,逆耳的哲学便开始出现并不断地向他们发话和发问。

但哲学决不是消极地对待现在的事物,每种哲学都是在现行的社会机制中展开的,即便是它的困惑和矛盾也是这种社会机制的一部分。不少人因为德里达的哲学太背离传统的风格(我这里仅指风格)而指责德里达是相对主义者、怀疑主义者或虚无主义者。德里达对这样的称呼颇为不快并为自己遭到一些人的误解而深感遗憾。他的后半生几乎在不断地自我辩护,他想表明他的解构哲学虽然对传统的形而上学的思维方式采取警惕和批判立场,但并不是要彻底破坏或消灭那个传统,他强调自己比其他人更重视传统。对传统哲学的解构恰恰是要让传统哲学的因素充分显露出来并发挥作用。他问道,难道还有什么工作比打开封闭的东西并让它释放其力量,敞开其广泛的可能性更能显示对它的重视呢?也许,人们太爱用常规的方式去理解德里达经常使用的术语(如"解构"、"排除中心"、"痕迹"、"清淤"等等),加之,他的不少术语是以"de"为前缀的,而这个词缀常让人联想起"脱离"、"去除"、"消解"等否定性含义,人们对他的解构哲学产生这样的误解也就在所难免了。因此,他在许多场合反复解释要用建设性的态度去对待他的解构哲学。如果说他的哲学重视否定,那也是包含肯定的否定。如果说他的哲学有怀疑和破坏,那也是为了建设而破坏。即便他要消解传统形而上学,他也不过是在反对将存在的意义规定为在场。况且,他承认他只是要颠覆传统形而上学制造的二元对立的等级体系,当他在批评传统形而上学时,他仍不得不使用形而上学的词汇——他只有一只脚站在传统形而上学中才能批评传统形而上学。这不仅是他本人的解构哲学的命运,而且是所有哲学的命运。

此外,哲学家总是奢望为自身找到一个坚实的基础。所以,他们总是孜孜不倦地寻求确定性,这种似乎让人心安的“确定性”一直规定着许多哲学家的工作目标。这就迫使他们为自己的努力规定某个界限。就连德里达本人都承认自己试图把自身保持在哲学话语的界限内。但是,他根本不相信有哲学的死亡这回事,他也不轻易相信书本、人或上帝的死亡。后面这个说法显然是针对尼采和福柯说的(他说,即便是死去的东西也有特殊的影响力)。哲学因为有界限而成为哲学,这个界限曾有赖于概念对立系统的存在。德里达并未完全抛弃这个系统,而只是颠倒了这个系统。

既然德里达的解构哲学并不像想象的那样具有毁灭性和破坏力,相反,其中隐含一种积极的建设性的力量,我们又有什么理由去害怕哲学呢?可现实状况是,的确有一部分人害怕哲学,“一些社会政治力量试图限制某些类型的哲学研究”[1]。哲学教育也遭遇了前所未有的危机。德里达指出,这样说并非耸人听闻,而是一种社会现实。1978年12月在贝宁召开了一次由非洲法语国家和英语国家的哲学家参加的国际会议,在这次会议的开幕式上,德里达作了题为《哲学教育的危机》[2]的讲演。在他看来,谈论哲学教育的危机并非无病呻吟,因为这种危机是哲学危机的一个方面,也是社会精神危机的一个缩影和反映。正因如此,我们有理由把它看做哲学论述和哲学反思的主题。因而也可以把它看做分析和慎思的场所,看做理论创造的场所,看做哲学实践的场所。哲学教育的危机是具体的事件,发生在特定的地方、特定的时间、特定的政治氛围和历史条件之中。这里的危机不仅指一

---

① J. Derrida: *Du Droit à la Philosophie*. p. 545.
② 后收入 *Du Droit à la Philosophie*. pp. 155—179.

般哲学教育的一般危机，而且指特定地域的特定现象。像"危机"、"教育"、"哲学"、"科学"这类东西本身在今天也成了危机，因为其使用的自主性已受到威胁。而且，人们一直习惯于先确定一种正常状态并且容易把它看做确定不变的。更值得注意的是，人们总是惯于用普遍的眼光去看待危机并为此制造了两种根据：

第一种根据是："哲学不仅是一种没有历史界限、语言界限和民族界限的普遍计划，哲学还是一种长期由它自身的危机构成的计划。哲学始终是对它自身危机的经验，它也始终通过批判性的要求探问它自身的根源，它自身的可能性。"①哲学要确定自身的意义、自身的价值、自身的正当性，而自我批评、自我超越属于哲学的本性。哲学不断重复和再造它自身的传统，这种传统是它自身危机的教训，也是一般自我批评的教育（paideia）。德里达还使用过"哲学的帝国主义者"这样的术语并认为哲学的自我批评教育恰恰与哲学的帝国主义相联系。用他自己的话说，"哲学是一种本体论，它的教育是一套百科全书。它正当地界定和确定在者和客观性的所有领域。它并没有自身的特殊对象，因为它基于一般客观性制定规则"②。为了规定所有具体科学的范围和正当性，它以批判性的方式来支配这些科学，在支配这些领域、培植这些领域，标明其"财产"的范围时，哲学的本体论金书在那里无处不在，它的自我批评活动仅仅是它自身的权威的再造。介绍哲学、教授哲学常常是对这种模式的证实。从这种意义上说，德里达始终是把哲学的自我批评看做哲学强化自身地位的一种手段。

作为哲学危机之表征的哲学教育危机也会有另一种历史必然性：从危机中产生的东西乃是作为自我批评自由的哲学的永续，是作为与大学相联系的本体论—百科全书计划的哲学的永续（perpetuation），是按可确定事物的逻辑，或者说按对立面的逻辑，通过危机的语言，通过决断的可能性而进行自身重复的哲学的永续。解构恰恰会动摇哲学的权威，动摇它的自我批评和本体论全书的权威。危机概念与哲学

---

① *Du Droit à la Philosophie*. p. 158.

② Ibid.

一同存在,它属于对立的逻辑和可确定性的逻辑。危机并不同时具有相同意义。当"危机"涉及哲学创造和再造的方式,涉及自我批评和本体论全书本身,它自然也涉及教育,涉及传统,涉及文化的多重因素,尤其是涉及学校。德里达希望非洲国家在挣脱了殖民化枷锁之后,要确立与哲学的新型关系,不要在精神上被殖民化,不要引入西方哲学的自我重复的模式,不要引入它的危机和危机模式。非洲需要有自己的哲学教育,而不是机械地引进欧洲模式。简单地重新占有、反对或颠倒欧洲传统都无法造就一种哲学传统。将哲学与另一个民族、另一个国家、另一种文化联系起来的东西是无法引入和内化的。任何时候我们都不应忘记保持历史的、民族的、文化的和语言的独特性。这种独特性就是所谓的异质性(hétérogénéité)。这种异质性是不可消除的,所有解构都应考虑这一点。哲学及其危机也是因国家和语言而异的。而语言差异最能体现哲学的差异。同时,哲学的差异也表现在风格、方法或问题域上,表现在交流规则上。哲学思想的独特性有时影响甚至严重妨碍哲学的交流,它也使人怀疑哲学的统一性的存在。显而易见,德里达在这里旨在以强调异质性的方式来反对政治经济霸权,反对殖民主义和殖民主义的基本原则,因为这种原则的核心是突出由统一的哲学精神所规定的统一思想模式。殖民主义的观念背后尽管隐含许多经济占有和政治奴役的动机,但不容忽视的一点是,它把哲学的帝国主义从欧洲不断扩展到其他地方并且用源于希腊的哲学尺度去衡量其他地方的文化,其后果是"哲学"这种欧洲的产物变得无处不在,欧洲的哲学语言成了其他文化的普遍语言,这样,其他国家要么被宣布为无哲学,要么被迫说欧洲的哲学或被改造为欧洲式的哲学。从这种意义上说,哲学中隐含了政治,甚至可以说哲学就是政治,因为它与殖民主义遵循相同的逻辑并且互为因果,或者说,是同一过程的两个方面。

哲学和哲学教育的危机也有某种难以割断的关系。在一些集权制国家,政府的力量似乎无所不在;而在某些民主国家,一些老百姓常常不知道政府究竟在哪里。国家的力量在不同的政治体制、历史条件、社会经济状态下的显示方式是大不相同的。德里达关注的是这些不同的方面。在他看来,在欧洲,哲学教育的结构被直接或间接地国家化了,而国家的地位也可能是国家在特定时间所显示的力量的地位,但在有必要发展科学和科学的批评工具,发展哲学与哲学解构的工具时,它的地位是难以确定的。哲学本质上是与它的教育相联系的。没有教育,哲学是很难设想的。所以,哲学的危机始终同时是一种教育危机。就哲学而言,它的教育危机与刚刚提到的国家化现象具有密切关系。国家化过程规定了哲学与哲学教育的关系,规定了哲学教育与自然科学教育、人文社会科学教育之间的关系,也规定国家的"科学政策"与"哲学政策"之间的关系。在探询哲学教育的危机时,我们自然要关心国家化过程是如何规定这种关系的。

在法国,哲学教育体制是由政府主导建立的。自 1975 年的"哈比改革"(le Reforme Haby)以来,中学的哲学教育被大大减少,德里达甚至说哲学教育在中学几近消亡。一些技术性官僚往往忽视从文化和社会的总体需要出发去对待哲学教育,相反,他们以技术经济的发展为借口让大量文科学生转向。哲学因其非赢利性首当其冲。一些表现优秀的学生甚至被强制性地要求改学自然科学,不管其实际兴趣如何。甚至连一些传统左翼人士也赞同这一主张。不幸的是,在中学哲学教育遭到削弱的同时,人们将意识形态的内容,最终也将一些隐含的哲学内容渗透到其他教育活动(如人文科学和经济学教育)中。意识形态教育代替了传统的批判性的哲学教育。虽然哈比改革计划并不限于哲学,而是代表某种力量本身,这种力量与有利于某种制度结构的某种哲学形态相关。"哲学教育研究团体"(Groupe de Recherches sur l'Enseignement philosophique)为克服这一哲学教育的危机还组织了反对哈比改革计划的活动并取得了部分的成功。

按德里达的说法,"哲学教育研究团体"反对政府的立场所代表的不健康的力量,因而也反对旨在使哲学教育窒息的政策,而不是一味反对改革。该团体希望在中学结业班继续开设哲学课并且要以小班上课,哲学课程要作为必修课而不是选修课。要给哲学与其他学科一样的权利,也就是说,哲学教育要长期地渐进地进行。为此,要重新制订哲学教学大纲,确定新方法,补充新内容,重新处理不同学科的关系。这就意味着不仅要在团体内部进行讨论,而且要发动大、中学校的教师和学生进行讨论。同时,该团体不仅是一个研究团体,而且是一种运动,它要采取特殊的政治方式介入机构的活动,它们既不采用政党的方式,又不采取工会的方式,也不采取专门职业组织的方式,这个团体特别注意保持自己的独立性。为渐进的哲学教育提供论证是它的一个重要目标,但最根本的一条是扩大或推广批判性的哲学教育。这不应该理解为单纯地重复传统教育,或使之更具有意识形态功能,或扩大哲学帝国,在某种政治形势下实施某种哲学的霸权。德里达反对将哲学变成官方哲学或国家哲学,也反对将它作为学习期间必须信奉的教条。哲学教育当然要尊重一定的传统规范,但最重要的是造成批判性的交流和有效的论争所需要的气氛和环境。为此,维持哲学学科的统一性是完全必要的,维持哲学和哲学认识论的批判力也是必要的,因为它们都是造成健康的学术生态与文化生态的必要条件。德里达强调,"哲学教育研究团体"追求哲学教育的相对自由,它主张保持自主性与独立性,使之尽量不受政府机构、政党组织、工会组织等等的支配。这种相对的自由恰恰能使它清晰地、富有前瞻性地规划自己的活动,将某些有利于人类文明健康发展的东西重新政治化,或改变某些不合理的政治规则。但是,只有时时对自身保持反省和不断向自身亮出批评的武器,哲学才能防止自身出现错误。国家或政府的某种合理性既使该团体与国家的关系并不单纯,也使它与哲学的统一性保持一致。同时,它也恰恰代表了与利用经验主义或政治上的无政府主义的各种力量或阶层进行斗争的强大武器。

哲学教育的危机与科学技术的重大转变,与政治经济霸权也是密切相关的。德里达有时用胡塞尔在《欧洲科学的危机与先验现象学》中的观点说明哲学教育的危机如何反映了哲学与科学关系的危机。德里达认为在现代社会中哲学的空间彻底改变了。科学的专门化常使一些科学家没有去思考一些根本性的问题。科学的社会责任、科学应用的后果被推给政府的专门机构去评估。科学政策的好坏直接决定了科学的合理性，而不是相反。这就使得社会对科学家本身的道德责任的预期大大降低了，这种预期的降低反过来促使科学家降低对自身的道德要求。但另一方面，科学技术的发展给我们提出了前所未有的新问题。德里达要我们注意下述事实：如果说哲学语言保持着与自然语言的不可减弱的密切关系，那么，日趋形式化的科学语言则完全显示出另一番景象。"科学和科学技术力量的日益自动化、科学技术的不可侵害性首先通过形式化，通过公理系统的自我裁决，通过每门科学对认识论要求的重新适应，来摆脱作为科学之科学的哲学的权威，而哲学也是一般本体论或绝对逻辑，是本体论百科全书。由此，科学能同时使我们更加有效地抵制垄断地通过哲学而实施的政治权力，各个国家或大陆的不同势力也能运用这种权力。人们不仅是通过有关哲学中心主义的意识形态，有关终审法庭和本体论百科全书的霸权意识形态而运用这种权力，人们也从将这种霸权计划与一种语言或欧洲的自然语言家族联系起来的东西出发来运用这种权力。"①德里达清楚地看到科学语言中也有语言学所说的那种"自然性"，就像哲学语言中具有某种"自然性"一样。科学语言所形成的形式化运动为抵制本体论百科全书的霸权，为抵制国家结构，为抵制国家概念提供了手段。

　　然而，科学也仅仅是提供了手段。这种手段也加强了国家权力和国际组织对个人思想的控制。科学的发展也包含传统哲学所批评的那种危险。由于技术经济越来越离不开科学技术的发展，作为手段的科学技术很自然地影响到社会生活的其他方面，它的发展和运用是由国家科技政策和市场的力量来调节的。技术经济投资越来越与科学技术成果成正比关系。不管人们是否意识到，科学技术的发展都无法直接地使科技政策发挥作用，它需要政治决断和市场推动。但是，为减少不合理的科技投资和不恰当的科技成果的使用（如将科技用于危害人类前途的方面），对科技政策本身需要审查和监督，这就需要运用

源于哲学批评的分析工具、提问方式和或然性的模式。德里达甚至认为这里需要哲学史的专门知识,试图不让科技政策受到它所反对的势力的检查并能在教条主义和前科学的蒙昧主义的基础上取得进步的政府应该培养一些哲学家并将哲学分析的领域扩大到它的教育计划中去。哲学的宏远眼光、批判精神和价值尺度将使科技政策的制定、审查和监督大大受益。

第五章　文学之思

　　文学一直是德里达关注的对象。他在年轻时就尝试着写诗歌和小说,但只有少数作品正式发表。上大学时,他学的专业即是文学。当他深深地爱上哲学时,他也没有放弃对文学的关注,以致在相当长的时间里,他一直在文学与哲学之间犹豫不决。即便是在 20 世纪 80 年代末,他依然认为他的作品既不能严格地归于文学也不能严格地归于哲学。在他青年时代,曾给他以强烈影响的存在主义和超现实主义的作品使他更加相信文学与哲学之间已经建立并且应当建立一种新型关系。不过,以传统的标准衡量,在他解读的文本中,文学作品仍然占相当大的比例。蒙田、纪德、福楼拜、马拉美、卢梭、乔伊斯、卡夫卡、阿尔托、塞兰、布朗肖、巴塔耶、蓬热、热内、雅贝、萨特等文学家的作品都是他解构的对象。他甚至想当一位莎士比亚研究专家,因为他发现莎士比亚可以包容一切。晚年,他还应著名演员丹尼尔·梅斯奎奇的要求就《罗密欧与朱丽叶》写过评论。他不仅喜欢读诗,而且喜欢读小说和剧本。但哲理性的文字始终是他的最爱。因此,我们就不难理解他为何特别喜欢卢梭、尼采、布朗肖和巴塔耶的作品,也不难理解他为何越来越反感对文学和哲学的人为区隔。一个人在成熟时期的思想常常能在他(她)的青年时代找到其萌芽,这一论断同样适用于德里达。早年对文学和哲学的双重兴趣已经预示着德里达不愿把自己围于传统学科给人们设置的框框中。

一

　　实际上,哲学和文学从来就是开放的,它们之间始终具有边缘地带,正是这个边缘地带显示出生机蓬勃的力量。它使哲学和文学相互借鉴,也使哲学和文学不断保持相互批评、相互激励和相互竞长的力量。哲学可以从文学中借取想象的丰富色彩、生命的本真因素和对时代的深刻体悟。一种不断与文学沟通的哲学则比仅限于进行概念推演的哲学更能把握时代的脉搏、危机与痛苦。反过来,即便是最个性化的文学也能从哲学的洞察中吸取智慧与灵感。由于哲学常常试图把个别经验提升到普遍,它能给文学打开视野,提升境界,显示出超拔平凡的眼光和不滞于事、不碍于物的胸怀。文学常能以小见大,以小明大,哲学则能以道观物,以道证物。有人说文学是人学,哲学又何尝不是人学呢? 它们只是以不同的方式显示人性、人的生活世界和精神世界而已,但是,它们也相互补充,勾画出入及人的生活的丰富图景。

　　然而,德里达对文学和哲学的关系的认识远远超出了我的上述看法。他不仅对传统的"文学"范畴提出了质疑,而且反对像人们现在通常所傲的那样把文学作为一种建制。他一直梦想写一部既非文学又非哲学同时又保留着哲学和文孳的某些性质的新作品,他把自己写的《明信片》、《丧钟》算做这样的作品。德里达说,人们通常所说的文学作品虽然具有自己的独特性,但它总是试图确立一种建制,规定一种秩序,成为一种模式。这几乎是所有作家梦寐以求的理想。但是,他不断提醒我们这里包含着危险:当文学成为建制时,文学的游戏特征就会消失,文学所需要的自由以及它所体现的自由就会消失。因此,德里达内心不无矛盾地说,文学不应成为一种建制。他反对使用"文学的本质"和"文学的真实"这样的概念,因为这些概念正是使文学成为建制的基本依据。如果硬要说文学是一种建制,我们也只能说它是虚构的建制或建制的虚构。

　　在西方,诗、史诗、抒情诗在相当长的时间里是通过口头讲述的形式而存在的。它们没有、也不一定非得用文字的形式去表达。那些用拉丁文或希腊文写的诗歌是被近代人强行拉入文学的。不把它们算做文学丝毫不影响它们的价值和应当得到的尊重。让它们去遵循近代体制化的文学确立的法则和惯例恰恰限制了它们的自由发展。"文学"这一名称本身就是近代的发明,它在建制的意义上使用不过是 18 世纪下半叶的事。即便是在近代,文学也没有我们通常讲的那种固定的本质。现代主义的作品恰恰产生在文学的建制出现危机之际。这场危机不断向我们提出这样的问题:什么是文学? 文学是如何起源的? 我们该如何对待文学? 文学会有新的方向吗? 怎样区分文学与非文学? 文学作品能以哲学的方式阅读吗? 在 20 世纪,萨特也提出了其中的某些问题。但这些问题只有在文学成为建制之后才会提出来。它们本身成了文学危机的症候。它预示着文学的开始就是文学的终结。在非建制的意义上,所有的文本都是"文学的文本",因为它们都呼唤一种创造性阅读的可能性,都打开自由想象的空间。建制意味着封闭性,意味着固定的秩序。因此,在建制的意义上,"没有任何文本实质上是属于文学的。文学性不是一种自然本质,不是文本的内在物。它是对于文本的意向关系的相关物,这种意向关系作为一种成分或意向的层面而自成一体,是对于传统的或制度的——总之,是对社会性法则的比较含蓄的意识"①。德里达在这里所说的"意向关系"是从胡塞尔现象学中借来的术语,它原指意识对对象的指向关系。他试图以此说明,文学并非纯主观的东西,它也受对象的制约,因为文学描述中也有对象,这些对象既有历史的因素又有社会法则的因素。但这并不表明文学有固定的本质。

　　表面上看,德里达的说法似乎是矛盾的,因为他一方面说所有文本都是文学文本,另一方面又说"没有任何文本实质上是属于文学的"。实际上,他是在不同意义上运用"文学"一词,他甚至在对这个词精心进行解构。他还表明人们对文学的认识中存在着张力,如果不把文学作为建制,上述矛盾就不会出现。越是写得好的作品,越是不受固定建制的支配。作品虽然只产生一次,但作品是属于传统的,当然也属于历史,属于完完全全的历史,完完全全属于历史。因为作品必定产生在某个时期,由某个人署名,因此,它是独一无二的,不可替代

① 　德里达:《文学行动》,赵兴国等译,北京:中国社会科学出版社 1998 年版,第 11 页。

的。也正因如此,关心作品的历史、环境和风格才成为必要。

德里达多半在广义上运用"文学"一词。严格的文学作品或者纯文学作品只存在于虚构里。广义上的文学没有本质。如果说文学真有什么本质,没有本质就是它的本质。没有哪个真正的作家会在搞清了文学是什么之后再来写作。文学的品格就是不服从限制,不服从禁令。它力图以美的方式自由说出我们想说的东西。我们可以描述文学的特点,分析作品的要素,但无法告诉人们文学的标准到底是什么,因为压根儿就没有文学的实在或内在的不可移易的标准。用德里达本人的话说,"文学在它的无限性中空泛了自己。如果这本文学手册打算讲些什么东西的话(对此我们有理由表示怀疑),它首先应宣布没有(或几乎没有)文学;应该宣布,不论在什么情况下都不存在文学的本质,不存在文学的真实,无所谓文学的存在或存在的文学。由'文学是什么'这个问题中的'是'或'所是'强加上的奇异幻想与处女膜等值,也就是说,不是确切的无"①。

但是,两个世纪以来"文学是什么"这个问题仍然被一再提出来。在德里达看来,这虽然是人们常提的问题,但是一个值得怀疑的问题。这是自苏格拉底以来西方人常常不假思索地提出的带有形而上学意味的问题的翻版。这种提问方式采取"什么是……"这样的形式,它假定了"本质"的存在并且是就固定的独一无二的意义发问。而文学恰恰是要挑战这种发问方式,因为它是通过展现意义的多样性以及打破固定的所指而起作用的。德里达在《丧钟》里对热内(Genet)的作品的解读就很能说明问题。与萨特的解读相比,他的解读简直成了第二次创造,语言的自由游戏特性在其中表现得淋漓尽致,以致有人说"德里达在摧毁理性秩序方面从未像《丧钟》那样走得那么远。《丧钟》是可怕的破坏游戏,这种游戏的唯一规则就是以游戏为规则"②。比如,德里达在解读热内的作品时,总是拆散原来的句子、原来的词义,以便让

---

① 德里达:《文学行动》,赵兴国等译,北京:中国社会科学出版社1998年版,第113页。

② Merlin Frederic, Pour qui sonne le glas, *Les Nouvelles littéraires*, No. 2461, T. 53, 1974, p. 10.

那些词句有新的组合的广泛的可能性。这样一来,原有的作品就成了百衲衣般的东西,或者说,都是些残余。所以,拉蒙说,"从这种观点看,肯定可以把《丧钟》解读为热内的坟墓"①。

不过,德里达对文学作品的解读也不能完全无视文学批评的解读方式,因为他毕竟不能将热内的作品完全解读成别人的作品。这里涉及他对文学与文学批评的关系的新认识。文学在他看来无法与文学批评严格地区分开来,但两者又不能完全混淆。好的文学批评是文学的一部分并且是极有活力的一部分,因为它不仅帮助文学作品打开自身,向其他一切可能的文本开放,而且帮助它向生活本身开放,向一切热爱它、欣赏它甚至反感它的人开放。文学批评的风格可能不同于原作的风格,但这种不同的风格恰恰是原作的镜子或参照。它的批评是对作品的增益,因为它扩大作品的意义空间,对作品进行瓦解,暴露作品的各种因素,甚至挖掘作家本人不曾想到的东西。所以,文学批评不单单记录批评家的阅读行为,它也给作品带来新因素、新意义和新关系。批评家的趣味加入进来并改变作品的面貌,影响作品的接受方式。从这种意义上讲,从事文学批评的过程体现了批评家对语言的创造性经验。批评家参与了文学作品的署名或副署,参与作品的再创造。所以,好的文学批评不仅是对作品的解释,而且是对作品的移植活动。它不只是对作品意义的推销,它还把作品带入新的视域、新的情境、新的挑战和新的追问中。它使文学意识到自己有无限的未来。

但是,文学批评总是受制于批评家所处的历史条件。它总是寄生在文学作品之上,它毕竟不能脱离文本另搞一套。它即使想发挥,也总是对某某东西的发挥。文学作品始终是它的索引,哪怕它采取"得意忘象"或"得意忘言"的形式,那个"象"、那个"言"仍然如影随形般存在。文学作品是文学批评的影子。虽然文学作品中有文学批评的要求在起作用,但就自由度而言,文学批评远不像文学创作那样不受形而上学臆说的束缚。文学批评的传统表明,各种形而上学前提常常隐

---

① Charles Ramond, Déconstruction et litterature, *Derrida: la déconstruction*, coordonné par Charles Ramond, Paris: Presses Universitaires de France, 2005, pp. 99—140.

含在文学批评的实践中。批评家容易陷于某种套路、某种框框或标准,这虽然不是绝对的坏事,但它时时提醒我们,文学批评既打破文本的界限又容易树立新的界限。所以,好的批评家总是对自身的局限有清醒的意识。当他基于某种理论或从别的地方,尤其从哲学中借用某些概念时,他总是遵循"旧语移植逻辑",即,掏空原有意义,赋予经验内容,以避免将外在的标准机械地强加给文学作品。

文学批评对文学作品的挑战性发问也是文学自身的品格。文艺作品的确不仅仅供人娱乐,它也将批评寓于娱乐之中。一些作家之所以受迫害,就是因为他们想说出不允许说出的东西。拉什迪被追杀,索尔仁尼琴遭流放就是文学作品发挥批评作用的有力证明。成建制的文学更容易将自身打上政治性的烙印。但德里达注意到文学的政治批评作用在西方一直是不明确的。只有当政治权力机关或意识形态机关过分看重文学的政治批评作用并刻意加以限制时,文学的政治批评作用才能发挥出来。换言之,政治当局越是限制文学作品的政治批评功能,它的政治批评功能反而发挥得越好。因为它激发了人们对作品的好奇感、神秘感乃至神圣感。一部很普通的作品可以因为遭禁而在一夜之间成为街谈巷议的话题,过一段时间它将在民间泛滥,随后它将一文不值。在渐渐市场化的现代,这一点更为明显。这真是绝妙的讽刺。德里达发现文学的政治批评作用与书刊检查制度和文学的建制之间存在着密切的联系。一旦书刊检查制度消失,一旦文学不再成为固定建制,文学的政治批评作用将大大减弱。其他的批评形式将取而代之。

对于文学,德里达始终怀有一个不变的理念,这就是,文学应当有说出一切的自由。为此,他对所谓"作家不负责任"的说法进行了批驳。社会上有不少人认为作家是不负责任的,因为作家在写作时是想说什么就说什么。德里达说,我们应当了解这里所说的责任指什么。如果这里是指作家拒绝以自己的思想式创作响应权力机构的要求,这恰恰是作家负责任的表现。讲述一切的自由是文学写作的生命。没有这样的自由文学就不成其为文学。德里达显然也注意到这里所包含的悖论:"讲述一切的自由是一种十分有力的政治武器,但这种武器又可以作为虚构而顷刻失效。这种革命力量有可能变得十分保守。"①德里达从文学批评中找到了解决问题的方法。由检查制度和成建制的文学从反面造就的文学的政治批评功能,可以为文学批评所强化。但这在德里达看来从根本上显示了作者的虚弱和无责任感。批评家要让作品变得强有力。

对他来说,文学曾经代表着青春的回忆,也代表着青春的梦想。因为文学是青春的梦想,它首先是青年人的事业;因为文学是青春的回忆,它也能唤起老年人的热情。只要人有用文字进行抒情的需要,有记下已经发生或想象着已经发生的事情的需要,有表达自己渴望的需要,他(她)就有诉诸文学的冲动。文学是压抑的升华,因而也是压抑的消除。文学既展示我们的内心,也丰富我们的内心。它以个人的经验来表达和诠释集体的经验,因而它能让人与文学作品所描述的角色一起感受和思考。这正是文学让人感动的原因所在。文学全其性,顺乎情,所以,没有多少人是不喜欢文学的。但在文学中,个人的喜怒哀乐不再属于他自己,而是成了虚构的世界的一部分,成了供人进行心理投射的对象,成了供人通过联想、感受和理解而自我解放的方式。

不管个人宣称他的作品如何独特,如何具有不可重复性,如何作为个人独自仅仅表达了个人的情绪与体验,一旦他将自己的想法形诸文字,他就失去了对文字的支配力,他也把作品置于由阅读方式所决定的情境之中。文学作品是供人消解、重组、欣赏、娱乐、想象、追忆和思考的东西。它的魅力就在于它只是作为痕迹和可能意义的不确定的织体而存在。正因如此,不同类型的人都能从那里得到满足,因为他们从那里得到移情的对象,从那里走向既熟悉又陌生的领域,这个领域既让人有亲切感,又让人有新奇感。它让人通过想象的作用在精神世界中实现自己想做而未做,想做而不敢做或想做而不能做的事情。所以,文学是世界上最有趣,最能满足个性化要求的东西,甚至是

---

① 德里达:《文学行动》,赵兴国等译,北京:中国社会科学出版社1998年版,第5页。

比世界本身更有趣的东西。游戏的力量在那里发挥得淋漓尽致。它可以同时让我们忧伤与喜悦,让我们渴望与满足,让我们模仿、惊奇、担忧与狂喜,而这一切之后可能是恬静。世上还有哪种文字化的东西能同时做到这一点呢?

在德里达看来,文学还是心灵的艺术家。它创造的不只是文本,而是一个世界,一个部分地与现实世界相似而又比现实世界丰富的世界。那里显示着幼稚中的成熟,寂静中的动感,昏暗中的光明,污秽中的圣洁。它游移在压抑与放歌之间,它不满足于两极性或坚执于两极性。它要超越这种两极性。文学的魅力在于欣赏的过程本身。悬念与意外是它的极致。

二

德里达通过解读《罗密欧与朱丽叶》和《尤利西斯》来说明他的文学观。文学作品先行地展示不同阅读的可能性。它的读法与它的写法是延缓着的差异,是不同质中的连续性。但解读也是对意义的增殖。文学作品的异质性、解读的异质性是生活的异质性和"精神"异质性的真切的回应。它唤起我们对异质性的敏感和明确的意识。但最能体现这种异质性的是格言和诗。为了表明这一点,德里达在1986年故意用格言的形式写了一篇评论性文章,这是应演员丹尼尔·梅斯奎奇的要求为在巴黎上演的《罗密欧与朱丽叶》而写的,题为《不合时宜的格言》。在他心目中,格言就像名字一样有强烈的可重复性,但与其他格言和名字有明显差异,用这种形式去写评论颇有原子主义的意味,但它与戏剧表演刚好是契合的,因为戏剧在每次表演时都不可能完全相同,这种不同恰恰显示了剧本的意义,丰富了它的意义,或者说,每次表演都在诠释。一部剧本不同于另一部剧本是通过表演来界定的,所以,德里达把格言比作名字,因为名字是独特的,即便相同的名字也不会指称相同的人。

把戏剧比作格言颇能表现常被许多人忽视的戏剧的那种独特性:

不断地重复,在不同场所、不同时间、不同社会氛围中重复,但每次重复都不是绝对的,而是有新因素参与进来。黑格尔曾说,一句格言在老人嘴里说出来与从儿童嘴里说出来具有不同的意味。德里达则说,剧本的每一次上演都意味着与前一次演出的告别,每一次演出都是对剧本的界说。就像格言具有超越性一样,戏剧也具有超越性。古代的戏剧可以放在今天来演仍不失其审美就是明证。就像格言并不单独到来一样,戏剧也是在生活的大剧场中透显其意义的。确切地说,戏剧的小舞台被安放在生活与文化的大舞台中,戏剧本身甚至也是生活的场景,它只用少数的小情节来展示生活的大情节。剧中的人物仿佛与每个时代的人对话,并在这种对话中活在每个时代里。所以,每场演出都是戏剧的新生。

就像格言一样,戏剧有"其独特的持续阶段"。地点的分隔、故事的铺排、空间的布局和人物的性格,乃至时间的倒错都服务于偶然的冲突。不成功的幽会,不幸的事故,未达目的地的信仰,为一封失窃的信而苦恼的迂回的时间,无不以偶然的方式昭示着《罗密欧与朱丽叶》这部戏剧的独特性。不和谐反倒造就了和谐,就像丑总是映衬着美一样。就像格言一样,戏剧通过不合时宜性(contretemps)而敞开自身。戏剧中的爱、恨、情、仇,展现的仿佛是人与人之间的裂变,是时间意识和空间意识在疏离中的相遇,在连续的此时,人仿佛是一个一个被拆散的单子。这种单子一般的关联,即彼此映照的无关联的关联,是通过内心体验而存在的。但是,剧情的发展总是以外在的方式(如象征)把隐而不显的体验展现出来,供人品评和享受,而观众则在这种品评和享受中体会到自身与主人翁的相同与不同。剧中的爱、焦虑、恐惧乃至危险,虽是独一无二的,但它们通过时空的错位,造成了同质性的假象。剧中人物是"我"的他者,剧中人物,互为他者。唯其成为他者,他们才有爱发生,才有欲望发生。出神的交流、性爱的兴奋和神秘的自觉都不能抹杀而是肯定了他者之为他者的事实。德里达反复讲的不合时宜性(contretemps)又是指什么呢?它作为格言、名字和戏剧的共性显示的是与现实的不合拍性。虽然观众对剧情的理解是以自身与剧中人的类似经验为条件的,但戏剧仿佛向我们呈现了一个迟滞的事件系列,它以保持故事原样的名义标志着我的爱恨情仇与他人的爱恨情仇的异质性。这就是戏剧的秘密,也是"观看戏剧"的秘密。

在对《罗密欧与朱丽叶》的解读中,德里达最感兴趣的是"名字"以及与此相关的"死亡"。德里达一辈子都特别关注"名字"、"签名"、"格言"、"标题"与"死亡"。他写的作品与他所要解读的作品常常采用相同的标题,或者仅仅改动几个字,并且他的书名大多简短,有时短得只有一个词。如,他写的《在法的面前》就是对卡夫卡《在法的面前》的解读。他这样做是有意的安排,因为上述主题恰恰最能体现文字的特殊性、独一性、异质性和多元性。同时,当人们把它们作为单独存在的语词的时候,它们又有多义性和不确定性。也正因为这样,德里达的文本的许多标题是无法翻译的(如 *De droit à philosophie*,既可译为《从权利到哲学》,又可译为《论哲学的权利》;*Signeponge*,既可译为《符号海绵》,又可译为《签了名的蓬热》,蓬热是德里达非常推重的一个作家)。他有意使用一词多义的特性来体现文本的开放性。我们在阅读他的作品时不得不时时留意这一点。

在评论阿尔托的"残酷戏剧"时,德里达进一步表达了自己的戏剧观。他在很大程度上赞赏阿尔托的观点并用它去批评传统的戏剧观。传统的戏剧观在他看来体现了自柏拉图以来的西方形而上学要求,因为这种戏剧观假定剧本是戏剧的中心,所谓"只有伟大的剧作家,没有伟大的演员"大概就是这种戏剧观的写照。更值得注意的是,这种戏剧观是以各种各样的二元对立为依据的,因为它设定了"剧本与演出"、"演员与观众"、"生活与模仿"等二元对立。这种二元对立被绝对化、极端化之后,戏剧的演出和欣赏都受到莫大的限制,于是戏剧的路便越来越窄,戏剧的生命也越来越弱。在他看来,尽管西方的戏剧艺术已有 2500 年的历史,但其模式是一贯的:演出只是一种辅助手段,一种封闭空间的重建,演员则只是一种服务于作品的工具,一种通过对白、旁白和行为来再现文本的符号而已。

传统戏剧观肯定了模仿、重复和起源的至高无上性。起源精神贯穿于西方的戏剧史中。自然地,舞台就成了模仿的场所、重复的场所,它让不在场的东西出场,但是舞台恰恰在西方历史上渐渐被淡忘,被抹去了。一开始,希腊的戏剧是在现实的生活场景中演出的,比如,一场戏上午在沙滩演出,下午可能要到街道继续演出,而明天可能要搬到山上演出。也就是说,舞台是开放的,因为舞台就是生活场所本身。但到后来,戏剧被模式化、程式化,言语(独自、旁白)被置于中心地位,观众与演员被隔绝开来,舞台与生活似乎具有了一道不可逾越的鸿沟。戏剧被固定的空间束缚了,演员的想象力枯萎了。

与此相反,阿尔托倡导的残酷戏剧颠覆了传统的模仿主义戏剧观以及源于柏拉图的形而上学的思维方式,德里达借阿尔托之口指出,艺术不是生活的模仿,艺术应当是生活的对等物,是解放的生活的对等物。戏剧艺术应当并且能够成为摧毁模仿主义的特殊场所。它比其他艺术形式更能综合地体现生活的丰富性,因为言说、形体、动作、环境很真切地融为一体。残酷不是生活的再现,不是生活的模仿与重复。生活是不可再现的。因为它是唯一的,生活本身就具有艺术的性质。表演同样如此。重复是对生活的威胁,也是对艺术的威胁,当然更是对戏剧的威胁。生活是流动的世界,因而也是不能用静态的形式再现的世界。再次表达并不具有相同的价值,一个词、一个表达式一经说出就死了;一种表达形式一旦用过就要被另一种形式所替代。虽然人们在演戏时似乎采用相同的道具、演员和相同的动作,但真正说来,没有两个动作是完全相同的,因为它们处于不同时刻、不同的当下、不同的时空关系中。"阿尔托坚持一种有戏剧性的创造性形象"[1],而戏剧的这种创造性形象也决定了戏剧作为一门独立的艺术不应被看做生活的机械反映。

德里达像阿尔托一样认为,只有意识到自身与文本、与纯粹的言谈、与文学的文字表达形式的区别,只有避免过分的台词化、省略,戏

---

[1] 德里达:"残酷戏剧与再现的关闭",载《书写与区别》,张宁译,北京:生活·读书·新知三联书店 2001 年版,第 417—450 页。

剧才有新生命。简言之,德里达强调的是戏剧不应陷于"重复"的牢笼,而应体现各种各样的差异。即便它运用"重复"的形式,它也是采用有差异的重复。重复只能造成刻板、僵化和死亡。正是这种意义上,德里达把戏剧视为体现差异的艺术,而不是把它视为单纯模仿的艺术。他不愿屈从于传统戏剧观中的言语中心主义以及认为文本就是一切的戏剧传统。相反,他揭示了戏剧表演的有限性,主张扩展舞台语言的内涵。对他来说演出不应是再现和复制,而是感受的有区别的自动呈现;言语不再证实舞台,但并不从舞台上消失,而是在协调的体系内发挥作用。戏剧空间不应是封闭的,而应是开放的,视觉形象包括身体和姿态在内,应被赋予更多的功能。

从德里达的角度看,导演和参与者不应作为表演的手段和单纯的形体,他们需要有创作的自由、发挥的自由。他们的自由与欣赏的自由同在。言谈在舞台上的作用应被限制在特定的空间内,空间的各种因素应被充分地利用。这样一来,舞台就不是一种当下的重复场所,不是代表某物的符号性存在,或自我生产的经验空间和文本意义的凝固阐释者。表演也不是或不应是简单的出场,不是表现文艺作品的辅助手段。它自身有着自身的独特意义。这就意味着它自身的价值不再取决于它是生活的反映或作为另一种艺术(如小说或史诗)的再现,而是取决于它在多大程度上运用自身的语言,展示自身的创造性。尽管阿尔托曾经断言,除了直接控制舞台的人之外,没人有权自称为作者,也就是说创造者。[①]

德里达还力图借阿尔托对"普遍的重复"的严厉批评来重新审视观众的地位。为此,他精心选择了阿尔托对残酷戏剧进行评论的那些文本并以他一贯采用的策略对这些文本进行拼接式的解读。生活的戏剧性与戏剧的生活性被用来说明重复为何是戏剧的最大敌人。"阿尔托想抹去普遍性的重复。对他来说,重复是邪恶的,围绕这个中心,人们可以毫不迟疑地对阿尔托的文本组织一种总体性的阅读。重复

---

① 见德里达:"残酷戏剧与再现的关闭",载《书写与区别》,张宁译,北京:生活·读书·新知三联书店 2001 年版,第 417—450 页。

使在场、生命同它们自己分享了。"①像阿尔托一样,德里达深感残酷戏剧极大地体现了非重复性和差异性。在某种意义上说,残酷是差异的艺术,是无节省、无保留、无回返、无历史的耗费艺术。纯粹在场即纯粹差异,其行为应被忘记,被积极地忘记。② 残酷戏剧突出了力量,突出了身体,它是力量从一个身体转移到另外的身体,并且这种转移不能重复。德里达通过列举精神分析戏剧、抽象的戏剧、非政治戏剧以及其他形式的戏剧的特点来说明阿尔托所重视的残酷戏剧与它们的区别以及残酷戏剧在促进现代观众的地位的改变方面所产生的积极影响。这种影响首先表现在观众不再是被动的接受者,而成了积极的参与者;创造者,甚至成了演出的中心;其次表现在传统戏剧观所依据的各种二元对立的消解;再次表现在它体现了生活的游戏特征,体现了每一次演出都是第一次。当然,德里达解读阿尔托还有更深层的原因,这就是法国学者戈达尔(Jean-Christo-phe Goddard)所说的原因:"阿尔托所做的冒险对德里达来说恰恰是'打破'西方、打破它的文明、它的宗教以及全部哲学的冒险"③。

德里达的文学艺术观是很有见地的。他既想打破文学艺术与思想的界限,又希望在它们之间建立新型的关系。他常以柏拉图、后期海德格尔、尼采和阿多尔诺做例子,说明思想的东西与诗意的东西是同一个东西的两面,至少两者是唇齿相依的近邻。历史的经验表明,文艺凋敝之时也是思想凋敝之时。因为文学艺术与哲学是相互参照的,甚至可以说互为见证,两者之间可能也存在某种紧张关系,但更多的时候是彼此激励,相互渗透。譬如,哲学的文本与绘画处于矛盾的平行中,但它们实际上在进行相互解释。哲学的真理不是写下来的东西,它只有在与不同观点的对话中才能成为现实,述而不作的苏格拉

---

① 见德里达:"残酷戏剧与再现的关闭",载《书写与区别》,张宁译,北京:生活·读书·新知三联书店2001年版,第417—450页。
② 同上。
③ Jean-Christophe Goddard, "Oeuvre et destruction: Jacques Derrida et Antonin Artaud", in *Derrida: la déconstruction*. Coordonné par Charls Ramond, Presses Universitaires de France, 2005, pp.71—98.

底即是哲学真理的实践者。哲学与艺术在对话中和解,在和解中共生。哲学的真理像艺术的真理一样并不具有现时性,它的在场即是它的缺席。海德格尔断言真理是一种无遮蔽状态,但无遮蔽本身也被遮蔽着。真理既在场又缺席,这一点决定了对艺术作品的解释具有多样性,真理的显现通过艺术进入历史,进入我们的生活,并在艺术中为我们所直观。哲学与艺术以不同的方式展示着真理,尽管后者总是让想象说话,但它不折不扣地构成了文本,它的意义并不是固定不变的实体和无法打开的封闭结构,而是在解释中形成的开放网络。哲学文本为对艺术作品的不断解释提供了宏大的背景,但传统的哲学文本则大多割断了思想与艺术的联系,因而要通过解构传统哲学来重建这种联系。

第六章　翻译及其抵制

　　许多哲学家都非常关注翻译问题,这不仅是因为翻译是思想的桥梁,而且是因为翻译涉及解释,涉及意义的转换,涉及不同文化传统的相互交流和相互影响,同时也涉及生活经验和生活世界的相互显示、相互重叠和相互敞开。就像许多对语言问题保持高度敏感的其他哲学家一样,德里达非常重视翻译问题,他甚至认为他在写作时就已经想到翻译的可能性与不可能性问题。这不仅仅是因为他的文本和言语的特殊境遇——在他的讲座上,他的外国听众常比国内听众多,他的文本在国外尤其在英美受欢迎的程度远远超过在国内受欢迎的程度,而且是因为他一辈子都在质疑的语言霸权和语义的确定性问题可以通过对翻译的思考而得到意想不到的全面揭示。

　　从学理上讲,他的解构哲学因为关注语言的多样性而必然涉及翻译问题,因为从一种语言过渡到另一种语言本身就意味着广义的翻译,他把它称为外部翻译;与此相对的是内部翻译,如将古英语译为现代英语,将一种方言译成另一种方言。他曾对"解构"作过一个临时性的描述,即,解构就是关注一种以上的语言。或者说,哪里涉及一种以上的语言,哪里就有解构。德里达讨论翻译的地方很多,他的翻译理论散见于许多著作和访谈中,讨论翻译的长文至少有两篇。一篇是在加拿大多伦多大学召开的"文学翻译的符号学"会议上作的报告,题为《翻译的神学》(*Theologie de traduction*);另一篇也是在该校作的报告,但是最初是用德文发表的,题为《假如有翻译的地位》①。这两篇文章后来都以法文形式被收入《论哲学的权力》(*Du droit à la philosopohie*,德里达故意使用这个含混的标题,因为这个书名也可理解为"从权力到哲学")一书。德里达关注翻译问题的个人动机十分明显地反映在他的下述表白中:

> 所以,在我的工作中所发生的知识背景的变化,就是我越来越多地想到外国读者,甚至是外国听众。如您注意到的那样,在我的讲座中,外国人要比法国人多。我必须注意这种进行中的广义的翻译工作(那不只是语言的翻译,也包括文化与传统的翻译),而这对我的思想与写作方式大概产生过某种影响。它使我在写作中十分注重法语习语的同时(我酷爱法语,而且几乎总是以不可翻译的方式、一种向法语借债的方式写作),无论怎样还是不断想到翻译问题:有时预先做些准备,有时则无法预备。比如,我会看到译成英文或德文的困难是什么:当我用法文写作时我已想到翻译的问题。显然,我无法设想中文或其他语言的翻译。但我相信这种对非法语阅读目的的关注正是我这四十年来哲学工作背景变化的最重要特征之一。②

一

正如德里达在许多场合所说,翻译是一个语言问题,但并不仅仅是语言问题。如果说语言与思想不可分离,那么,翻译也是一个思想问题。思想是要通过语言来表达的。如果一种语言无法成功地翻译为另一种语言中的概念,那也意味着一种思想无法被转换成

---

① "Wenn Uebersetzen Statt Rat". Tr. S Ludermann, in: *Diskursanalysen Z*; *Institution Universitaet*. Opladen: Westdeutscher Verlag, 1987.

② 德里达:《书写与差异》,张宁译,北京:生活·读书·新知三联书店 2001 年版,第 6 页。

另一种语言系统中的活的因素。德里达所说的思想是广义的：思想可以是哲学的，也可以是非哲学的。哲学并不等于全部的思想，超出哲学的思想是完全可能存在的。哲学属于希腊传统，它具有特殊的根源，但也具有追求普遍性的品格。当我们问什么是思想时，当我们问"什么是……"时，我们已经在思想并且已经在进行非哲学的思想。思想形诸语言，一种语言也代表一种思想，一个栖居于某种语言的人可能没有哲学，但不会没有思想。思想始终是表示人的某种高贵性的东西。语言可以为思想提供资源，但语言也限制思想。

　　语言的差异性与多样性显出思想的差异性与多样性。也正是这一点决定了翻译的必要性与完全翻译的不可能性。保护语言就是在某种程度上保护思想。思想是不可替代的，就像语言是不可替代的一样。当一个人接受了某种语言，他也接受了这种语言所承载的生活经验和思考事物的方式，同时也接受了这种语言对思想的限制。所以，从语言与思想的关系看，翻译所要实现的目标既是它自身无法完全达到的，又是它不得不去面对的任务。这个任务不仅为译者而且为读者和听者规定了知识的场域。翻译激起我们了解别人，接近"他者"的欲望，这种欲望反过来促使我们去进行翻译。思想与语言是有差异的，德里达关注的不单纯是它的差异，他也关注这种差异本身所显示的同一性。因为这种同一性不但是我们从事翻译的先决条件，而且是规定和显示延缓着的差异的方式。但总体而言，德里达更多地关注的是翻译所暴露出的种种问题，尤其是语言的界限、思想的界限、文化的界限问题。翻译似乎将"意义"从一种语言转换成了另一种语言，但它永远会遗漏什么，增加什么。因此，翻译能让我们强烈地体会到语言的局限性与差异性。在翻译时我们要特别注意保护语言的多样性。德里达举了许多的例子来提醒我们注意保持语言的这种多样性对于人、对于思想、对于文明的重要性。实际上，这恰恰是他的解构哲学始终不变的使命。"翻译"之所以在解构哲学中占有重要地位，正是因为它集中体现了解构哲学对语言的多样性与思想的多样性的关切。也正是在这种意义上,德里达才说,"从一开始,翻译对我来说,对一般的解构来说就不是各种问题中的一个:它就是问题本身"①。

那么,翻译究竟向我们提出了哪些问题呢?

概括起来,德里达在不同文本中大体指出了翻译所引出的下述问题:

"翻译"让我们意识到今天的世界对于语言霸权的屈服与反抗这一双重运动。从翻译中可以看出一种语言的过分强势地位如何会危及文化的多样性和语言的多样性。为了防止语言的多样性遭到威胁,我们必须千方百计预防语言的死亡。在 20 世纪,随着经济的全球化或世界化,国际交流以前所未有的速度、广度与深度进行着,文化的边界正在消失,这自然促进了处于不同文化背景下的人们之间的沟通、理解与融合。但是,这一过程是在市场的推动下出现的。因此,它一开始就隐含一种在物质欲望的驱使下宰制话语的危险。当一种话语霸权借冠冕堂皇的理由被广泛认可而不是遭到抑制时,它会迅速瓦解其他语言以及这种语言所形成的文化传统。现在世界上一共有六千多种语言,但在最近的几十年里,已有许多语言消失了,还有一些语言正处于濒危状态,因为有些语言只有几十个人或几个人使用,甚至还有只有一个人能说的语言。教育的标准化过程以及城市化过程的加速使某些少数民族语言难以受到年轻人的充分尊重,结果某些少数民族语言成了老人们使用的语言,或者干脆说它们就是"老人语言"。德里达把这一过程称为"贫困化过程"。这一语言的贫困化过程也导致了思想的单一化和贫困化,因而也必然造成文化的单一化和贫困化。所以,德里达不断呼吁要保护语言,拯救语言。而保护和拯救语言并不是把它放到博物馆中,而是要让它活在我们的生活世界里。

德里达把英语在世界上的广泛使用看做因经济、政治和其他原因而导致的新型语言霸权。这种霸权是文化霸权的一部分。这首先表现为以英语形式出版的出版物(报纸、杂志、书籍)在全球出版物中所

---

① 德里达:《书写与差异》,张宁译,北京:生活·读书·新知三联书店 2001 年版,第 22 页。

占比例最大,而以英语为母语的人却不代表世界上的多数人口,同时,世界上相当多的国家也是以英语为第一外语。其次,英语如今几乎成了国际商务活动和许多文化活动的通用语言,此外,以英语形式出现的电影、电视所占的比例最大,被翻译的电视节目和电影作品也最多。

在不同语言的交流和翻译活动越来越频繁的时代,我们最需要的与其说是学习欣赏另一种文化中与自身文化相同的东西,不如说是学习欣赏自身文化中所没有的东西,这种东西既包括语言自身,也包括这种语言所代表的文化态度、思维方式和生活经验。因为有翻译,我们得以有机会把握外来的、陌生的东西,我们的思想与生活也因为有这种陌生的东西而增长了丰富性。如果世界上只有一种语言,这个世界会是什么样子呢?

德里达不断提醒我们要思考语言的霸权并质疑这种霸权,在今天的世界上我们要质疑的是英语的霸权,我们还要抑制这种霸权。也正是因为德里达反对语言的霸权,他不相信笛卡尔、莱布尼茨早就设想的通用语言,他不相信世界语能有多大的市场,如果世界语有市场,拉丁文也就更有市场。他号召人们尊重语言的差异性与独特性,就像他本人一样珍视并热爱自己的母语。但这种珍视与热爱不应理解为把自己的母语放得高高在上并且蔑视和践踏其他语言。恰恰相反,对自己母语的爱也意味着对其他语言的尊重,这是真正的伦理。那种对殖民时代的记忆就是与蔑视和取消殖民地人民的语言联系在一起的。践踏一种语言无异于践踏以这种语言为母语的人的思想与灵魂。取消一种语言也相当于取消一种独特的不可翻译的东西。珍视和热爱一种语言也就是要珍视并热爱那种不可翻译的东西。但是,德里达并不以此为根据去反对文化交流,因为交流比隔绝要好得多。交流是思想与文化的活的源泉。他也不以此为借口去提倡狭隘的民族主义和文化沙文主义,因为狭隘的民族主义和文化沙文主义不仅会破坏公正,而且会导致人对人的暴虐。

可是,如何才能抵制语言的霸权呢? 德里达想出了一个妙招:创造或培植本民族语言中的习语,而习语往往是抵制翻译的,至少是最难以翻译的,因为习语最能体现一种语言的绝对特殊性。他本人也不断创造一些新词或在一些词前面加上前缀"de"(在法语中表示"去掉"、"离开"等否定性的意思),或将历史上的古词赋予新义,或故意将一个词的古义、今义并列使用,或像海德格尔和列维纳斯那样以反常的方式去使用一些日常语词。他最喜欢使用多义词、同音异义词、意义最不确定的词,尤其是喜欢使用那些包含相互矛盾的意义的词。由于在德文中这类词汇很多,所以他在论著中干脆将那些词不加翻译地照搬过来。这样做在他看来至少有两个好处:

一方面,它保留了原始词的独特性,做到了对原始词的尊重,防止人们以本民族的语言为尺度去阉割其他语言的语词意义,这样可以激起人们学习外语的欲望、了解原词词义的欲望,而不是靠译文过日子,因为那些词是抵制翻译的,起码人们在读他的书时需要有不同语言的知识,不是每个人都有兴趣、时间和精力去学习那么多的外语,但他有意创造的语言"障碍"可以让人想想查字典的必要性与重要性。

另一方面,它丰富了法语的表达方式和词汇,并且能以抵制翻译的方式激起翻译的欲望。在历史上,英语从古法语中借用了大量词汇,那些词汇如今成了英语的元素,尽管今天很多人都没有意识到这一点。而法语从其他语言中借用词汇和表达方式也是很正常的事情,重要的是借用那些抵制翻译的东西,而不是用一种语言的词去取代法语中的词。使用意义相互矛盾的词是德里达工作的一个特征。德里达认为这样做可以发挥解构的效力,摆脱语言的霸权,让自己从固定的意义中解放出来。对于文学和哲学来说,这样做是必要的,也是可能的。德里达之所以喜欢黑格尔和海德格尔,这就是一个重要原因。他常常提到黑格尔用过的一个德文词"扬弃"(aufheben, die Aufhebung,兼有"保留"和"抛弃"两种相反的意义),他还在《柏拉图的药》一文中大量讨论希腊文 pharmakon(英语中的 pharmacy 就源于这个词)和 hymen,前者既可指"毒药"又可指"解药",后者既可指"结婚"又可指"贞节"或"保护贞洁"。至于他在《多重立场》中对 supplément 的双重意义(既指"替代"又指"补充"或"增添")的解释以及在不同场合对他自造的 différance（既表示"差异"又表示"延迟"）的说明，均表明了他对翻译的抵制，并进而表明了他对语言霸权的质疑，因为这些意义相互矛盾的词往往是很难翻译的，甚至根本不能翻译。

德里达十分留意外来语与母语的"嫁接"现象，他本人也不断进行这种尝试。这一点既体现在他常用一些古希腊语和拉丁词来解释某些观念，也体现在他对某些重视语言多样性的作家抱有特殊兴趣。乔伊斯、布朗肖、阿尔托、巴塔耶、马拉美、塞兰都是他特别关注的作家。我们可以把这些作家看做作家中的作家或作家的作家。要知道，真正的作家对语言都是高度敏感的，他们对书面语的丰富和发展贡献殊伟。但德里达更关心他们的作品中那些最个性化的东西，那些最不易翻译和不能翻译的东西。他特别提到乔伊斯如何将英文词与德文词拼接在一起以显示语言的多样性。比如，乔伊斯将英文的"他"字（he）与德文系动词的过去式"是"（war）放在一起，生造了 he war 这样的句子。而 war 在英文中又有"战争"的意思。所以，这句话既可按英文理解为"他战争"这种不太通畅的句子，也可按英文和德文把它综合地看成"他是"（或"他在"）。显而易见，使用任何一种单一的语言都难以把这句话准确地翻译出来。解构哲学的精髓就是解放语言，解放意义，这就意味着打破语词的封闭状态，让词义具备自我衍生的可能性，这与乔伊斯这样的作家所要做的事情在精神上是吻合的。所以，德里达在这类作家那里找到了知音，他们的作品是对解构精神的共鸣。

那么，为何说以抵制翻译的方式去抵制语言的霸权恰恰会唤起翻译的欲望呢？仅从逆反心理是无法解释这一现象的。这要从翻译的历史和问题中去寻找答案，也要从翻译的本性中去寻找答案。按德里达的理路，翻译是一种边缘性现象，也是一种超越性现象，因为它既可发生在同一种语言的内部（它被称为内部翻译），也发生在不同的语言之间，不同文化传统之间。仅从起始语言无法恰当地谈论翻译，仅从目标语言也无法恰当地谈论翻译。只有超出两种语言的局限才能谈论真正意义上的翻译。对德里达而言，对欧洲中心主义的质疑，对民族国家的单一概念的质疑使他不可避免地碰到了翻译问题。尽管他总是以抵制翻译的方式去从事写作,但矛盾的是,"正是那种抗拒翻译的东西在召唤翻译。也就是说译者是在他发现了某种限制的地方,在他发现了翻译之困难的地方,才会产生翻译的欲望,就像是'文本''欲求'被翻译一样,同时他还必须为了翻译而对他自己的语言进行转化。翻译可以说是一种对接受语言的转化"①。

对德里达来说,翻译是一个近代概念,这当然是就欧洲而言的,因为在欧洲,翻译的历史与问题是与《圣经》相关的。欧洲的自然语言是通过《圣经》的翻译而被固定下来的。近代翻译理论和实践可以追溯到马丁·路德。虽然有其他一些因素影响到欧洲的翻译理论和实践,但是,翻译活动受《圣经》传播的推动是显而易见的。正如本雅明在《译者的任务》一文中指出的那样,逐行翻译的《圣经》是翻译的原型(urbild)和范例。歌德则在论及翻译时强调翻译本身的历史性。

就像在讨论许多问题时所表现的那样,德里达在论述翻译时时常借别人之口来表明自己的多重立场。在他看来,"翻译"概念本身也是抵制翻译的,因为不同民族的语言所使用的"翻译"一词的意义多半带有隐喻色彩,并且在不同的意义上使用。尽管我们大多数人皆能明白它们的相似方面。而对"翻译"一词在不同语言中所表示的意义的差异我们就只能在不同语言系统及其情境中去体会了,其中有不少方面是只可意会不可言传的,即使能言传也只是带有片面性地言传。比如,法文的 la traduction("翻译"、"说明"、"传送"、"表达")只是德文 uebersetzung 的勉强翻译,而中文的"翻译"一词无论是古义还是今义均与法文中的 traduction 和德文的 Uebersetzung 大异其趣。翻译只能让人想到相同的方面,而容易使人忽略相异的方面。如果有什么好的翻译,那种翻译就是以尽可能多的"同"来显示尽可能多的"异"。所以,只有更好的翻译而没有最好的翻译。德里达一贯反对纯粹的"翻译"概念,就像他一贯反对有什么纯粹的"哲学"、纯粹的"宗教"概念一样。脱离翻译的历史来谈翻译就像脱离翻译的实践来说翻译一样荒

---

① 德里达:《书写与差异》,张宁译,北京:生活·读书·新知三联书店 2001 年版,第 24 页。

谬。因此,一个本身从不翻译的人是无法谈论翻译的。

翻译都是具体的。在人工语言中不存在严格意义上的翻译问题。翻译问题主要存在于不同的自然语言之间,存在于自然语言与人工语言之间,当然也存在于任何一种自然语言的内部。德里达在解读谢林的著作时将数学语言作为人工语言的范例,将哲学与诗歌作为自然语言的典型,并断定"基本的可翻译性这一概念在诗歌方面与自然语言相联系并且抵制翻译"①。

毫无疑问,德里达是部分同情谢林的,因为谢林认为哲学本质上就是充满诗意的并且应当是充满诗意的。诗性内在于哲学,诗是哲学的核心,"哲学是知识的灵魂与生命,因为它具有自在的目的"(sa fin en luimeme)②。德里达解释说,诗歌创作与自然语言具有密切的联系,它扎根于自然语言的特殊性,或者说它需要想象而又超越想象,它甚至浓缩着瞬时的体验。而这种体验的表达方式是很难翻译的。哲学虽然未必时时有赖于这类体验,但哲学作为活生生的思想可以唤起一种艺术冲动。谢林曾言,就像存在诗意的 Kunsttrieb(艺术冲动或艺术天性)一样,也存在哲学的 Kunsttrieb。德里达认为这里的"像"表达了哲学与诗的类似性,表达了象征性的亲缘性和翻译的"过渡性"。谢林不将哲学的内容与其表达方式分开就是出于这种原因。新哲学的产生往往与形式上的新颖性、与诗意的原创性相对应,与对翻译的挑战和蔑视相对应。

通常说来,具有原创性的东西都是难以翻译的,当原创性的东西逐渐被人们了解、理解、领会和模仿时,换言之,当它们变成熟悉的、不再陌生的东西时,翻译的可能性与现实性便自动向我们敞开。谢林思想的新颖性在于,他肯定了哲学能够有并且应该有自身的原创性,即便是形式上的原创性也是重要的。艺术品、诗歌乃至哲学都从这种原创性中获得生命。

康德曾将纯粹数学与纯粹哲学分开,谢林则致力于寻找它们的相

---

① J. Derrida, *Du droit à la philosophie*, p. 378.

② Ibid., p. 37.

似性并认为正是这种相似性保证了它们之间的可互译性,理智的直观在本原的知识(Urwissen)中与其对象融为一体。在谢林那里,数学与哲学相似,它们的直观不是直接的,而仅仅是反思性的(reflektierte)。它们属于被反思的形象的世界并且只有通过反思才能显示本原性知识的绝对同一性。表面上看,哲学与数学涉及的似乎是两个世界,但它们实际上属于同一个世界,而两个世界的转换(traduction)要靠象征、符号来实现。为了说明这一点,谢林引入了"想象力"(Einbildung)这一概念。在数学中,我们似乎主要靠理智,但它本质上并没有弃绝想象力。如果想象力就是理性,那是因为绝对的内在本质、本原性知识的内在本质就处于想象力中。

与谢林强调哲学与数学的相似性不同,德里达特别强调两者的差异。按他的理解,哲学中始终存在不可翻译的东西,而数学中则不存在这样的东西。数学本质上是对翻译的直接解决或取消。但哲学家与数学家也有共同之处,虽然前者扎根于自然语言,后者扎根于人工语言,但他们都会与普遍性发生关系。他们都在学问方面联合起来,他们的原创性在于他们都有能力进行形式上的转换,这种转换就是所谓的"翻译"(tra-duction 或 Ueber-setzung)。不过,这里似乎有些矛盾。表面上看,他一方面认为数学取消翻译,人工语言也取消翻译;另一方面,他又说数学可实现形式上的转换。实质上,德里达有意使用了"翻译"一词的不同意义,这与他的一贯做法相吻合:在同一篇文章甚至同一段文章中有意展示同一个词的不同意义,这是解构策略发挥作用的标志,我们在解读德里达的文本时也需要这种策略。所以,在德里达那里追求词义统一性和一贯性的尝试注定是不能成功的,也是有违他"本人"的精神的(我姑且用这种在德里达看来不太恰当的表述方式)。

那么,德里达本人又在哪些意义上使用"翻译"(traduction)一词呢?除了我们通常所说的意义,即用一种语言来转达另一种语言的意义外,"traduction"可在"表达"、"颠倒"、"移送"、"说明"、"换位"、"改造"、"转运"等意义上使用。翻译体现了中介性、过渡性。翻译也是一种东西的不同表达,这一点也表明了文本的非封闭性或开放性。当德里达说谢林否认有两个世界并认为每个人都在以自身的方式提供同一个世界的 traduction 时，他显然是在"表现"的意义上使用 traduction 一词的。当德里达说康德应把两个世界的原始统一性视为同一个文本，这个文本有待按原文的两个 traduction 来破解其内容时，他显然在"转变"的意义上使用 traduction 一词；当德里达说语言的二元性是"反思的"（reflexion）的结果，是"transposition traduisante"的结果时，他又是在"转运"、"传送"的意义上使用 traduction 这个词。[①] 德里达对"翻译"的解释集中体现了他的解构策略，即，使同一个词的不同意义充分地展示出来。为此，他有时不加翻译地用 Uebertragung. Uebersetzung 这两个德文词以及 trans-position（颠倒、换位）、objectivation（对象化、客观化）这两个英文词来表示"翻译"的不同用法。前两个德文词虽然都可用来表示我们所说的"翻译"，但它们本质上都是隐喻用法，它们在字面上都包含"转运"、"转移"这类行为。德里达指出："人们可以用 traduction 来翻译'对象化'。同一种意义可用另一个习语 se transpose（被换位）或 se transpurte（被搬运）来表示。但完全的翻译，确保哲学在总体上的真正客观性的翻译本身是什么呢？是艺术。'只有艺术才是哲学在总体上的真正客观性'。因此，这种艺术就像这个大学本身一样乃是一种普遍化的 traduction（表现）艺术。"[②]从德里达在上述分析中对 traduction 一词的不同用法可以看出，没有一个外文，词能完全对等地表示 traduction 这个词的所有意义。从这种意义上说，traduction（翻译）一词是抵制翻译的。

对德里达来说，翻译意味着替补（supplément）。按他对这个词的独特用法，替补既表示替代，也表示补充。当一个不懂原文的人去读译文时，他或她只能从译文里去领会原文的意象或观念。虽然这里有某种遗憾，但也有某种幸运，因为他或她可以按自己母语的习惯去阅读和理解原文。在这样做时他或她已经将自己的文化经验（不管是集体经验还是个人经验）融入自己的理解中了。这样，原文的生命和内

---

① J. Derrida, *Du droit à la philosopohie*. p. 387.
② Ibid. , p. 384.

容实际上得到了延伸和扩展。对一个既能读原文又能读译文的读者来说,译文肯定会遗漏一些东西,但也相应地能让他想到一些原文不会让他想到的东西。这就是对原文的补充和扩展。所以,德里达在《巴别塔》一文中指出,译文和原文"不管多么不同,都互相结合、互相补充,从而在生成过程中构成了一个更大的语言,也改变了它们自身。正如我们所看到的那样,译者的母语也相应改变了。——本雅明说得很清楚,原文在译文中扩展了,它扩大自身而不是使自身增殖。我还要加上一句:它就像孩子一样,它无疑是自己的孩子,但有自己独立说话的权利。这样,孩子就不是服从繁殖法则的一个产品"①。

如果说译文既是对原文的补充又是对原文的解放,我们还有理由说原文是译文的种子,译文是激起我们阅读原文的欲望的引子。当我们发现译文中尚有某处意思不经核对原文就不足以明白时尤其如此。一种语言的空间通过翻译而得以扩大,因此翻译不仅证明这种语言的再生能力,而且巩固这种能力。我们且不说一种语言不仅通过译文而丰富自己的词汇,增加或改变自己的句式,而且丰富自己的观念与思想。即便我们的生活中充满了译文,只要我们读的是母语,我们就不用担心我们的语文会失去灵魂。"由于翻译,即,由于这种语言的互补性,一种语言可以给予另一种语言所缺乏的东西,而且是和谐地给予。语言间的这种交叉保证了语言的成长,甚至是保证神圣语言的成长,直到历史的最终得救。所有这些都是在翻译过程中宣告实现的,是通过语言的无限再生宣告实现的"②。

从严格的意义上讲,绝对对等的文本翻译只是一种理想,而不是现实。即便是由专名和系动词构成的简单句子在某些情况下,尤其是

---

① 德里达:"巴别塔",载郭军、曹雷雨编:《论瓦尔特·本雅明:现代性、寓言和语言的种子》,长春:吉林人民出版社 2003 年版,第 68 页,J. Derrida,Des Toura de Babel,in:J. Derrida, *Acts of Religion*, New York and London:Routledge,2002, pp.104—133,译文稍有改动。

② 德里达:"巴别塔",载郭军、曹雷雨编:《论瓦尔特·本雅明:现代性、寓言和语言的种子》,长春:吉林人民出版社 2003 年版,第 79 页,J. Derrida,Des Tours de Babel,in:J. Derrida. *Acts of Religion*. New York and London:Routledge, 2002, pp.102—124。

在隐喻的使用中,也会在两种不同的语境中引起不同的理解。比如,"标枪"对于狩猎的民族来说是狩猎的工具,而对许多体育爱好者来说则意味着运动器材。"希特勒"虽是一个专名,但对一个原始部落的人来说这个"专名"与我们心目中的"希特勒"具有截然不同的含义。德里达在此谈论的文本通常是指哲学文本与文学文本。作为替补的翻译既是对原文的替代又是对原文的补充,因为它进入新的语言系统之后与新的经验、新的意义之网相关,并向另一种文化开放。所以,经过翻译的文本已经不是原来的那个文本,而是遗漏了某些东西又增添了某些内容的文本。按德里达的看法,即便是最忠实于原著的翻译也是无限区别于原著,无限地远离原著的。翻译不但是语言的对接,而且是语体的转化。原文的内容并非一个封闭的实体,不是一个坚实的硬核。原文不过借某种语言获得一种外形而已。当一个文本被翻译成另一种语言时,它也随之获得了另一种表达,这种表达与原文的表达是有差异的,这种差异恰恰提示着翻译的重要性。从某种意义上讲,由于译文是原有内容的转型,它是"原文"的延伸,它是"原文"的另一种存在方式。有时德里达甚至怀疑有没有真正意义上的"原文"。在哲学与文学里,翻译无法为透明的交流负责。翻译绝不只是把原文的某种内容转移到了另一个地方,翻译也改变目标语言。由于目标语言与原文的语言或初始语言在词义、句法、风格、意象等方面的非对等性和不对称性,翻译便不得不迁就两种语言,而过分的迁就必然导致削足适履的后果。对这一后果的自觉是尝试做更好的翻译的先决条件。

德里达并不是说我们可以随意翻译,他甚至常常提到要忠实于原作,要尊重原作。他本人在翻译费希特、谢林、胡塞尔、海德格尔等许多德国哲学家的论著的某些段落时甚至希望达到形与义的统一。因此,当他批评海德格尔著作的法文译本将 das Handwerk(手艺)译为 le métier 时,明确指出这种翻译并不足取,因为它忽略了海德格尔特别强调的"手艺"与"手"(Hand)在字面上的联系[①],而这种联系对于理

---

① C. f. J. Derrida, "la Main de Heidegger", in: *Heidegger et la Question*. Paris: Flammarion. 1990. pp. 173—222.

解海德格尔绝不是可有可无的,而是异常重要的,因为对海德格尔来说,不是思想决定手,而是手决定思想,手承载着人类的悠久历史,也预示着人类的长远命运。手改变着我们的世界。手的退化既标志着人的本质的改变,也在很大程度上标志着人的退化。尼采是第一个拥有打字机的哲学家,但是他不愿使用,因为他害怕手被机器化;海德格尔也拥有打字机,但是他同样不愿使用,因为他从中看到了一个时代的颓废,看到了人的本质被掏空的过程。所以,海德格尔很注意保养自己的手。德里达注意到这一现象并专门收集海德格尔的手的照片,还以"海德格尔之手"为题做了照片展览。由此,我们可以明白德里达为何强调对海德格尔的 das Handwerk(手艺)一词的翻译不能草率行事,而要从根基处,从广阔的背景"人手"。翻译的困难和翻译的命运在这里被赋予了深远的意义。

二

德里达还提出了如何保护原文的问题。原文的意义和风格都应得到保护。这就需要我们注意翻译的局限。习语和方言通常很难翻译,"习语的多样性实际上所限制的不仅是'真正的'翻译,一种透明的、适当的相互表达,而且是一种结构上的顺序,一种建构上的一贯性"①。这段话就出自德里达讨论翻译的一篇文章,该文的标题"Des Tours de Babel"就是无法翻译的,因为德里达赋予这个标题多种意义,比如,它可以指"论 Tours de Babel",也可以指"来自 Tours de Baber",又可以指"关于 Tours de Babel";Tours 在他那里既可以指"塔",又可以指"扭结",也可以指"骗局",还可以指"转折"。他故意让你无法翻译。德里达还通过保留某些"抵制"翻译的德文词来"保护"原文的那些无法翻译的东西。他害怕译文会"吃掉"原文,会同化原文,会像筛子那样筛掉许多东西。他自然懂得翻译的历史性,即,以另

---

① J. Derrida, "Des Tours de Babel", in: J. Derrida. *Acts of Religion*, pp. 104—133.

一种保留古义的词去翻译原文中包含古义的词。在不能硬译的地方作一些注释。在解构文本时，将古义与今义并列是德里达的一大特点。没有对语源的基本了解，要理解德里达的某些作品肯定是十分困难的。鉴于翻译不同时期的作品有不同的语言风格，德里达并没有以主观想象来代替某些关键词在历史上的意义变迁，而是试图为语义的河流"清淤"，因为词典上的释义总会遗漏掉一些东西，特别是那些不确定的、尚未定型的语词用法。词典释义的顺序肯定要遵守某种逻辑。比如，它要么遵循词义出现的频率的高低来编排释义的顺序，要么根据词义的历史演变来编排这种顺序，要么在两种顺序都难以确定时两种方法交替使用或混合使用，因为再好的语言学家也无法穷尽一个词在过去的各种用法，也无法确定某个词在历史的某个时期流行的范围和程度。更为重要的是，在文字媒介并不普及的时代，语词的使用不仅有地区差异而且有人群差异。有些词典在释义时喜欢以某个作家的某部作品的句子作为释义的例句，也就难免将个别的东西当做普遍的东西，更何况不少作家都强调自己的独特的语言风格。在文学中，历史上的作品所使用的大量语词的意义其实是不确定的。尽管我们可以根据已经确定的词义去猜测那不够确定的词义，但我们仍需要发挥我们的想象力。当然，这种想象不是凭空想象，而是以已有的东西为依据的，比如，我们总得尽量避免将历史上没有的词义说成是历史上早就存在的意义。须知有些词语的古义与今义大相径庭，它们在历史上的用法与今天的用法甚至刚好相反。在我们中文中，"政治"、"经济"这类语词就是如此。假如我们将今人的用法强加给古人，那就是典型的文字暴虐。所以，在翻译历史作品时我们需要有历史的意识和知识。这就是翻译中的史识问题。德里达本人是很重视这个问题的。这不仅表现在他对柏拉图的解读中，而且表现在对笛卡尔的解读中，更表现在关于海德格尔对希腊哲学的解读之解读中。德里达在解读卢梭时不时提到《罗伯特法语大辞典》的释义，也从一个侧面说明了翻译的历史性的基本依据。

然而，强调翻译的历史性并不等于说翻译就是对原文的复制，德里达在不同的地方都提到译文是一种不同于原文的另一种文本。在哲学和文学文本中,翻译在某种意义上是一种再造,是对原文的再造,这种再造不是舍弃原文的再造,而是尊重原文的再造。由于德里达已经声明要忠实于原作,要尊重作者,读者们也就不用担心德里达会倡导和鼓励随心所欲的乱译。不少读者的误解多半源于他们没有注意到德里达也强调尊重原作、忠实于原作这一基本事实。因为德里达把尊重原作看做是毋需多谈的常识,看做翻译得以进行的基本条件,所以他的侧重点在于强调翻译是再造、是改写,是写不同于原作的另一种文本,这个文本进入了新的语言,新的情境,新的前景,新的视域,总之,进入了新的"生活世界"。它被新的文化和另一种传统所接纳、吸收,它会重新获得生命,获得自己的历史与未来。它的命运是作者无法支配的,甚至是无法预知的。它等待新的因素的介入、渗透与组合,也等待着新的解释。就像"翻译"一词所表明的那样,翻译本身就是解释,只不过这种解释有着自身的限度并受总体性的逻辑所制约。德里达强调解构策略的运用的重要目标是扩展解释的空间。就此而言,解构与解释具有不可分割的联系。翻译至少为解释开辟了更多的可能性。

翻译是对话的艺术,是两种语言对话的艺术,是译者借文本而隐身的艺术。翻译体现了语词的经济性原则。不管译文多么糟糕,译者肯定都不愿把翻译变成单纯的注解,因为他不得不受制于语言的结构。由于人都喜欢用自己的母语说话,他在翻译时会有意无意地用母语的尺度去衡量原作。为了显示原文中那些抗拒翻译的东西,译者就不得不进行有意识的撤退,即,意识到母语的强大的吸收能力很可能妨碍自己传达原文的内容。这里显示了两种语言之间的张力。觉察到这种张力对于翻译实践和翻译理论无疑是重要的,因为它引导我们在两种语言之间恰当地进退。为了说明我们在翻译中遇到的这种张力,德里达通过解读笛卡尔的《方法谈》重点讨论了母语、国家语言、方言中的哲学问题。

众所周知,《方法谈》是用法语写成的,在拉丁文在学术界占统治地位的时代，这是一个重要的挑战，也是法语史上的划时代事件。笛卡尔说："如果我用法语，用我国的语言写作，而不是用拉丁文，用我的老师们的语言写作，那是因为我希望仅仅使用纯粹的自然理性的人比仅仅相信古书的人能更好地对我的意见做出判断。"[①]德里达从这段话中看到的不仅是表示愿望的语句（le constatif，述愿语）与表示行为的语句（即所谓的"述行语"，le performatif）的差异，而且看到了语言的霸权是如何遭到挑战的，看到语言的特权如何遭到侵蚀以及今天的法语作为国家语言与当年的拉丁文如何面临相似的问题，看到翻译又如何成了维护语言权威的一种手段。也就是说，德里达从中看到的是一种语言的政治，因为在他看来语言里面有政治，语言绝不只是交流的工具，语言还是权力和权利的象征，也是控制与反控制角力的场所。当一个民族的语言成为国家语言，这个民族的总体地位得到了确认，并通过国家权威来保证它的合法性，而那些方言构成了某种异质性的力量。在某种程度上，方言是对抗"内部翻译"的方式，也是保护某种独特性的方式，它是一种风俗和地方生活的隔离带。一个民族的方言也许服从某种国家权威，但它维持着民间生活对于国家语言的相对独立性，这里蕴涵了抗拒同质性的力量，深埋着分离的种子，或者至少构成了异质的因素，这种因素对于丰富多彩的民间生活，对于多元政治力量的孕育都是必不可少的。因为这种方言"构成了弥散力，构成了离心力，构成了脱节的冒险，亦即颠覆的力量"[②]。也正因为如此，所有征服者、殖民者都力图改造被征服者使用的语言，或者干脆将自己的语言作为免于翻译的语言，至少作为官方语言（行政与司法语言）强加给被征服者。英国殖民者、法国殖民者是这样，希特勒政权是这样，日本侵略者也是这样。当一种外来的语言堂而皇之地变成了本民族的语言，甚至代替本民族的语言时，这个民族的民族性就在某种程度上被削弱了，甚至被改造了。因此，我们可以说，在这种语言里铭刻着一

① Descartes, *Œuvres et Lettres. Textes* presentes par A. Bridoux. Paris. Gallimard. 1953. p. 179.
② J. Derrida, *Du droit à la philosophie*. p. 289.

个民族的屈辱与痛苦,翻译在这里提示着这种记忆。试想,当一个民族在外来者的强制下被迫取消自己的语言而接受另一种语言时,这个民族何其痛苦呢?

翻译在某些情况下至少还标志着使用两种语言的人们在形式上的平等,通过取消一种语言来取消翻译的可能性也就等于取消了这种形式上的平等。尊重民族的平等权利首先意味着尊重不同民族自主运用自己语言的权利,意味着尊重承载在这种语言和习俗中的文化传统。从这种意义上讲,承认翻译的正当性也就相当于给两种语言以正当存在的平等权利。基于这样的原因,1982 年法国工业与研究部部长发表声明说,如果在法国举行的会议不保证法语的地位(至少配置同声翻译),政府就不会给会议拨款。这位部长还说,法语应该继续成为或重新成为思想的优先媒介和科技信息的优先媒介。对这一声明,德里达表示同情性的理解并认为这是对抗英语霸权的方式。但他认为这种语言政策中也包含自笛卡尔时代起就一直存在的矛盾,即人们一方面将民族的语言与民族的方言对立起来,另一方面又将国家的唯一语言,将占统治地位的民族语言与已成为文化交流的优先媒介的其他自然语言对立起来(在笛卡尔之前是拉丁文,在今天是英语)。

通过对法语史的回顾,德里达力图说明翻译问题是与语言的地位问题紧密联系在一起的。法语的进步与对法语的抵制在 16 世纪同时并存。写历史的人并非绝对中立的,他们的解释系统往往带有某种哲学和政治色彩。写法语史和翻译史的人也不例外,因为他们的解释系统总在运用某种语言并且在特定时间参加语言的"战争",而这种"战争"涉及的因素很多,比如,修辞手法,论证方式,不同学科之间的关系,合法化技巧,等等。法语成为国家语言的过程离不开政治人物的推动,离不开学者们,尤其是文学家和哲学家们的努力。但在近代早期这种努力曾受到教会的强大抵制,因为不仅《圣经》用的是拉丁文,而且宗教活动用的是拉丁文,学术语言也是拉丁文。法语被视为不登大雅之堂的平民语言。这种语言的生命力在民众的生活中。强大的教会一开始不允许将《圣经》译为法语,害怕这样做会影响《圣经》的权威性,影响教会的解释权。1539 年是改变法语地位的关键一年。这一年,弗朗索瓦一世(François 1 er)发布诏书(被称为 Villers-Cotterets 诏书),规定在诉讼与判决中推广法语,尽管弗朗索瓦一世创立的法兰西学院当时只能使用拉丁文、希腊文、希伯来文。将近一个世纪之后,笛卡尔用法语写《方法谈》,使哲学获得了使用法语的机会。所以,德里达深有感触地把这个世纪称为给哲学以权利的世纪。[①]

宗教改革使法国教会的自主思想得以传播。两种法文版本《新约》分别问世于 1523 年(Lefevre d'Elaples 版)和 1535 年(被称为 Olivetan 版),但其使用仍大受限制。1541 年法国新教神学家加尔文(Calvin)重新用法语编写了一本《基督宗教的机构》。1549 年杜伯雷(Du Bellay)写了《对法语的捍卫和说明》(*la Defense et iilustration de la langue francise*),使法语的地位进一步得以巩固。布雨诺(Ferdinand Brunot)写的《语言史·法语》(1947)以翔实的资料证明,语言的命运如何与民族的命运息息相关。

语言、翻译与政治在最终意义上是密不可分的,从近代法语的发展史看是如此,更不用说海外殖民史了。一个值得注意的现象是,国家语言的强制接受带有明显的征服目的和疆域的行政管理目的。为此,政治家往往与作家、哲学家、语言学家和其他学者一道去催生一种话语形式。在法国,从路易十二到亨利三世,为推广法语方言,政治人物与各种学者合作密切。从众多的学者给弗朗索瓦一世、亨利二世、查理九世、亨利三世等人写信,歌颂他们对法语的推广所做的贡献这个事实,我们不难得出政治权力在语言地位的确立方面所起的作用,也可以看出政治权力如何借文字权力来强化自身的统治。在法国,甚至有笑话说“法语”(Français)是从弗朗索瓦(François)的名字而来。德里达注意到,法国王室历来重视法语的地位,不注意他们的语言政策几乎难以理解法国文学史,这一政策也直接影响法国的出版、翻译乃至整个文化事业。弗朗索瓦一世后来还在法兰西学院任命了法语

---

① 　J. Derrida, *Du droit à la philosophie*, Paris: Galilée, 1990, p. 290.

教授从而进一步改变了法国的教育制度与学术制度。在这种情况下，法语似乎成了文化先锋，它为普通人打开了通向希腊哲学、拉丁哲学的大门，为文化的普及开辟了道路，也为后来的启蒙事业奠定了基础。随着法语成为国家语言，真正意义上的法国文学、法国哲学才开始出现。与此相应的必然是翻译事业的发展。比如路易十二的顾问塞瑟（Seyssel）就为他翻译了大量希腊文献和拉丁文献，16 世纪中期，翻译甚至成了一个小小的职业。同样是这个塞瑟建议进一步扩大法语的使用范围，他认为推广法语是在本国和外国确立法国王权的有效手段。他本人还亲赴意大利考察，在旅途中明白了罗马人为何同时采用语言、军事、政治三种手段进行征服，他觉得自己有机会为法国做同样的事情。[①]

　　总之，德里达提示我们，翻译问题并不只是语言问题。它不仅与人的理解和解释能力相关，而且与广泛的文化现象相关，与政治和宗教相关。只有从深层、从文化、从生活本身去理解翻译，我们才能了解翻译的意义并使我们的翻译成为一种远远超出技巧的崇高事业。在现在这样一个全球化的时代，我们面临着保护文化的多样性、思维方式的多样性和生活方式的多样性的紧迫任务，翻译为我们有效地承担这一任务提供了可能性。一个国家拥有大批的翻译作品会开阔人们的视野，改善文化生态和精神的营养不良状况，因此拥有大量的翻译作品并不是一件丢脸的事，而是文化繁荣和文化自信的标志。

---

① J. Derrida, *Du droit à la philosophie*. pp. 291,297.

第七章　性别与女性主义

　　1983 年德里达曾写有专文《性别，本体论差异》（*Différence Sexelle，Différence Ontologique*）来讨论海德格尔的一个术语"Geschlecht"，并顺便谈了他本人的看法。这篇长文首次发表于 la Cahier de l'Herne，是《海德格尔之手》的姊妹篇，此外，在《尼采的风格》和其他论著中，他也谈到了性别问题，特别是"女性主义"问题，通过对 Geschlecht 一词的解析，德里达试图将性别问题看做更为广泛的 Geschlecht 问题的一个方面。按他惯常的做法，他直接用 Geschlecht 一词而不加翻译，以突显这个德文词的多重意义。这个德文词有性别、种族、家族、种类、世代、谱系、子嗣等意义。这种一词多义现象是德里达一贯强调的，也是他刻意要通过解构而努力"暴露"的方面，从而为性别的理解提供多种可能性。这个德文词具有广泛含义，也生动地说明性别是与种族问题、谱系问题和家族问题密切相关的同源性的问题，孤立地理解性别问题是无法抓住问题的症结的。生命哲学、社会学、人类学、生物学、宗教、伦理学之所以都不约而同地关注性别问题，原因就在这里。德里达的主旨是既反对男性至上也反对女性至上，他断言男女二元对立的思维模式是自古希腊以来的在场形而上学思维模式的推广，这种思维模式的一个主要特点是持两种范畴的对立并且认为一方总是支配另一方，以致形成了一个等级体系。男性主义思维模式是这种等级体系的具体实践，是它在对待两性关系方面的文化取向的特殊表现。只有从更广泛的背景下去理解男性主义或女性主义，我们才能真正把握它们出现的根源，并发现它们在社会的各个领域的潜在影响。下面,我们就来谈谈德里达对性别和女性主义的看法。

一

德里达对性别问题的讨论是从解释海德格尔的"此在"概念开始的。他由此入手是颇有深意的。大家知道,海德格尔几乎不谈性别问题,也不谈男女关系问题,他甚至觉得这一问题不值得追问,对他来说,哲学所要关切的是比这一问题更为根本的问题,即,一切"在者"的存在问题。德里达注意到海德格尔对性别问题的沉默并猜测这可能与他的下述观念有关。性别问题与"在者"的存在问题相比是非常次要的、派生的问题。如果不首先解决存在论或本体论(ontologie)问题,性别问题是无法得到有效解决的。因此,德里达也顺着这样的思路在讨论"存在论差异"之后再来讨论性别问题。他的长文《性别,存在论差异》虽然从标题看把"性别"放在前面,但在实际阐述时,"存在论差异"问题被置于优先地位。

海德格尔提出"此在"概念的一个基本动机是,传统的形而上学遗忘了"存在"问题,或以"在者"的问题掩盖了"存在"问题。与此相关,海德格尔也不满传统哲学对"人"的界定,因为传统哲学给"人"一个静态的不变本质。无论是把"人"定义为能说话的动物,还是把"人"定义为"理性的动物",抑或把"人"定义为社会化的动物,都不足以对人作完整的描述,甚至因为传统哲学对"人"的狭隘理解,"人"的形象被扭曲了。此外,传统文化用"男人"或"女人"这样的概念去对人进行归类也不可避免地陷入了片面性,甚至制造了"人"的二元对立。海德格尔用"此在"去重新界定"人",力图强调"人"的超越性特征,力图避免由传统形而上学对人的狭隘理解。在海德格尔那里,"此在"是不分性别的,从"存在论"的角度对"人"进行描述意味着我们不必考虑性别,而只需考虑"存在论差异"。这一点也至少暗示我们不能将性别与存在论差异等量齐观。具体地讲,考察"此在"的存在论结构比考虑性别问题要重要得多。

不过,在德里达看来,海德格尔强调"存在论差异"并不意味着"性别问题"就不重要。即使我们不分性别地谈论人,谈论海德格尔所说的"此在",性别问题依然是闲谈的对象,是人们在生活中每天都会碰到的问题。从公厕到商店,从发型到衣装,从鞋帽到化妆品,从体育到职业选择,人们被时时提示着认清自己的性别。德里达甚至感到性别问题越来越成为经验知识和科学知识中司空见惯的问题。围绕这个问题,在伦理学和政治领域人们早就摆开了战场。在西方,直到启蒙运动之后,女权运动才慢慢在全世界展开,它一开始是以争取妇女的平等受教育权、投票权和工作权为目标。但到 20 世纪下半叶,随着女权运动扩展到社会生活的各个领域,Feminism(女权主义,女性主义)获得了更加广泛的含义。性别问题从未像现在这样在学术界和实际生活中受到强烈关注。

然而,德里达最为关心的是如何揭示性别问题所蕴涵的深层意义以及它与传统形而上学的思维方式的密切关联。他发现,自柏拉图以来的西方形而上学传统所打造的逻各斯中心主义思维方式预示着并潜在地规定着男权主义的社会结构。在从柏拉图到尼采的西方哲学史上,许多哲学家都不同程度地讨论过女性问题。斯宾诺莎、康德、黑格尔也为人们从哲学层面讨论性别问题留下了余地,因为他们在人类学、政治哲学和法哲学等领域或多或少触及这一问题。当黑格尔说:"男人属于社会,女人属于家庭"时,他已说出了传统社会的女性观。一向受人尊敬的斯宾诺莎在《政治论》中谈到女人时,则表现出现代人不愿看到的对女人的轻蔑。

其实,无论女权社会还是男权社会,性别的划分和对立都遵循逻各斯中心主义的逻辑,即,对立的一方总是优于另一方,主导另一方,压倒另一方。就人而言,一个人要么做男人,要么做女人;在一个社会中,要么是男人当家,要么是女人当家,要么是男人压倒女人,要么是女人压倒男人。此外,没有第三种可能性。这便是德里达所批评的逻各斯中心主义思维方式必然得出的结论。按照这样的逻辑,不男不女的人是不能存在的,中性的人是不能存在的。但现实中却恰恰存在这样的人,他们也是人,是有思想和情感的人,是有人格尊严的人,他们理应以本来的面目在一个社会中占据自身的地位。但现实生活迫使他们要么选择做男人,要么选择做女人,因为如果不这么做他们被认为不正常,而没有自身存在的合法性或正当性,他们是二元对立的思维模式以及这种思维模式所塑造的社会机制的牺牲品,因为他们被迫改变原有的自己来获得被既有的社会认可的性别身份。尽管他们是极少数人,但他们成了一种标记,一种象征:对他们的地位的承认,对他们的尊严与权利的维护在我们这个多元化的时代里显得非常重要。德里达曾提醒人们,在生物界,无性状态反比有性别状态更为原始。从雌雄同体到性的分化是一个渐进的公认事实。德里达从维护多元化的立场出发,极力主张给同性恋者、"中性人"、少数族群以存在的正当性,并充分尊重他们的权利。就像我们无法否认无性别的动物一样,我们不妨把承认中性人的正当地位作为消解逻各斯中心主义的一个标志。

德里达并不笼统地反对谈论性别,他只是觉得传统意义上的性别观念包含着太多让人困惑的东西,并且造成了太多的两性对立。他不断对逻各斯中心主义进行解构,也不认同女性主义。在他看来,新式的极端女性主义与男性主义遵循同样的逻辑,或者说极端的女性主义不过是颠倒了的男性主义而已,因为它们拘泥于性别的二元分裂和对立,而没有超越这种分裂或站在多元并存的立场上看待性别关系。为此,他从性别追溯到无性别的中性状态。对海德格尔的"Ge-schlecht"概念进行分析,为他发挥解构策略的功效提供了最佳机会。

德里达敏锐地发现,海德格尔虽然很少谈论性别问题和两性关系问题,但他的哲学学说里实际上隐含着性别观念。当海德格尔说"所有人都是有性别的,因而所有人都是政治的,反之亦然"时,他已将性别问题与政治问题联系起来。他之所以不在存在论领域讨论性别问题,当然是因为传统的性别观念与传统的人的观念是密切相关的,而他一辈子所要做的一件大事就是破除传统的人的观念给我们的社会和文化造成的迷障。不过,德里达猜测,海德格尔对性别问题基本上保持沉默可能还有别的原因。按海德格尔的思路,存在论层次与伦理学层次、人类学层次是不能混淆的,性别问题是人类学层次和伦理学层次的问题,也许还是政治哲学领域的问题,但不是他的存在论所要解决的问题。比如,在1928年马堡大学的夏季课程中,海德格尔在谈到"超越性问题和《存在与时间》的问题"时就认为对此在的存在论分析仅仅发生在基础存在论或本体论层次,而不发生在伦理学层次、人类学层次。这种存在论分析只是预备性的。一旦我们回答了存在论差异问题,性别问题也就不难解决了。德里达试图在性别问题和存在论差异问题之间建立桥梁,并把海德格尔未言明的东西揭示出来,由此借机"表达"(姑且使用这个词)自己的想法。既然他追问的是海德格尔的"言下之意",那么,我们就跟德里达一道看看海德格尔对此在(Dasein)的分析是否包含性别观念的可能性。

德里达追问,海德格尔在哲学领域不谈性别究竟是省略它、掩盖它或否认它,还是从根本上未曾想到它呢?

首先,在海德格尔对"在世"、"共在"、"烦"、"畏"、"死"等问题的存在论分析中,我们的确找不到对欲望或性别的任何直接的论述,因为对他来说"性别不是本质特征,它不属于此在的生存结构,此在本身,此在之'此'本身并不带有任何性别标志"[①]。但是,在《存在与时间》里,我们可以发现有关性别、两性关系的暗示,尽管海德格尔说"存在作为哲学的基本主题并不是在者的类别"[②]。对此在的存在论分析非常接近对"人类的实在"的文化人类学研究。虽然我们愿意承认此处仍然暗含着通达性别讨论的可能性,但这种可能性仅仅是以"在世"、"共在"、"空间性"、"时间性"、"言谈"、"烦"、"向死而在"等一般结构为前提,但性别决不是进入这种结构的必不可少的主导线索。

其次,海德格尔不再沿用传统的"人"的概念,而是用"此在"(Dasein)去重新描述人。他将此在称为范例性在者,并认为我们都是

① J. Derrida, *Heidegger et la Question*. Paris:Flammarion,1990,p.150.
② M. Heidegger, *Sein und Zeit*. Tuebingen:Max Niemeyer Verlag,1963,S.38.

这样的在者,但我们这样的再者是能追问一切在者之存在的特殊在者,这个在者的特殊性就在于他能问能思,他具有超越性。按德里达的理解,海德格尔强调此在的首要特性是其"中性"。德里达很重视这个"中性"概念,因为它意味着超越二元对立,意味着超越了对人的人类学、伦理学或生物学规定。同时,"中性"也是相对于阴性和阳性而言的,是相对于男性和女性而言的。因而,讨论中性在某种程度上也暗示着讨论性别。

德里达认为,对中性的说明包含向此在在性别上的中性或无性别性(Geschlechtlosigkeit)的跳跃。海德格尔本可以从性别入手。但按传统思维方式,性别本身中就含有特权。海德格尔在进行此在分析时一开始就将性别中性化了,他不用"人"这个概念也是出于这种考虑,因为人是有性别、分男女的。"此在"概念就不受这种困扰。德里达说"此在"这个名称的中性如果重要,那是因为对这种在者的解释应先于某种具体化(Concretion)。而具体化的第一个例子就是属于这种或那种性别。比如,我们的身份证件、各种求职表格、入学表格、居留证明等等都无一例外地要我们填上"性别"一栏。这自然是要给我们确定一种身份,这种身份甚至先行地决定了我们该做什么工作,享有什么样的权利,承担什么样的责任。对海德格尔来说,"这种中性也表示此在不是两种性别之一"。性别是"此在"的分裂。德里达强调的是超越这种分裂。海德格尔赋予 Geschlecht 许多意义,也赋予"中性"这个词很多意义。拿人来说,中性其实是无性。但在我们描述人时,如果说某人不男不女,反而招致困扰,这个人自己也会为自己的性别角色所困扰,这种困扰是社会和文化带给他的。在德语中,"中性"是与阴性、阳性并列的一性,但对人而言,除了小孩之外(在德文中,小孩被称为 das Kind,其冠词是中性),我们却不见这种安排。

德里达继承了海德格尔的做法,对"中性"一词本身也做了各种理解。"人"的"中性"按这种思路也应得到接受,这样,阴阳人就不用苦恼。当然,这是依其逻辑自然得出的一个结论,也许还只是一个隐含的结论。德里达说,在人的所有特点中,人们首先想到的可能就是性别,正因如此,我们的身份证可以不标明体重、耳朵和鼻子的大小,但要标明性别。这不仅仅因为其他特征易变,而性别不易变,而且因为它承载着自然特性和社会特性,自然角色与社会角色的统一。更重要的是,我们的文化背后所隐含的思维方式要求人们这样去思考问题,否则,那些不男不女的人就用不着为自己的身份苦恼了。他们本来就不必改变自己的本来面貌、改变自己的中性状态,而只要以原本的样子存在就行了。但现实的社会性别结构只允许两种性别存在,于是,中性的人就只能被迫改变自己去适应现有的社会性别结构。这在德里达看来是很不人道,很不公正的,其荒唐性不下于取消所有中性或无性的动物或消灭所有雌雄同体的动物。既然它们的存在是一个无法否认的事实,我们首先要尊重这个事实。我们不能因为我们的文化只为人设置了男女这两个种类,就把不同于这两个种类的人排除在外或干脆把他们改造成两类中的一类。我们为什么不能在两种性别之外再加上一种或多种性别呢?两性之外还有另类的人又有什么不好呢?今天,既然我们在道义上承认少数族群的正当地位、承认原始部落的人也是人,我们为什么就不能容忍中性的人存在呢?人类中有另类岂不证明了人的丰富性?那种将中性的人强行改造为男人或女人的做法在德里达眼里无异于削足适履。

性别文化是人类社会中最顽固的文化。它不仅强化了人的两性意识,而且制造了一种思维暴力和隐性的社会暴力。将中性的人强行纳入男人或女人就是这种隐性暴力的表征。德里达之所以对"中性"这个词特别感兴趣,不仅是因为这个词有利于我们改变传统的狭隘的性别观念,而且有利于我们重新界定人,即,不必将人简单地归结为男人或女人,从而减少那种隐性暴力。但德里达认为,"中性"这个词本身仍然会让人想起两极性,因为中性总是相对于两极而言的。如果此在是中性的,如果它不是具体的人,它也就不会从属于两极划分,即"性别"。如果"此在"不表示人,它自然也不会表示"男人"和"女人"。一旦人们发现"此在"无法归结为人的存在,归结为"我"、"意识"或"无意识",也不能归结为主体、个人、"理性动物",人们就会相信,性别问题就不必根据存在的意义问题或存在论差异问题来衡量,它的特殊性也不值得特殊对待。

"中性"、"无性"这类语词仍表示消极性、负面性、否定性,但无性其实也是一种"性",所以,用"中性"这样的概念并不是要消除"性别"。正是相对于"两性"而言才有"无性"。只有当人们直接将性别理解为两极性或性的划分时,"无性"才被规定为无性,这种无性并非是对空洞的"性"的空洞否定。"此在"的中性并非任何无差异的东西,而是原始的肯定性与存在能力。"此在"并未被剥夺"性别",相反,人们可能由此想到前差别的性,或前二元化的性。它并不必然表示单一性、同质性、无差别性。通俗地讲,人类的性别一开始只是纯生物性的事实,它并未被赋予多少文化的意义。两性的观念与中性的观念一开始并没有严重的冲突。自性别观念被我们的文化赋予一种二极逻辑之后,它们的冲突才变得严重起来。德里达提醒我们还有比二元性更原始的性别,它体现了一种肯定性和能力。至少,从生物学上讲,两性差别是性分化导致的结果。无性其实比性别更原始。

无性与中性中肯定具有异质性因素。否则,它就无法分化为后来所说的性别。进而言之,我们可以将性别与否定性联系起来。无性与中性属于性别的同一个方面。德里达说,海德格尔用过"性的"(sexuell,geschlechtlish)这个形容词,这并非不重要,因为这些名词更容易辐射到其他领域。海德格尔抹去了"中性"这个词的否定性或消极性的所有标志。他对性别的中性化为我们不仅仅从两性的角度去理解人提供了可能性。"性别"的中性化问题似乎隐含在《论根据的本质》的一段文字中。按理说,性别与存在论差别并不属同一层次的问题,如果摆在一起显然容易遭到误解。但海德格尔所说的"此在"毕竟有"自身性"(Selbstheit),它只按自身的意图而存在。正是从自身性出发,"利己主义"与"利他主义"的选择,"我在"与"他在"的选择才有可能。就"我在"与"你在"而言,就"性别"而言,自身性也是中性的。"性别"并不属于自身性结构,这种自身性既不能规定为人的存在,规定为你、我、意识或无意识的主体,规定为男人和女人。像海德格尔一样,德里达故意强调 Geschlecht 的歧义性、模糊性，以便为不同解释留下空间。他们的意思很清楚，每个人并不是从一开始就被规定为文化意义上的男女。

自身性概念的引入使我与你的出现成为可能。人并不是一生下来就有性别意识的，性别在某种程度上是培养出来的，就像婴儿、幼儿并没有明确的性别意识一样。我们常用衣物或其他外在标志来慢慢区分男性与女性。对婴幼儿的态度也反映出人们将他们作为中性来对待的态度。这说明，无性或中性恰恰更原始，性别是分化的结果，对人来说是文化的结果，性别是社会化过程的一个方面。如果这种中性化包含在此在的存在论分析中，这并不意味着人作为"此在"是孤独存在的个体。中性的出发点不会导致人的孤立化。但这种中性的确产生人的原始孤立性。哲学要分析的正是这种原始的孤立性，它也使性别主题突显出来，使性别中的二元分裂突显出来。分裂、分散、分化常常相互关联。"此在"在德里达看来就包含分散的内在可能性（海德格尔用过的一些德文词，如 Zerstrenung、Zerstreutheit、Zerstorung、Zersplitterung、Zerspaltung 已隐含着这种观念，它们都有"分"的意思）。在德里达看来，Zer 前缀像法文的 dis 一样既可在中性意义上理解，也可在否定意义上理解（deconsttuction 中的 de 也可作如是观）。此处所说的分散、分化、分裂的内在可能性，既是就身体性（Leiblichkeit）而言的，也是就性别而言的。所有身体都是有性别的，没有身体性也就不存在"此在"。分散的多样性首先不取决于自体本身的性别。正是身体性从根源处使"此在"处于分散状态，并由此处于性别之中。这很可能意味着"此在"应当先天地成为有性别并受性别影响的身体。

分开、分离、分化、分散、脱节的确是一个生物学的事实，但这种事实被我们的文化过分地强化为二元对立。身心的对立、男女的对立遵循同样的逻辑。它们是多样性、分散性的简单化。德里达对"性别"的解构力图再现这样的过程并使性别获得更广泛的意义，获得超出二元对立的意义。也就是说，他所说的性别不仅指男女两性，它还包括中性。总之，它有多重的意义。为此，德里达说此在的原始结构正是通过身体，通过性别而影响自身。由于此在有身体，它也便被分离、分散和分裂,并由此趋于确定的性别。德里达效仿海德格尔将多样性(diversité)与多样化(multilication)区分开来。他觉得要避免再现一种庞大的本原性的存在,这种存在的单纯性分化为几种单一性。此在的身体本身正是通过多样化而再现一种"组织的因素"。但"这里的多样性并非规定性的单纯的形式上的多元性。它属于存在本身"。按形而上的中性概念,"一种原始的撒播已属于一般此在的存在"。德里达将海德格尔用的 ursprungliches Strenung 翻译为 dissémimation(即撒播),将 Zerstrenung 译为 dispersion(即分散),以示其细微区别。他认为 Zerstrenung 是 Strenung 的内在规定性。后面这个词只出现过一次。随后,海德格尔常用的词是 Zerstrenung。

德里达花了很多篇幅反复说明传统的性别概念过于狭隘并试图表明它如何与逻各斯中心主义的思维方式密切相关。德里达认为,性别是可以从多种意义上去理解的,我们应从"共在"出发,从分散性的状态出发才能解释性别。就人而言,身体本身是按性别来划分的。但性别的结合以"此在"本身因而也以共在(Mitsein)的分散性为形而上学前提。共在之"共"(mit)是作为"此在"的我们的特点。

德里达问,性别是从此在的原始结构、从中性中派生的吗?心理学、人类学、生物学等等都是以此在的生存论分析为前提的。生命的存在方式本质上只有通过此在才能认识。生命的生存论要求一种否定性解释,而不仅仅是肯定性解释。肯定性解释意味着把此在仅仅看做此一存在,否定性解释则强调,此在不仅是自身,而且超出自身,它在肯定自身时已经先天地承认异质性因素。有生命的存在不仅仅是生命,它是"同化",同时也是"异化",它既不是此物也不是彼物,它隐含彼物与此物,是可由此物生发的彼物。海德格尔虽未制定这种生命存在论,但他的理论逻辑使我们不难得出这样的观念。

意识到这一点在德里达看来是理解存在及其解释的历史的必要步骤,对存在的前解释与此相关。任何否定意义在存在论上与"中性"无关,尤其与此在的先验分散无关。德里达反对传统形而上学的各种二元对立的观念,也反对将对立双方等级化。他关心的是分散、差异、异质的各种情形，当然，他在政治和社会观念上不断为边缘人群、为弱势人群呐喊。"分散标志着此在的最一般结构"①。作为此在的人总是分散的。德里达说海德格尔列出了这种此在的存在方式及其不可还原的多样性。分散性体现了此在的非本真的自身性。分散性体现了人自身的自身性（自性），体现了与本真的自身性相区别的那种"人们"的非本真的自身性。作为"人们"（常人），此在是分散的。

　　德里达在讨论 Geschlecht 时，将它加上了引号，以此表示它既指名称又指名称表示的东西。将它们分开和翻译都不慎重。"分散"既是作为此在的一般结构，又是作为非本真的方式。对"中性"也可作如是观。"人们"、"常人"就是用"中性"的形式对人进行的描述。要了解人们怎样给性别命名、何时命名，我们就应了解此在的一般结构。在人类事务中，许多事物、事情是按性别分类的，社会分工及由此衍生的社会秩序，社会组织，社会经济生活方式，话语结构都直接或间接地涉及性别。话语的性别含义非常丰富，在历史上经过各种扭曲、夸大、强化，而现在人们所要求的是弱化这种差异。海德格尔实际上否定性别的二元对立，对"中性化"的讨论就是明证。德里达的基本旨趣和内在精神同样是要求淡化性别，反对二元对立的男女观。他强调的是分散和多元化。他关心的是，如何对待男女之间存在的差别，如何减弱因二元化而凸显的两性对立。

二

　　德里达对女性的看法不但通过对海德格尔的解读表现出来，而且通过对尼采的解读甚至可以说主要通过对尼采的解读表现出来。《马刺：尼采的风格》似乎涉及的是风格问题，实质上却是以女人为主题的。如果说德里达是通过解读海德格尔而将他未曾言明的有关女性的观念发掘出来、揭示出来或者说让它们自我暴露出来，那么，他试图

---

① J. Derrida, *Heidegger et la Question*. Paris：Flammarion，1990，p.170.

通过解读尼采质疑西方传统的女性观以及与此相关的思维逻辑,这套逻辑支配着西方几千年的文化传统,特别是基督教文化传统。在这种传统中,"女人"成了一种寓言、一种幻象、一种面纱。她代表着生命、掩饰、诱惑、羞怯、谎言与距离以及它们的共谋关系。所以,"女人"这个词里包含无限丰富的寓意,德里达试图将这些寓意统统展示给我们,让我们自醒与自省。与此同时,他也顺便解构那种男性中心主义并以心理分析的方式揭示了不同男性象征背后的分散的意义,因而也揭示了男性主义所遵循的逻辑与模式。海德格尔极少谈论性别,谈论女人,尼采则在许多著作中(如,《瞧,这个人》,《快乐的科学》,《超越善恶》)中大谈"女人"——经过他本人抽象化的"女人"。海德格尔之所以极少谈论女性是因为他觉得女性、男性、性别这类概念仍然是传统形而上学概念的产物,"此在"的超越性结构中早已隐含性别结构。因此,女性问题、女性主义问题就像男性和男性主义问题一样不过是一个不需要谈论的次要问题。但德里达指出,海德格尔通过转引尼采的这段话已向我们暗示了女性问题的不可忽视性。"我们的美学是女性的美学,原因在于只有那些易为艺术所接受的特质规定着它们的'何为美'的经验。通观迄今为止的全部哲学,始终缺乏艺术家。"①

按德里达的解读,"女性史"承载着多重的风格,多重的历史,多重的意义,它就像伞的象征,是收拢与撑开的集合体。男人与女人本是一个有差异的人的整体。但历史(如果有"真实的"历史的话)给我们的表象与我们的现实经验有距离。伞的象征仿佛给我们一种雌雄同体的印象,它既有攻击性又受到威胁。传统的"女人"概念体现了各种各样的二元性,德里达试图消解这些二元性并让它具有开放性,以显示出无边无际的多维领域。献身/委身,给予/索取,接受/馈赠,毒药/解药,纯洁/玷污,掩盖/突显等等构成了传统"女人"概念的内涵。用德里达的话说:

---

① 德里达:《尼采的风格》,曹雷雨译,载汪民安主编:《新尼采主义》,桂林:广西师范大学出版社 2007 年版,第 61 页;J. Derrida, *Eperon: Les Styles de Nietschs*. Paris: Flammarion, 1978, p. 62。

女人是双重的样板，她以矛盾的方式存在，人们既赞美她又谴责她。她以一种类似于写作的方式，稳妥安全地迫使代理人的论点屈从于一种水壶逻辑（la logique du chaudron）。她，这个真理的样板，施展其天赋的魅力。她的魅力统辖着教条主义，迷惑并击溃了那些男人、轻信者、哲学家。由于不相信真理，她在对无聊的真理表现兴趣时，依然是一个样板，不过这次是一个好样板。或毋宁说她既是一个好样板，又是一个坏样板：她玩弄掩饰、欺骗、诡计、机巧、艺术性的哲学。她成了一种肯定的力量。如果人们还在谴责她，那是因为从男人的观点看她抛弃了那种肯定力量并且恰恰在相信真理时撒谎，恰恰像镜子般反映了她所引发的愚蠢的教条主义。[①]

尼采具有女性气质，就像他同时也具有男性气质一样。多愁善感、矫饰、表演性、艺术性、寻求统治权，不管是以哪种形式出现，都被视为传统的女性气质的重要方面。在德里达眼里，尼采将梳妆打扮、将喜欢装饰看做女性的永恒气质，这既是对传统"女人"概念的内涵的现象描述，也是对这一概念充满矛盾的抗议。他从这种抗议中感受到了艺术的堕落，生命的堕落，而对自身形象的焦虑不安和歇斯底里是传统女性观堕落的必然后果。整部女性史是矛盾的历史，是赞赏"女人是如此充满艺术情调"的历史，也是指责她们自我欺骗、自我阉割的历史。尼采将女人、犹太人、艺术家相联系是试图表明，女性史即是那充满真实与虚假的矛盾的令人伤感的历史。

尼采承认自己了解"女人"并自认为可以就"女人"这一主题说几句真话。但他所谓的真话是什么呢？是对不变的"永恒女性"、"本质上的女性"的谴责。德里达同情这种谴责。这种谴责的核心内容是：要女人在教会事务中保持沉默，要女人在政治事务中保持沉默，要女

---

① 德里达：《尼采的风格》，曹雷雨译，载汪民安主编：《新尼采主义》，桂林：广西师范大学出版社 2007 年版，第 59 页；J. Derrida, *Eperon: Les Styles de Nietsche*. p.53，译文有改动，下面不一一注明。

人对女人的事保持沉默。

顺着尼采的思路,德里达试图表明这样一种观念:不存在并且不应存在单一的女性概念、固定不变的女性概念、一义性的女性概念。正像尼采的"真理"是多元的一样,"女人"的意义也是多元的,发散的。德里达要极力反对的也正是那种具有固定意义的女人概念。在他看来,不存在什么本来意义上的女人概念,也不存在女人的本质或性别这样的东西。他说尼采之所以要把女人与各种各样的风格联系在一起,就是要彰显女人的缺损。如果说有"女人"这样的东西,这种东西也只是一种观念,一种象征,一种符号,这个符号代表了一个被阉割了的时代,"女人"是被阉割了的"男人"。"真理并非总是女人,女人也并非总是真理"①,"女人"的真理即是非真理。实际上,当我们说男人的一半是女人时,我们也在说女人的一半是男人。但这种一半对一半的思维仍然是肤浅的。"女人"是多样的,异质的,一个女人与另一个女人的差异甚至可以大于一个男人与一个女人的差异。这只能说明传统的"女人"概念的确是大成问题的。因此,德里达说,"根本就没有女人这种东西,没有本质上的女人之本质上的真理,至少尼采是这么说的"②。

德里达一贯为本源性的差异辩护,为异质性辩护。他在社会政治领域反对简单的二元对立,反对在一系列的二元对立中人为设置一方对另一方的支配地位,反对将多样性的东西粗暴地归结为等级制的僵硬对立。他认为,正是这种对立造成了控制、占有、挪用和奴役。因此,德里达在性别、"女人"等问题上非常重视尼采的分析,尤其重视他对"永恒的两性战争"、"两性之间的深仇大恨"、"爱"与"性欲"的分析。尼采指责"永恒女性"概念并且反对女性主义,对此,德里达抱有深深的同情并且从他一贯坚持的"分延"或"延异"的观点出发既反对"男性主义"也反对"女性主义",因为在他看来,女性主义虽然在现实中有值

---

① 德里达:《尼采的风格》,曹雷雨译,载汪民安主编:《新尼采主义》,桂林:广西师范大学出版社 2007 年版,第 65 页;J. Derrida, *Eperon: Les Styles de Nietsche*. p.70。

② 德里达:《尼采的风格》,曹雷雨译,载汪民安主编:《新尼采主义》,桂林:广西师范大学出版社 2007 年版,第 70 页;J. Derrida, *Eperon: Les Styles de Nietsche*. p.82。

得同情的方面,但其理论出发点和实际后果仍然落入了男性主义的圈套。它要么中了男性主义的毒,要么是改头换面的男性主义或颠倒了的男性主义。所以,我们可以看到,女性主义,如果从启蒙时代算起的话,已经存在了两个多世纪,但其思维方式仍然遵循尼采批评的基督教式的方式。表面上看,它要"解放女人","开发女人",实质上,它是按取悦男人的模式,按男人的意象和隐蔽的要求来"开发女人"。女人的自我开发变成了它的对立面。"事实上,那些遭到尼采嘲弄的女性主义的女人也是男人。女性主义不过是这样的活动,女人渴望通过它变得像男人,像武断的哲学家。她要求获得真理、科学和客观性,即,以所有的阳刚妄想来追求与之联系的阉割效果。女性主义也在图谋阉割——阉割女人。风格一去不复返了。"①

　　女性主义者模仿男人的追求,模仿男人做事的方式,模仿男人去启蒙,去谈论科学与真理。她不再有自己的风格,当她舍弃自身的风格而去按男人的形象塑造自身时,她也便宣告了"女人"的死亡。女性主义者要让自己变得满身都是肌肉,要做男人想做和实际上已做过的一切事情。她让自己变成什么也不生产、什么也不创造的平庸而科学的动物。她不想生育,因为那太痛苦,太麻烦;她不要家庭,因为家庭被认为是囚笼;她只想快乐而不想承担责任,因为责任影响快乐;她把性变成一个随意对待的事件;她通过挑起两性的战争来抬高自己的声望并将越来越多的人卷入永无休止的对立中;她通过激起欲望来耗费自己、掏空自己;她也通过这种掏空来耗尽生殖能力和自然的生命,结果不愿生育者也相应成了畸形者和不能生育者。在这里,"她变成女人"与"她变成基督徒式的女人"遵循相同的逻辑并获得相同的后果。女性主义者甚至做了基督教想做而没有做到的事情,扼杀激情并进而扼杀生命。当然,这里需要说明的是,此处所说的女性主义是指极端的女性主义。那种极端的女性主义并没有改变传统的女性观,它只是颠倒了一下传统的女性观。但颠倒了的东西还是那个东西,就像颠倒

———————

①　J. Derrida, *Eperon*：*Les Styles de Nietsche*. p. 50.

的地球仍是地球。传统的女性观与极端的女性观不是把男人与女人看做相生相成与和谐共存的关系,而是看做二元对立,一方支配另一方的关系。在这种对立的女性观中,"女人"的形象基本上是固定的,女人的形象即便多种多样,但其变化遵循相同的早已确定的模式。"有时,女人就是女人,因为她给予,因为她献出自己,而男人则进行索取、占有,确确实实地占有。有时,女人明给暗弃,虚晃一枪,并由此保持牢牢的控制。……自此,两性对立的一切符号都改变了。男女双方互换了位置。他们永不休止地互换面具"①。在德里达看来,无论是男性主义还是女性主义,都不能解决男女之间或明或暗的战争,它们的思维模式决定了它们的命运,决定了它们现有的存在方式以及它们的理想,因为它们不仅坚持两极对立,而且把局部问题看做全局问题。给予与索取的对立,占有与被占有的对立不过是由此衍生的对立而已。"女人"问题就源于这种对立。

通过解读尼采所说的谜一样的警句——"她变成了女人",德里达看到的是这样一番景象:尼采把"她变成了女人"看做女人的理念,把"变成女人"看做"理念的体现",然而,他恰恰指斥的是传统的女性观,这种女性观的根子在"柏拉图"那里,它暗含阉割的意念。"我试图表明,在'她变成了女人……基督徒式的女人'中被强调的部分意味着'她阉割了自己',她进行阉割是因为她被阉割,她在括号的时代中进行阉割,她杜撰了自己所遭受的阉割以便在远处控制主人并且激起欲望,同时,这与毁灭欲望是'同一回事'"②。德里达对"性别"、"女人"、"女性主义"的解构常常涉及"阉割"、"阳具中心主义"、"距离"等主题。"阉割"与"根除"、"切除"相联系,也与敌视激情、敌视生命相联系。它代表基督教衍生的观念;它不讲如何升华激情,美化激情,圣化激情,而是要扼杀激情并相应地根除感性、占有欲、支配欲、复仇欲。从根本

---

① 德里达:《尼采的风格》,曹雷雨译,载汪民安主编:《新尼采主义》,桂林:广西师范大学出版社 2007 年版,第 73 页;J. Derrida, *Eperon: Les Styles de Nietsche*. p.90。
② 德里达:《尼采的风格》,曹雷雨译,载汪民安主编:《新尼采主义》,桂林:广西师范大学出版社 2007 年版,第 66 页;J. Derrida, *Eperon: Les Styles de Nietsche*. p.72。

上扼杀激情也就意味着从根本上扼杀生命。在尼采眼里,教会的实践就是与生命为敌。德里达接着尼采指出,"教会的实践敌视生命,因此它也敌视自身就是生命的女人。阉割不仅是两性对付自己和对方的行动,也是女人反对女人的行动"①。

阉割的意象和方式是复杂的。德里达说自己之所以不断提到"阉割"这个词倒不是刻意将它与尼采的文本相联系,而是要从充实与空隙、凸出与凹口开始回到某种海德格尔式的全景,这意味着从更全面、更本源的观点去看待"阉割",看待其中所蕴涵的有关性与女性、快乐与压抑、天然与人为、羞怯与嘲弄的原始对立。海德格尔式的超越可以消解这种对立。如果从存在论的观点看,"阉割"的问题就像其中隐含着的男女的敌意问题一样只是派生的、次要的问题。如果从"男人"或"女人"的立场看,"阉割"的问题则属于"一段错误的历史",当然也属于所谓的"真理"的历史,属于人为制造的"仇恨"的历史。"阉割"与崇拜只有一步之遥,或者说,它们本身就是相通的。

然而,德里达像尼采一样很重视"阉割"的更深层的意义,这些意义难以穷尽,但预示着女性主义与反女性主义的对立。德里达在《尼采的风格》中所描述的尼采代表了三位一体的形象:畏惧那个被阉割的女人的男人,畏惧那个阉割着的女人的男人,爱这个阳性的女人的男人。这个"男人"是矛盾的集合体,他以真理、阳具和形而上学的名义指责女人;他将女人置于男性中心主义的空间中进行指责和改造,并将她作为力量与生命的象征,结果,女人被作为真理与非真理而接受双重的阉割。但是,他也让女人通过自身而肯定自身、确认自身,她被视为肯定力量和艺术家,被视为假男人。"只要女人还是女人,只要她从两个反作用的立场对男人做出回答,反女性主义就会谴责女人,而这样的反女性主义就会被推翻。"②

---

① 德里达:《尼采的风格》,曹雷雨译,载汪民安主编:《新尼采主义》,桂林:广西师范大学出版社 2007 年版,第 67 页;J. Derrida, *Eperon*: *Les Styles de Nietsche*. p. 75。
② 德里达:《尼采的风格》,曹雷雨译,载汪民安主编:《新尼采主义》,桂林:广西师范大学出版社 2007 年版,第 69 页;J. Derrida, *Eperon*: *Les Styles de Nietsche*. p. 79。

　　"阉割"不仅与真理相关,与面纱相关,与掩盖和敞开、凹陷与凸显有关,而且与距离有关。德里达说,如果说男人像风格,女人就像文本,"男人"在传统观念中一直被视为"女人"的灵魂,反过来说,"女人"包孕着"男人"。"女人"不相信真理,但她玩弄真理;"女人"不相信"阉割",但她玩弄"阉割",她以游戏的态度对待阉割。"女人"需要阉割的作用,因为没有它就不能引诱或泄欲。"阉割"旨在抹平"男人"与"女人"的差异,但是它仍然暗示着男性主义的统治以及阳具中心主义的思维,德里达时常提到"处女膜"。他力图从中解读出男性主义或女性主义的共同困惑,即"处女膜"包含着两性的迷思,也代表一种令人迷惘的图式——"一旦有处女膜,就会有损失"①。更重要的是,德里达认为,它先验地产生阉割的幻象,用他本人的话讲,医学上的处女膜"无须分解便将阉割的作用铭刻于自身"②。德里达之所以关注这个似乎在不少人看来难以启齿的问题,是因为他力图从根源上揭示男性中心主义是如何发端的,女性主义为何仍然在阳具中心主义中打转,换言之,它为何仍然是以男性的思维为思维,以男性的意志为意志。所以,女性主义其实并没有解放自己。女人解放的真正方式恰恰在于超越男女的二元对立,放弃一方对另一方的统治。只有从更多元的人类立场出发,从人类的个体差异出发,才能防止用虚假的观念代替真实的生活,主宰真实的生活,引领真实的生活。

　　与"阉割"相关的主题是"距离"。尼采很重视这种"距离",德里达更加重视这种"距离"。"女人"与"距离"同在。因为有"距离",才有"女人"。"距离"标志着隐与显,在场与不在场,也暗示着进与退,凹陷与凸出。尼采笔下的"女人"是生命,是"男人的女主宰",是梦的精神与力量,是通过顺从而赢得胜利的象征,是怀疑与掩饰的代表,是真理之谎言的一个名称。女人的魅力和最强大的影响在于从远处发生作

---

①　德里达:《尼采的风格》,曹雷雨译,载汪民安主编:《新尼采主义》,桂林:广西师范大学出版社 2007 年版,第 69 页;J. Derrida, *Eperon: Les Styles de Nitsche*. p. 82。

②　德里达:《尼采的风格》,曹雷雨译,载汪民安主编:《新尼采主义》,桂林:广西师范大学出版社 2007 年版,第 69 页,J. Derrida, *Eperon: Les Styles de Nietsche*. p. 80。

用,距离是她的第一要素。因此,德里达说,女人在远处施展魅力。距离正是女人魅力的要素。人们必须小心与她蛊惑人的歌声保持距离,距离既是防御女人魅力的方式,也是屈从于这种魅力的方式,因为当一个人时时意识到要保持距离时,"距离"已经支配着他,俘虏了他。"需要距离","必须保持距离"成了人们的无声命令。然而,当你与"女人"保持距离时,那个在远处发生影响的"女人"也就成了想象中的"女人"。在这种情况下,一切好的与坏的东西都可能归于"女人"的名下。这样一来,"女人"便成了一个不可确定的身份,甚至是个幻影。尼采的"女人"就是这样的幻影,她不相信真理,也不曾拥有过真理;她不相信她之所是,也不相信她之所不是,更不相信她被认为之所是。她在自恋中自欺,在"无我"中找"我"。

德里达以他惯用的方式打开他所要解读的尼采的文本,让它敞开自身,暴露它的多种可能性,显示它的各种可能的意义。他对尼采笔下的"女人"的解读就是如此。他通过这种解读表明传统的"女人"概念和有关"女人"的真理显得矛盾和虚妄,但他本人并没有给我们提供太多建设性的东西,因为他觉得这并非他的任务,并非他的解构策略的运用所要达到的目标。然而,他对传统"女人"概念的解构仍然使我们有必要重视他的下述结论:

> 根本就没有女人的本质这类东西,因为女人逃避了,她逃避了自身。由于从根本上遭到无穷无尽的扭曲,她耗尽了所有的本质性、身份和特性。哲学话语因在此受蒙蔽而沉没了——被投入深渊而彻底毁灭。
>
> 根本就没有关于女人的真理这样的东西。但这是由于真理的这种鸿沟,这种非真理而成了"真理"。女人乃是这种有关真理的非真理的一个名称。①

---

① 德里达:《尼采的风格》,曹雷雨译,载汪民安主编:《新尼采主义》,桂林:广西师范大学出版社 2007 年版。第 52 页;J. Derrida, *Eperon: Les Styles de, Nietsche.* pp. 38—39。

从这段文字中我们可以明白无误地获得这样的信息：德里达否认"女人"的本质和"女人"的真理，因而也否认了传统的"女人"概念的合理性，因为它属于那个屡遭质疑的真理的体系，属于这种体系所依据的形而上学，该形而上学被认为处处有效，其本性在于，它给每一项设置对立面并且是一方支配另一方的对立面。现代女性主义不是从根源处超越这种对立，而是以一种对立代替另一种对立，因而只是以形而上学的方式设置改装了的对立，与男性主义设置的对立相比，它不过是头足倒置的对立。在这个对立中，一方要通过另一方起作用，因此，对立双方实际上形成了相互依存的共谋关系。一些女性主义者常常没有意识到这一点。

在当代法国哲学家中，许多人都有强烈的性别意识。萨特、梅洛·庞蒂、列维纳斯、德里达就属于这样的哲学家。与其他哲学家不同的是，德里达从根源处着眼来谈论女性与男性，谈论"性别"的观念如何与传统形而上学的思维方式有关。德里达的《赐死》(*Donner la mort*)一书以及题为《此时此刻我在这部作品中》的长文，也以不同的方式谈到女人，谈到性别。通过对列维纳斯的《总体性与无限性》的解读，通过对犹太教传统和基督教传统的女性形象的解释，德里达发现女性形象始终是派生的。比如，"儿子"是孩子的另一种叫法，而"孩子"每每被作为中性对待，他们(她们)的性别意识是逐步培养起来的。母亲常常带男孩上女厕所就很能说明问题。德里达要追问的是，为什么"女儿"没有像"儿子"一样成为"孩子"的代名词？为什么"儿子"比"女儿"优先地作为"孩子"的代名词？为什么"男人"(man)又可作为一般的"人"(既包括男人又包括女人)的总称，而"女人"(woman)却没有这种权利？为什么"儿子"、"男人"预先就被认为更好地体现这种无差别境界？那种一开始没有被标记的无差别境界(男女不分)之所以被以"男人"来统称，显然与存在论或本体论思维有关，与宗教传统有关。比如，在犹太教传统中，女性始终是一种附属。女人被视为男人的"肉中之肉"和"骨中之骨"。在希伯来语中，女人被称为 Ichah，而这个词的词根恰恰是 iche，该词根是什么意思呢？是指"男人"。由此可见,在希伯来人的传统中,"男人"是处于根源地位的。男女在本质上的同一性是由男人在逻辑上和时间上的优先地位决定的。他们在社会上的地位及其尊严无不与这种原始的观念相关。《圣经》上的亚当与夏娃的形象也很能说明问题。女人不过是用男人的一根肋骨造出来的。用列维纳斯的话说,"这一真理仍然维持着男性的优先地位;男人依然是人类的原型,是他决定了末日论。而在救世主弥赛亚时代,男性与女性的差异就被抹掉了"(转引自德里达《此时此刻我就在这部作品中》)。[①]

在德里达看来,列维纳斯已经向我们指出还有待从理论上说明的观点,即,从人的本质出发反倒能将女性存在的意义显示出来,但男性已先行地成了人类的代表和标志者,女人的特性成了第二性的东西。女人仿佛是迟到的存在物。男人与女人的平等是无法从这种逻辑中获得说明的,因为这种逻辑已预设了男人的优先性地位。性差异(性别)一出现就已宣告了女人的附属性。当我们用 man 来标志人时,我们还无法确知那个人是男是女,但一旦我们用 woman 表示那个人时,那个人的性别便显示出来了。这说明确认性别的第二性地位也显示了女人的第二性地位。德里达明确指出,"前差异的原始地位是由男性来标记的,但男性也应该像其他一切性别标记一样,仅仅是后来获得的"[②]。所以,德里达说传统社会的女性观遵循的逻辑是一种奇特的逻辑。以女性代替男性,抹平男人与女人的差异或将女性视为高于男性的存在都无法改变那种奇特的逻辑。要真正确立女人的女人性,重要的不是抹去性别,而是要看到性别本身的派生性。男人与女人具有两性差异,承认一方也就等于承认了另一方。相对于彼此而言,男人与女人都是完整的"他人"。他们(她们)的出现基于潜在的同源性关系,他(她)们互为相关物,但是相依相承的相关物,是体现出原始相异

---

① J. Derrida,"At this Very Moment in This Work Here I am",in: *Re-reading Levinas*. ed. by Robert Bernascon and Simon Critchley,胡继华译,载夏可君编:《解构与思想的未来》,长春:吉林人民出版社 2006 年版,第 386—423 页。

② 同上书,第 386—423 页。

性的相关物。因此。用女人的优先性去反对男人或以男人的优先性去反对女人都是不恰当的。为了扭转男女的非对称关系，德里达熟练地使用了现象学的技巧，以现象学的"移情"态度，以"将心比心"的态度去看待女性的第二性地位。从根本上讲，德里达对传统女性观的解构既不是为男性主义辩护，也不是为女性主义辩护。他是以一种更超然的立场去看待"男人与女人"的隐性战争，因为他敏感地看到了这种战争的危险，看到了这种既不利于男人也不利于女人的战争将会导致人的扭曲、退化乃至衰亡。所以，德里达对男性主义与女性主义采取各打五十大板的态度，尽管他对女性主义抱有更多的同情。男人与女人，讲到底，体现了同一与他者的关系。他们（她们）的彼此确认也就是自我确认。雌雄同体的时代或制造两性战争的时代是一个人不再是完整的人的时代，是一个强暴的时代，是一个屈服与无情交替出现的时代，因而也是一个无责任的、无情无义的时代。德里达之所以对性别平等的提法保持谨慎的态度，就是因为他担心一些人会在这种抽象的平等下面制造太多的不平等，或强行消灭性别差异。性别的平等是不可能从无差异中产生的，社会公正并非无差异地对待一切东西。无论是将男人作为附庸还是将女人作为附庸，都是用一种抽象的"男人"概念和抽象的"女人"概念抹杀具体的差异。男人与女人的和解离不开对两性差异的尊重，这种尊重非但不会取消公正，相反会是公正得以存在的前提和条件，同时也是让公正的理念变得有吸引力的秘密所在。

第八章　正义的可能性

在论述法律问题的一章里，我们将讨论法律与正义的区分问题。在此，我要事先说明的是，按德里达的看法，正义不等于法律，正义外在于并且高于法律。法律可以解构，正义却不可解构，但这并不意味着我们无法对正义的性质，对正义存在的条件，对正义与我们的伦理生活以及整个社会生活的关系进行一番描述。在德里达的思想历程中，正义一直是一个实践问题并且是一个包含无限经验的实践问题，否则正义就是非常苍白的概念。在个人生活中，德里达就表现了一个正直的知识分子的良知并在许多重大问题上显示了自己的正义感。他不仅是理论家，而且是一个战士，一个正义的实践者。比如，作为白人，他并没有为白人在非洲的残暴统治进行辩护，相反，他对南非的种族隔离政策进行了严厉的批评。他不断声援南非反种族隔离运动的著名黑人领袖曼德拉，为此，他还专门写过一本书献给曼德拉，书名就叫《反思的法律：献给曼德拉的赞辞》。当南非共产党总书记及黑人解放运动领袖哈尼遭到白人种族主义者瓦鲁斯和刘易斯的谋杀后，他深感震惊和愤怒并举办了一系列讲座来纪念这位为争取黑人解放而献身的南非共产党人。后来得以出版的《马克思的幽灵们》就是那个系列讲演的结集。

又如，当不少人以文明的名义为法国对阿尔及利亚的统治辩护时，德里达像利奥塔、伽达里等哲学家一样为阿尔及利亚的民族解放与国家独立摇旗呐喊。他后来还写过专文《站在阿尔及利亚一边》①，

---

① J. Derrida,"Taking a Stand for Algeria",in: *Acts of Religion*, ed. by Cil Anidjar, New York and London: Routledge. 2002. pp. 301—308.

对阿尔及利亚的和平与民族和解表示强烈的关注。他承认要将情感、思想与政治表态分割开来是不可能的,但他试图站在尽可能公正的立场来看待阿尔及利亚所发生的一切。他反对那里发生的谋杀、绑架、压迫、拷打以及其他种种恐怖主义行径,呼吁人们支持一切旨在促进阿尔及利亚的国内和平和经济发展的努力。

在理论上,德里达非常推崇那些张扬道义感的思想体系,因为正义具有强大的力量,它不仅维系人们的良知,而且维系一个社会的存在。尽管人们对正义可能有不同认识并且这些认识与不同的时代条件相关联,但很少有人不害怕正义的威严面孔,也很少有人能自绝于以正义为核心的道德体系。即使他不承认这种体系,他也要受到这种体系的影响。从某种意义上讲,健全的国家生活,甚至健全的精神生活有赖于对正义的坚定信念。正义的性质、正义的伦理意蕴和政治意蕴以及它与法律、强力的复杂关系也为人们思考正义提供了广阔视野与历史维度。

一

自古希腊哲学家苏格拉底以来,"何为正义"一直是一个哲学家们争论不休的问题。当人们自以为找到正义的定义时,正义仿佛又陷入无法把握的状态。苏格拉底虽然述而不作,但他反复追问这个问题,德里达通过追溯哲学传统,对希腊哲学的正义概念进行了重新解释。希腊人将"正义"称为 dike,将"非正义"称为 adike,海德格尔曾对此做过精细的分析。但德里达认为海德格尔的解释过于武断,并且没有重视正义与非正义因自身的固有差异而进行的相互过渡。对德里达来说,知道正义并不等于正义,拥有最多的有关正义的知识仍然无法证明你拥有了正义的美德。所以,靠下定义,靠推理和判断对正义的实现没有多少帮助。

正义也不是一个固定不变的标准和尺度,如果把正义视为标准和尺度,或以为正义就等于合乎某种行为规范,那么,正义也就太容易实现了。比如,你知道你闯红灯不对,但你无法说你合乎正义。德里达甚至说,没有人有胆量和理由说"我是正义的"。由于正义无法用数量关系来描述(比如说,描述你的行为离正义有多远或做完了哪些事情才够资格被称为正义),正义是与计算无关的。越计算得正确的事情越不等于正义。可以计算的事情或行动可以被带到正义的"法庭"面前,但正义不能还原为可以计算的东西,把正义还原为可以计算的东西实际上是对正义的降格或贬损。比如,将正义归结为赏罚或将它等同于法律就是如此,因为后者是可以计算的。正义的不可计算性要求我们不能以善恶之多寡来衡量正义。只有用不可计算的东西来评价它才是以正义的方式来对待正义。但是,正义作为不可计算的东西要求我们计算。计算什么呢? 计算我们通过正义观念而联想到的东西。

正义就像一个无限延伸的宏大背景,在这个背景下并且依赖这个背景我们反倒能看出其他东西有没有道德价值,有什么道德价值。比如说,正义要求我们公正地对待每个人,我们不应有民族歧视、文化歧视、性别歧视、种族歧视。如果在一个国家白人可以事事优先而黑人不仅得不到他应得的东西,而且要遭受奴役,甚至成了一种公开的法律规定,我们会毫不犹豫地说这是不正义的。在这种情况下,我们显然应当计算并且不得不计算。更不用说程序正义和分配正义了,因为它们更加要求我们进行计算。德里达很少直接谈论程序正义和分配正义,他只在少数地方用过"分配正义"这类概念。但是,他不直接谈论这类问题并不意味着它们在他的理论中并不重要。在他看来,如果不首先描述正义的性质,谈论"分配正义"没有多大意义,因为后者属于另一个层次并且需要不断解释,不断确定它们的领域与正义之间的关系,但这意味着要在可计算的东西与不可计算的东西之间进行协调。这一过程与政治化过程颇为相似。正义不会过时就像古典解放理想不会过时。古典解放理想的政治化过程要求我们以开放的态度去对待它。人权宣言、废除奴隶制、妇女解放运动、殖民统治的终结,等等,这些各不相同的事件是可以计算的,但那个解放理想没法计算。那些可以计算的事件回应了不可计算的东西的要求,这种要求预悬在我们之前,吸引着我们,也驱迫着我们,这种要求是不能完全达到的,它是无止境的。

由此,德里达进而讨论了正义的另一个维度,即正义的"将临性"。这里所说的"将临性"(à venir)应该与弥赛亚性联系起来理解。德里达指出,他所说的"将临性"不是指时间上的将来(futur)。正义当然有时间上的未来,但它仿佛是处在未来向现在召唤,所以它不是现在的不断复制的那种未来(future),不是作为过去和现在的连续和延伸的未来。德里达在许多地方都把"将临"与"未来"严格地区分开来,无论是在《马克思的幽灵们》中,还是在《法律的力量》中,抑或是在《无赖》中,我们都可以看到这种区分。为彰显两者的区别,他用 à venir 这种动态结构(相当于英文中的 to come)来描述"将临",用 futur 表示人们通常所说的那种时间意义上的"未来"。这里的"将临"要理解为"将要到来"和"一定会到来"的统一。其中隐含着"保证",隐含着"许诺",也隐含着希望与期待。至于这个保证、这个许诺能否实现那是另外一个问题,因为"保证"和"许诺"能否实现取决于各种条件,尤其取决于道德、政治和法律主体如何确定自身的行为与正义的关系。

我们之所以说要将正义的将临性与弥赛亚性联系起来理解,是因为它们呈现出相似的结构,参照弥赛亚性可以更好地理解正义的将临性。众所周知,弥赛亚性是从"弥赛亚"这个词引申而来,"弥赛亚"在基督教中是指"救世主耶稣",在犹太教中是犹太人盼望的复国救主,推而广之可以泛指一切救星和解放者。弥赛亚性在德里达那里是指人们对救主的那种永恒的期盼以及宗教允诺,它不确定,但有着神奇的魅力与神圣性;它不在场,但仿佛时时在暗中眷顾着我们,向我们保证着什么。不管那个被保证的东西是什么,不管它是否是乌托邦,我们终归是有希望、有盼头、有安慰、有希冀的存在者。因为它,我们心中有底气,有底蕴,有踏实感;因为它,我们获得了内心的安宁、旷达与喜乐。用哲学的语言讲,它代表最高的超越性,代表不确定性中的确定性,代表在我们之前先行地召唤我们,引领我们,鞭策我们做出回应的东西。"正义"就显示出这种性质。德里达在《法律的力量》中指出:

正因如此，它（指正义——引者）也许有未来（avenir），确切地说，它有"将来"（a-venir），人们必须把这个"将来"与"未来"（future）严格地区分开来。未来失去了开放性，失去了他者（未者）的来临，而没有他者的来临，就没有正义；未来始终可以再造现在，它宣布自身是以现在的变种的形式而呈现出来的未来，或将自身显现为这样的未来。正义尚待到来，它必定会到来，它就是将来，它展现了不可还原地到来的事件的维度。它始终会有将来，有这种将来，并且始终会有将来。就它不仅是一个法律概念或政治概念而言，也许因为这一点，正义面向将来开始了对法律和政治的改造、重塑或再建。

"也许"——我们必须始终向正义说"也许"。正义有将来。除非某个事件是可能的，否则就没有正义，而这个事件之为事件超越了计算、规则、程序、期待，等等。作为绝对相异性的经验，正义是不可呈现的，但它是事件的机遇，也是历史的条件。①

从上面这段话中，我们可以看出，在德里达看来，正义是不在场的东西，但又是具备强大力量的东西，它是要用"也许"来描述的不确定的东西，但又是需要落实于具体事件的东西。它的将临性决定它是开放的。法律和政治既因为正义而得以改造和重建，也因为正义而得以不断完善。历史要以它为条件，也以它为牵引力。但是，德里达基于历史与现实特别关注正义与强力之间的关系，这种关系自古希腊以来就一直令思想家们感到困惑。德里达通过解读帕斯卡和蒙田的话进一步突出了正义与强力的本质关联。在讨论德里达的法律思想时，我们要集中讨论这一点。这里我们不仅应从法律的角度看待这个问题，而且要从超越法律和一般规则的层面去看待这个问题。

究竟是强力先于正义，还是正义先于强力？这是许多人提出的问

---

① J. Derrida, "Force of Law", tr. by Mary Quazntance, in: J. Derrida, *Acts of Religion*, ed. by Gil Anidjar, New York and London: Routeledge, 2002, pp. 230—298, 中文载德里达：《友爱的政治学》附录部分，胡继华译，第411—489页。

题。对德里达而言,这种提问方式本身就是值得警惕的,它仍是传统

题。对德里达而言,这种提问方式本身就是值得警惕的,它仍是传统形而上学的思维方式,确切些说仍是逻各斯中心主义的思维方式的残余,因为这种思维方式预设了各种二元对立,并且认为对立的一方总是先于另一方,压倒另一方,支配另一方。正义与强力并不是机械对立的关系。在德里达看来,正义如果一开始不求助于强力(比如,法律和其他抑制力),正义就无法合法地成为正义。强力从一开始就会存在,它本身无所谓好坏,就像一把刀无所谓好坏一样,关键看它用于什么目的,或者说,看它与使用者,与适用对象处于什么关系中。强力构成了生活的一部分,构成了生活环境的一部分。所以,不管你喜欢不喜欢,它都会在那儿存在。德里达特别欣赏英文中的一个习语"enforce law"(执法,使法律有强制力),认为用强力保证规则的有效性恰恰揭示了权威的神秘基础。德里达故意对"force"(力量)作了多重解释,以防止人们用一种固定不变的模式去理解它。而当人们不用一种固定的模式去理解 force 的时候,正义才会显示出自身的可能性,因为可能性意味着多种向度、多种选择、多种意指对象,而"强制力"或更一般意义上的"力"的多重使用恰恰是正义得以可能的条件。假如只有一种可能性,这种可能性就不再是可能性了,而是一种必然性和宿命。宿命让正义变得没有意义,让"强力"的使用变得没有意义。

所以,正义概念中原本就隐含了相异的力量,至少它假定了"强力"的使用的多重可能性。其他动物与人的重大差异就在于其他动物不能意识到"力"的多重意义,而人则深刻地了解并且有效地运用它们。他知道那看不见的正义恰恰通过运用和执行而产生效果。动物用看得见的东西来限制看得见的东西,亦即"以力制力",因而在动物那里无所谓暴力与非暴力。人则意识到那不出场的东西也有"力",并且能"制力",它可以显示在有力的东西对"力"的运用中。人从"力"中不仅看到"力"本身,而且看到"力"的意义,看到"力"之外的东西。这个力之外的东西就是无形的正义。所以,只有人区分正义与不正义。正如蒙田所言,没有任何东西本身是正义的,一切随着时间而转移。正义是相对于不正义而在。或者说,正义潜在地规定了正义与非正义

的差异且这种差异是原始的。在历史上变动的不是正义本身，而是正义与非正义的差异。正因如此，德里达说，正义永远与自身保持差异，它不与自身相同一。"正义也蕴涵着非聚合性、离散性、异质性与自身的非同一性、无尽的不完备性、无限的超越性。所以，对正义的召唤才永远、永远都不能完全得到回应。"①正是在这种意义上说，正义体现了一种无限的责任。

二

为了展现正义与强力的多重关系，德里达对帕斯卡的两段话进行了一番解构并将它们与蒙田的话作了比较，以表明他们的文本对正义的看法如何触及"权威的神秘基础"。后面这个术语就来源于蒙田，帕斯卡在《思想录》中作了引用（挪用），德里达进一步将它作为《法律的力量》的副标题。从这里，我们可以发现权威的神秘基础是如何通过正义与强力的关系一步步被揭示出来。按德里达的说法，帕斯卡的目的在于将正义与强力结合起来，使强力成为正义的本质，从而打消虚无主义、相对主义、怀疑主义或约定论对正义的力量的质疑。但帕斯卡还有一个重要目的，将世俗生活引向宗教生活，将理性引向信仰，因为帕斯卡认为败坏了的理性也败坏了为正义而存在的一切。但世俗的正义必须有神圣的正义提供保证，没有后者，前者什么也不是。德里达从帕斯卡那里发现了一种批判精神和重要的解释力。我们先看帕斯卡是怎样论述正义与强力的：

> 正义，强力。遵循正义的东西是正当的。遵循最强有力的东西是必要的（Il est juste que ce quiest juste soit suivi, il est necessaire que ce qui est leplus fort soit suivi），正义没有强力就无能为力；强力没有正义就暴虐专横。正义没有强力就遭人反

---

① "维拉诺瓦圆桌讨论"，载德里达：《解构与思想的未来》，夏可君编，默然、李勇毅译，长春：吉林人民出版社 2006 年版，第 39—63 页。

对,因为总是会有坏人的破坏。没有正义就要被人指控。因而,必须把正义与强力结合在一起并且为了这一点必须使正义的成为强力的,或使强力的成为正义的。

正义会有争论,强力好识别而又没有争论。这样,我们就不能赋予正义以强力,因为强力否定了正义并且说正义就是它自己。因而,我们既不能使正义的成为强有力的,于是我们就使强力的成为正义的了。①

德里达的讨论基本上是围绕这两段话进行的。问题在于,帕斯卡的第一段话是在描述正义与强力的关系应当是什么,第二段话是在描述正义与强力的关系实际上是什么。前者讲的是"应然",后者讲的是"实然"。"应然"让"实然"显出不足;"实然"让"应然"显出魅力。帕斯卡采用了他一贯使用的矛盾修辞法,以凸显强力与正义本不应对立,而现实的生活却使强力成了正义而不是使正义成为强力。

按德里达的解读,正义与强力表面上分裂了,但实际上有一个共同点,即"必须遵循"。正义的观念先天地蕴涵"必须遵循",否则不成其为正义;而强力之为强力就在于它本身就是不容争辩的命令。德里达强调,正义不运用强力就不成其为正义,正义就无法实现,同样,一种无强力的正义也不是正义。但是,我们实际上不得不面对我们中国人常说的"王道"与"霸道"的对立。王道尚义不尚力,霸道尚力不尚义。"王道"是以义制力,霸道是以力取义。王道兴则霸道抑,霸道行则王道损。但在德里达的词典里,我们甚至应超越这种此消彼长式的思维。他所推崇的仍是帕斯卡所说的那种至善的和平,这种和平是通过将强力正义化而实现的。正义如果不停留于观念领域(观念领域里的东西都是看不见的),它就要找到实现自身的手段,这个手段就是强力。从这种意义上说,正义能通过强力变为强力。当正义起作用的时候就已经是强力了。但我们不能由此得出,正义天然能变成强力,也

---

① B. Pascal, *Pensées et opouscules*, coordonné par L. Brunschvicg, Paris: Hachette, 1961, frag, 298. 中文本,何兆武译,北京:商务印书馆 1986 年版,第 140—141 页。

不能得出强力就一定能被正义化。有些强力的确想借正义变为正当化的东西,并由此变得更有强力。其秘密在于,正义具有解释力和召唤力。因此,正义是一种凝聚的力量。正义只有对有能力理解它、解释它的主体才会发挥这种作用,也只有对明白它的语言的人才会发挥这种作用。正义用自身的语言讲"必须",强力也在讲"必须",但这是两种意义上的"必须"。前一种"必须"是通过理解它的人才成为"必须",这就是道义的力量。后一种,"必须"是用外在的强制说话,凡用强制的方式行事者都能明白强制是什么,所以,强制的范围比"正义"起作用的范围要大得多。总体上讲,虽然德里达提醒我们正义不同于强力,但两者呈现出多重的关系。正义不是也不应当是服务于先于它、外在于它的各种政治经济和意识形态权力的工具。将正义视为工具是对正义的贬损和降格。把法律等同于正义就犯了这种错误。实质上,正如德里达所说:"法律不是作为法律的正义。我们服从法律,不是因为它们是正义的,而是因为它们具有权威。"①

　　然而,这并不意味着我们可以放弃对法律的改进。在一定意义上正义也是改进法律的运动,正义是需要实践和贯彻的,其表现形式自然多种多样,军事的、法律的、习俗的、行政的手段都可能为正义的贯彻服务。其共同点不仅是"知",而且是"行",我们常说"伸张正义"、"匡扶正义"、"蹈义而行"等等,都突出一个"做"字,法国人说"justice est faite"(做正义之事)或"render la justice"(审判,字面上有履行正义或伸张正义之意)或 appliquer la justice(主持公道,字面上指运用正义或实践正义)同样如此。不过这里所说的"做"不是瞎做,而是要秉持正义的精神做。就像民主如果只是一些仪式般的程序或者象征性的东西,而没有民主精神贯穿其中就会变质,就会成为没有生气的摆设一样,正义是与正义精神分不开的,将强力正义化就是要将正义精神渗透到强力的运用中,让它成为强力的定向者和内在灵魂。德里达认为,正义行为与正义规则、正义密切相关。由于正义行为与个人相关,

---

① J. Derrida, Force of Law, in: J. Derrida, *Acts of Religion*, pp. 230—298. 关于正义与法律的关系,参见笔者在本书"法律的力量"一章的专门论述。

与群体相关,与一定的情境相关,正义行为就表现出个体性、唯一性与独特性,而正义恰恰不是个别性的东西,它先验地预设了具有普遍适用性的规则、规范或律令。为了解决这种规则的普遍性与行为的特殊性之间的矛盾,就必须有某种东西进行协调,这种东西就是正义精神。任何时候,任何规则的执行都与对规则的尊重分不开。无论是软规则还是硬规则,如果没有遵守规则的精神,那些规则就无法得到有效执行,结果必然导致规则无效从而成为外在的无用的条文。规则是通过有效执行才成为规则的。同样,正义的规则只有通过具有正义精神的人去执行才能发挥作用。以正义的方式对待正义,这本身就是正义的规则。什么样的人才是具有正义精神的人呢?具有正义精神的人必须是善待正义的人,公正地对待正义的人。公正地对待正义首先要求我们倾听正义的声音,努力了解正义源于何处,了解正义向我们提出了什么要求,明白正义是通过独一无二的习惯向我们提出这些要求的。正义虽然是借普遍性的名义出现,但它是通过特殊性而实现的。正因如此,德里达特别指出正义精神对于运用正义规则的重要意义。他说:"如果我们满足于运用正义的规则,而没有正义精神,没有以某种方式在每一次发明规则和范例,那么,由于自己的行为符合法律而受到法律的保护,我们就可能免遭批评,但我们并不是正义的。"[1]显而易见的是,正义行为、正义规则与正义精神在德里达那里是一体的,如果不是为了分析问题的方便,我们不能将它们截然割裂开来。从这一点看,德里达并非绝对地反对统一性,虽然他始终强调差异,强调异质性。如果我们进一步了解德里达对解构与正义的关系的论述,这一点就更加清楚了。

在正义问题上,德里达还特别关注意义与解构的关系。一方面,他提出了一个似乎与他的理论前提相矛盾的看法:正义是不可解构的。德里达将解构策略运用到许许多多的方面并导致一些人以为解构容不得正义和关于正义的话语。实质上,德里达认为正义并不像许

---

① J. Derrida, Force of Law, in: J. Derrida, *Acts of Religion*, pp. 228—298.

多哲学家所说的那样仅与普遍性相关,正义还与独特性相关。正义并非绝对的同一性,它自身就存在异质的因素、差异的因素。由于正义与规则的运用相关,而规则的运用始终与独一无二的情境有关,所以,正义隐含着普遍性与特殊性的张力。如前所述,由于正义总是指向未来的,它可以作为许诺预悬在我们面前,但又无法确定它在哪里,在什么时间来临,所以,德里达说正义是不可解构的未知的 X,我们无法解构那个未知的 X,就像我们无法解构我们的等待一样。

正义之所以不可解构还有一个重要原因:正义与礼物具有同样的结构。正义像礼物一样不能重新占有。礼物始终有趣出自自身的意义,它永远都不会等价于感激、交换、赔偿和奖赏,正义也是如此。如前所述,正义像礼物一样不能计算,计算出来的正义不叫真正的正义。礼物本身不能成为感谢的对象,一旦你向礼物说"谢谢",礼物就不再作为礼物而存在,而成为交换的对象了。同样,正义的行为之为正义行为不在于为感激而实施,在某种意义上说,正义行为恰恰是以不要感谢为条件的,德里达说我在送给别人礼物时甚至不应把它作为礼物看,甚至不能说"我把这个送给你"。相应地,受礼的人不能将礼物回赠,也不应以其他形式感激和答谢。礼物一旦被送出,送礼的人与受礼的人都不应把它看做礼物,否则就摧毁了礼物的本质。① 同样,正义也是唯一的,不能回赠和鸣谢的。这是正义存在的基本条件。另一方面,"正义的不可解构性不仅使解构成为可能,而且与解构不可分"②。他甚至断言,解构本身就是正义。

为什么说解构本身就是正义呢? 因为解构首先肯定了他者的他者性,尊重这种他者性。解构反对赋予同一性优先性,也反对在同一性与多样性中二者择一,但也不赞同取消一切形式的同一性,因为单纯的同一性就像单纯的差异性一样都意味着死亡。解构确认同一性与其自身的关系中就蕴涵着差异。起码,同一性与自身存在差异,其

---

① J. Derrida, *Donner la temps*, Paris Galilée, 2011, pp. 26—29.

② J. Derrida, "Force of Law", in: J. Derrida, *Acts of Religion*, ed. by Gil Anidjar, New York and London: Routeledge, 2002, pp. 228—298.

中有开口、裂缝或间隔。但他反复声明,虽然自己强调离散性,却不否认我们需要同一性,需要某种聚集性与结构。德里达的解构之所以突出离散性是因为他认为所有事物都存在使解构得以可能的离散性力量,解构显示了这种力量,解构作为一种策略顺应了事物的本来要求。无论是个人、群体还是民族都应懂得离散性是自身存在的条件,因为正是离散性给他者,给他者的他者性和独特性留下了余地,给自身的独特性留下了余地。如果没有离散性,我与他者就是一体的,我与他者的交流与对话就没有必要进行。所以,德里达说,"离散、分离是实现我与他者关系的前提。只有当我与他者分离,我才可能与他者对话,我们才不会相互取代"①。在很大程度上,德里达是在为个体的独特性辩护,他反对以同害异,并把以同害异的思维方式和体现这种方式的社会文化现象看做不正义的暴力,因为它是人为地、强行地以一种个体代替另一种个体,而不是尊重它们的存在权利。

为了进一步说明这一观点,德里达不断引用列维纳斯在《总体性与无限性》中对他者的论述并加以发挥。列维纳斯说,"与他者的关系即正义",但他又说与他者的关系是"没有关系的关系"。德里达说,这一描述反映了自我与他者的关系结构。在这种关系中,他者永远是超越的,难以企及的,我不能从我自己推出他者的存在,也不能根据自我去理解他者,甚至不能假定他者是另一自我。我一开始就知道他者作为他者在那里存在着。尊重他者始终是正义的要求,是一种义务和伦理命令。它对抗着同一性的霸权。按照这种思路,德里达旨在为民族的多样性、语言的多样性、文化的多样性、人格的多样性进行理论辩护,在他看来,承认这种多样性、尊重多样性是最大的正义。这就意味着在社会文化领域,尊重少数民族、少数族群、边缘人群和弱势人群的利益、权利和自由,尊重不同信仰、不同思维方式和生活方式。因此,种族歧视、性别歧视、文化霸权与正义是不相容的。解构本身就是通过凸显异质性、离散性来质疑形形色色的欧洲中心主义和各种各样的

①　"维拉诺瓦圆桌讨论",第39—63页。

霸权,如,政治霸权、语言霸权、文化霸权等等,捍卫每种思想、语言、文化和民族的独特性就是德里达的不懈追求。这也是他的正义观在宏观层面所要论证的基本内容。

然而,德里达的正义观还有其他理论家极少关注的方面,即,将正义作为一种对于 aporia(困局、疑难)的经验,对于不可能性的经验。这样说的确很让人费解。但我们仍然可以发现德里达试图把对正义的理解引向一种神秘的经验。这种经验很像我们在面对死胡同或绝境时的经验。一方面,它是对我们不能经验到的东西的经验,所以,它是不完全的经验。正义不是一下子能把握到的东西,我不是像拥有某物那样拥有正义;另一方面,我们又渴望正义,要求正义,呼唤正义。正义之所以有魅力就在于它不在场。没有对那种困局或疑难的经验就不可能产生对于不可能性的可能性的感受,以及对非计算性、非功利性的意识。我们常常会处于这样一种时刻:我们不能根据某种规则在正义与非正义之间做出决断。我们感到左右为难,但又强烈地意识到我们必须采取行动改变现状。因此,正义不像法律那样是可计算的东西,也不像公平地分配东西那样简单。正义会给人以"置之死地而后生"的感觉。为了解正义是什么,我们单凭理论推导和逻辑判断是无济于事的。我们还需要感悟和体验。这是德里达的正义观给我们的重要启示,也是他的正义观不同于其他正义观的显著特色。如果人们把它与亚里士多德、康德、施密特和罗尔斯等人的正义观进行比较,这一点尤为清楚。

131

第九章　信仰与知识

　　宗教问题是德里达始终关心的问题,也是他的个人经历中最让他难以释怀、让他不能不保持敏感的问题。他的家庭的犹太教背景曾使他被迫面对歧视和迫害。他出生于法国殖民地阿尔及利亚并在那里度过了自己的童年和少年时代。但在那里,他要面对种族和民族的双重冲突,也要面对宗教冲突。由宗教界定的犹太人身份使他在回到法国后不得不痛苦地思考自己的命运为何以及怎样受到宗教的影响。纳粹对犹太人的迫害与屠杀更给他留下了终身难以抚平的"精神创伤"。作为一个思想家,他当然不乏世界眼光与人类情怀,但那种因纳粹迫害而产生的切肤之痛最能从内心中唤起他对宗教问题的理论热情。

　　实际上,德里达甚至在早期讨论符号与文字问题的著作中就已暗示了信仰对于人的命运的影响(如《论文字学》对那比克瓦拉人的"文字课"的阐述)。20 世纪 80 年代以后,他在《赐死》(*Donner la mort*,Paris：Transition,1992)、《科拉》(*Khôra*,Paris：Calilée,1993)、《割礼忏悔》(*Circonfession*,Paris：Seuil,1991)、《除名字之外》(*Sauf le nom*,Paris：Galilée,1993)、《友爱的政治学》(*Politiques de l'amitié*,Paris：Galilée,1994)等论著和一些访谈中都不同程度地触及宗教问题,《信仰与知识》(*Foi et Savoir*,Seuil,2001)则集中讨论了这一主题。在不同著作中讨论宗教是他的有意安排,这种安排不仅旨在突显宗教问题的复杂性、多面性、非同质性或发散性,而且暗示了这一问题可以以不同方式出现在不同语境中。这样做既展示了一种自身的张力,也展示了一种解构的力量。应当注意的是,与 destruction 相关的

"解构"deconstruction 一词的原始用法本身就是在路德对 destruction 一词的宗教用法的启发下形成的。这一点对于理解他的宗教观及其在整个思想中的地位具有决定意义。

巧合的是,他与历史上著名的基督教神学家圣·奥古斯丁都在阿尔及利亚这块古老的土地上生活过,德里达甚至就住在以奥古斯丁的名字命名的那条大街上。他的个人生活与奥古斯丁也有一些相似之处。他始终对奥古斯丁充满敬意,他写的《割礼忏悔》一书就是一部解读奥氏《忏悔录》的著作。他的生活环境和个人经历直接为他提供了一种宗教经验,这种经验既不能用单纯的信仰来解释,也不能用单纯的知识来解释。宗教经验是兼容这两者同时又超出这两者的东西。德里达曾有点神秘地说自己是无神论者,他母亲也很担心他是否信上帝。但德里达心中一直有某种宗教感,"上帝"这一名称在他的思想历程中经常充当"光明的引导者"的角色。从宗教反复成为他的理论主题这个事实也可以看出他对宗教尤其是对犹太教、基督教具有难以割舍的情怀。从这里,我们还可以看出,他始终意识到,即便做一个无神论者也无法绕过对理解西方文化传统至关重要的宗教问题。他从小生活过的地方——阿尔及利亚,单从人种和文化看,就足以让他产生某种奇异感,那里的人讲的法语、思维方式、生活习惯以及被非洲化的犹太教信仰与法国本土的相关情形有很大差异。更令他困惑的是,他回到法国后居然因为自己出生于犹太人家庭而被纳粹统治者强令离开学校。一个人的宗教家庭背景(不管他本人是否信教)竟然先天地决定着一个人的生存命运! 这是何等荒唐,何等令人困惑但又在现实中普遍存在的现象呢?

德里达一辈子都没有放弃对这一问题的思考。他敏锐地看到这里有某种普遍性的暴力和强制力在起作用,有一种"主义"在起作用,有一种无差异地将"同一性"、"宗教身份"强行推广的机制和思维方式在起作用。他在《马克思的幽灵们》一书中之所以要区分"弥赛亚性"和"弥赛亚主义",也是因为这一点。不信教的人当然可以研究宗教,但没有宗教感的人很难理解宗教。在这里,我宁可假定,德里达是一个不信特定"宗教"但不缺乏宗教感的人。

一

德里达对宗教问题始终采取一种开放的态度,他甚至大胆地说宗教是可以解构的。这对正统的神学家来说是大逆不道的,因为他们担心这种解构包含一种破坏性的力量,威胁宗教的存在。让我们循着德里达的思路从"宗教"这个词的讨论开始。

"宗教"(religio)是一个看似清楚但实际上十分模糊的词。正因如此,许多历史事件可以在宗教的名义下发生并且实际上也在以宗教的名义发生。借"宗教"之名行个人之实、群体之实、政府之实、国家之实和民族之实,构成了西方的历史。"宗教"这个词本质上属于欧洲、属于罗马、属于拉丁文化的传统。这个普遍化的名词包含一种同一性的幻觉,它也是某种抽象经验的结果,是忽略具体内容和具体差异的抽象化思考的结果。语言、民族、罪恶、拯救、牺牲、正义、屠杀、性别等等方面的问题莫不与这个抽象的名称相联系。人们从未在"宗教"的名义下并就"宗教"之名达成过共识。如果有最低限度的共识,那就是要借一个抽象的名称来讨论问题的共识。在此,我们看到了一种抽象的名称的力量,这就是召唤和聚集的力量。"宗教"之名的力量就在于召唤和聚集。

"宗教"一词起源于罗马。西方文化和语言对"宗教"本身并没有严格的规定,但它又用 religio 来指代。关于 religio 这个词的起源,即使是古典语言专家也很难得出一个普遍接受的观点,德里达甚至怀疑 religio 这个词是否可以翻译。因为它既是"起誓",又指"回应";既是"信仰",又是"保证";既包含神话意义,又包含世俗的司法意义。德里达常常引用法国著名语言学家邦维尼斯特(Benveniste)对这个词的考证,但邦维尼斯特本人也只是基于对有限历史文献的梳理给出了一个大致的谱系学式的描述,况且那种描述存在不一致和矛盾之处,但他下结论时还是表现得很小心。他在《印欧语言》一书中常用"基本上"、"大致上"这样的措辞就是明证。

德里达发现了上述现象，所以，他干脆将 religio 一词在拉丁文化中的两种传统词源学考释放在一起，并且特别强调要注意"宗教"一词在今天的具体用法，换言之，要用一种语用学观点看待"宗教"。邦维尼斯特也承认印欧语言中没有一个共同的概念去表示上面所说的那些意思。对于 religio 的意义，在历史上有两种词源学意见。一种意见认为 religio 源于 religere，其词根是 legere，意指"收获或聚集"，西塞罗、奥托（W. Otto）、霍夫曼（J. B. Hofmann）以及邦维尼斯特就是这种意见的代表；另一种意见认为，religio 源于 religar，其词根是 ligare，意指"连接"、"联系"，拉克坦提乌斯（Lactantius）、德尔图良（Tertullian）、柯伯特（Kobbet）、瓦尔努－梅叶（Ernout-Meillet）、保利·维索瓦（Pauly-Wissowa）均持这种意见。这两种原始意义可能相互重叠，相互交织，而不是相互对立，它们很可能源于同一种意义，或者说是同一种意义分化的结果。①

但是，religio 一词的起源不管引起多么大的争议，它是古罗马人在特定情况下对特定事件的指称却是确凿无疑的事实，它代表着古罗马人的特殊经验，在基督教的不同时期代表着不同的"宗教"经验，因此，它本身是拉丁文化的经验，而不是人类的普遍经验，将它无限推广显然带有暴力的性质。在 religio 即"再聚集"和"再连接"的经验中，德里达突出以下几点：

第一，"宗教"一词属于基督教传统并且只属于这一传统，确切地说属于古罗马人。"思考'宗教'就是思考'罗马人'。这种思考既不能在罗马进行也不能在远离罗马的地方进行。这是回顾'宗教'这类东西的历史的机会或必要步骤：以宗教的名义所做的一切或所说的一切都应保持对这一命名的批判性记忆。这一名称是欧洲的，它尤其是拉丁人的"②。"宗教"并非无处不在的统一的东西，从原则上讲，"宗

---

① J. Derrida, "Faith and Knowledge", 33, in: *J. Derrida, Acts of Religion*, ed. by Gil Anidjar, New York and London, Routledge. 2002, p. 71.

② J. Derrida, "Faith and Knowledge", 33, in: *J. Derrida, Acts of Religion*, ed. by Gil Anidjar, New York and London, Routledge. 2002, p. 41.

教"这个词的历史禁止非基督徒来命名"宗教",因为它只是本身不断变化并包含异质性和张力的拉丁基督教的概念。但一些人却怀着西方中心主义或欧洲中心主义的观念,把本属历史的尚未得到承认的个别机制,把本不属于"宗教"的东西作为无处不在的现实,作为"宗教"看待。这恰恰是我们要解构"宗教"的原因。

第二,宗教有两个来源,因此引出了两种阅读或两种教诲。religio 作为 relegere,是聚集、收获和接纳,其中隐含着回归、尊重、耐心乃至慈悲或廉耻。religio 作为 religare,是联系、纽带,它隐含着人与自然、人与人、人与上帝相互关联的可能性,它原始地规定着各种联系的可能性。这种联系为责任、义务、信任、信仰乃至献身展开了可能性。这种联系同时假定了两种或多种存在物的绝对相异性和绝对的他者性。这种联系既是自身联系,又是与他者的联系。德里达试图以此说明,"宗教"一词究竟指代什么,原本就是不清楚的;人们在"宗教"观念上的分歧为各种冲突准备了条件。"宗教"观念的历史以及对这种历史的集体记忆早就表明,并没有什么统一的"宗教",西方人的"宗教"观一开始就是分裂的,也许这两种"宗教"观各自陈述了某种原初经验的两个方面,因而也蕴涵着内在的张力并预示着各种可能的理解,但是,我们决不能将上述两个方面的任何一方归结为另一方,也不能将它们相互混淆。

不幸的是,欧洲人,今天的欧洲人,那些不断谈论"宗教回归"的欧洲人却煞有介事地用同一个词"宗教"去谈论自以为同一的东西。实际上,这种确定的同一的"宗教"是子虚乌有的。所以,那种谈论单数的加了定冠词的"宗教"(la religion)的做法原本就是以假想的历史和有意无意的虚构为存在条件的。德里达反复指出,根本不存在本来意义上的"宗教",不存在本质上的"宗教",更不存在单数的"宗教"。德里达对"宗教"一词进行上述解构,无非是要说明以"宗教"之名而进行的各种扩张实际上是别有用心的暴力行为。他力图通过解构"宗教",让我们看清事情的真相。在一次接受访谈时他明确指出,"对我而言,不存在所谓的'宗教'。在人们所谓的各种宗教(犹太教、基督教、伊斯兰教)

以及其他'宗教'中同样存在张力、异质性甚至颠覆的成分,有时候一些文本尤其是那些先知的文本不能被简化为制度、记录或体系"①。

第三,与对上述两个"宗教"来源的考察相联系,德里达阐述了两种宗教经验并对这类宗教词汇做了谱系学式的考察,从而进一步说明人们如何有意无意地混淆了信仰与知识的区别、信仰与宗教的区别。他采取的方式很像我们追溯自己的族谱,先由大的系列渐渐过渡到支脉,其中体现了德里达对"解构"策略的最为成功的运用。按德里达的说法,"宗教"一词的两个来源也代表了两种人类经验,它们就像两口井,或荒漠中两条若隐若现的踪迹,从那里可以引出数不胜数的"信仰"观念,神圣性的观念,牺牲、罪恶和救赎的观念,等等。它们构成了一个谱系,并从中衍生出许多其他的宗教术语所表示的经验。然而,它们本身也充满差异,人们将这个充满差异的观念系统连同某种机构、制度、规则等等想象成一个铁板一块的同一系统并名之为"宗教"。就这样,德里达将"宗教"的问题转化为语言与文化问题来处理,甚至把它转化成拉丁文来处理。因此,确切地讲,"宗教"的问题似乎是基督教的特殊问题,是拉丁文的特殊问题。比如,"弥赛亚性"不同于"弥赛亚主义",但人们往往把前者混同于后者并将后者之名涵盖前者;同样,人们也以这种逻辑去对待"伊斯兰教"和"伊斯兰运动"。尽管后者常以前者的名义活动,但它们是很不相同的。德里达不断提醒我们意识到其中的区别,不要以神学—政治学的暴力抹杀这种区别。在德里达看来,与"宗教"的第一个来源相关的经验是聚集、健康、平安、喜乐、牺牲、祈祷、尊重、热情、廉耻等等;与"宗教"的第二个来源相关的经验是距离、异在、神秘、神性、圣洁、献身、信仰、虔诚、允诺等等。德里达说这两种经验都不必然是宗教的,就像人们可能有"宗教感"但未必有自己的宗教一样。比如,《圣经》所说的启示是不同于神圣、信仰、牺牲、圣洁等等经验的,因为启示与启示的历史密不可分。

德里达模仿康德的做法,谈论纯粹理性范围内的"宗教"的两个根

---

① "维拉诺瓦圆桌讨论",载德里达:《解构与思想的未来》,夏可君编,默然、李勇毅译,长春:吉林人民出版社 2006 年版,第 39—66 页,序言,译文稍有改动。

137

源并且区分了两种宗教,即偶像崇拜的宗教与精神宗教。偶像崇拜的宗教追求的是"神"的好处或利益,它陶醉于对"好处"的追求,忘身于有形的世界,其目的在俗世的利益,它为欲望所驱动并为利益而祈祷。这种宗教不会让人变得更好,也不会让社会变得更好,即便赦免了人们的原罪,也于事无补。而精神宗教让人追求非世俗的东西,它引人向善,将精神的满足作为最高满足,它鄙视有形的物质性的东西,它将知识与善行分离开来,它教导人变得更好并为此而行动。在康德眼里,只有基督教才是精神的宗教、道德的宗教。但德里达要追问的是,它们为何要共用"宗教"这同一个名称? 如前所述,它们本来源于两种不同的经验,并且抱着两种不同的目的与兴趣。

康德还提出了"反思性的信仰"这一概念。按照他的解读,反思性的信仰与教义信仰是正相反对的,它不取决于历史启示并与实践理性相适应。但德里达很快发现,康德对"反思性的信仰"的定义存在着内在的不一贯性和矛盾。一方面,作为宗教,道德的宗教,基督教要解放反思性的信仰;另一方面,反思性的信仰却要将道德理念与基督教启示联系起来。它促使人按善良意志行事,而不一定要等待上帝的旨意。这就导致了理性(纯粹理性)与信仰各安其位,各司其职,各尽其能。德里达通过对康德的解读,无非是继续说明"宗教"的界定从来就是充满矛盾与张力的,它自身即包含颠覆自身的异质性因素。"宗教"实际上在不断从头开始,在不断自我更新。从来就没有什么统一的"宗教"。

德里达在讨论"宗教"时特别关注宗教与信仰的区别。他认为对宗教与信仰的混淆恰恰导致了对"宗教"一词的滥用,也导致了文化和文明中或隐或显的冲突。他在《知识与信仰》一文中写道:"首先是一种宗教观念的鲜明特性,宗教历史的历史,以及在宗教语言和宗教名词中交织的各种谱系学的历史。应该辨明这点:信仰过去并不总是,将来也不会总是可以与宗教同一的,也不与神学(这是另一回事)同一。"①毫无疑

---

① J. Derrida, "Faith and Knowledge", 13, in: J. Derrida, *Acts of Religion*, p. 48. 中译文《信仰与知识》,杜小真译,见《解构与思想的未来》,长春:吉林人民出版社 2006 年版,第290 页。

问,宗教与信仰相联系,但信仰并不必然成为宗教。宗教的根源里确有"相信"的经验并且这种经验可以上升为"起誓的信仰",信仰是建立在信念的基础上的,它是普遍的不移的信念,是最为强烈的信念。信仰里有信心,有见证,它不必由现有的宗教决定,而现有的宗教,如基督教、犹太教、伊斯兰教与佛教,则可以并且包含信仰的痕迹,因为它们以信仰为条件并且源于信仰。

宗教与信仰的另一区别在于,信仰是无处不在的,宗教却是唯一的。在德里达看来,普遍性与唯一性(特殊性)并不相悖,它们可以和睦相处。信仰与人同在。一个人如果没有信仰(信念、信任和相信),他几乎难以与人打交道,难以做什么事情。生活以及人与人在生活中的关系、自我与他者的关系、人与自然的关系已先行决定了信仰的行为结构。德里达故意用了"信仰"(foi)一词的多义性说明"信仰"与"相信"是同源的,信仰的普遍性就隐含在 foi 这个词所意指的内涵中。在这里,德里达又玩起了解构游戏,他甚至认为信仰本身就是以激烈的解构姿态出现的。foi 这个词有多重的意义,但其基本意义是"信"、"诚"、"许诺"。所有与他者对话的活动之所以能存在并且有效就是因为其中有 foi。德里达说:"如果没有表示信心的行为,没有见证,你就不可能和他者对话,你试图证明这件事的时候会怎么做? 你会对另一个人说'相信我'即使你在撒谎,即使你在做伪证,你也会请对方相信你。'相信我,我在和你说话'这句话就是信仰的命令,这种信仰不可能被简化成一个理论陈述,一个决定性的判断,它打开了与他者交流的通道。所以,严格说来,这种信仰不是宗教的,至少它不能被定义为某种现有的宗教。"①

这段话无疑表明了德里达的以下观点,信仰是人类生活经验的普遍结构,它包含见证与许诺。信仰是宗教存在的基础与条件,但它本身并不同于我们许多人通常所说的宗教,因为人们的宗教往往被认为是一系列的信念、教义、制度、机构(如教会或组织)的集合体。恰恰因

① "维拉诺瓦圆桌讨论",载德里达:《解构与思想的未来》,夏可君编,默然、李勇毅译,长春:吉林人民出版社 2006 年版,第 39—66 页。

为宗教是这样的集合体,它才需要解构,并且应该解构,但常常是在信仰的名义下解构,因为很多人把本来尚只是信仰的东西也归之于宗教,加之于宗教,以致"宗教"中淤积了它不能承载也不应承载的东西。人类历史上以"宗教"之名而出现的各种罪恶、战争、自杀和自相残杀就是对宗教的扭曲,就是让宗教承载它不应承载的东西。

　　为了进一步阐述宗教与信仰的区别,德里达还不时提醒我们注意弥赛亚主义与弥赛亚性的区别,因为后一种区别与前一种区别有着同样的结构。宗教是唯一的、特殊的,而信仰是普遍的,就像弥赛亚主义是唯一的、特殊的,而弥赛亚性是普遍的。那么,德里达讲的弥赛亚性究竟是指什么呢? 通俗地讲,弥赛亚性是指"许诺的普遍性",德里达在许多著作中都谈到了"许诺"(promesse),他甚至参加过以此为题的研讨会并专门就此问题接受了采访,因为他发现这里隐含着生活中的许多秘密和宗教信仰的秘密。许诺、信仰和馈赠这类活动具有类似的结构。"许诺(promesse)要成为许诺就应能成为守不住的东西,因而就不能成为一种约定(promesse)(因为守不住的约定就不是约定)。"[①]许诺不是契约,发出者与接受者之间没有对称关系。德里达相信,"人们可以在无法拒绝的情况下接受许诺或者接受了许诺而没有看出这些许诺最终或久而久之对自己是有害的"[②]。德里达为什么要用弥赛亚性来描述这种许诺呢? 众所周知,弥赛亚(Messiah)是犹太教徒心目中的救世主,是基督教徒心目中的救世主耶稣。他代表着希望,也代表着许诺,由于与宗教相联系,这种许诺也便具有神圣性。德里达在《马克思的幽灵们》和《友爱的政治学》中都对此做过论述。在德里达看来,弥赛亚的形象在不同的宗教中可能是各不相同的,但"他"作为"许诺"的象征却是相同的。这个名字代表着一种可能性,代表着未来,当然也代表着等待。弥赛亚性作为经验结构是普遍的,基督教、犹

---

① Jacques Derrida, "Avance", preface au *Tombeau du dieu artisan de Serge Margel*, Paris, Minuit, 1995, p. 26.

② Réponses de Jacques Derrida; in *La philosophie au risque de la promesse*, coordonné par Marc Crépon et Marc Launay, Paris; Bayard, 2004, pp. 195—209.

太教的启示不过体现了这种普遍性的特殊情形。德里达公开声称，"我们宁愿说弥赛亚性，而不说弥赛亚主义，为的是指明一种经验结构而不是指一种宗教"①。那些神迹不过是显现弥赛亚性的方式。弥赛亚性是使宗教得以可能的基础和条件，宗教是通过弥赛亚性产生的并且集中体现了弥赛亚性。正因如此，我们才能通过了解亚伯拉罕、摩西和耶稣的事迹意识到弥赛亚性的存在。

那么，德里达在讲宗教与信仰的区别时为什么要谈弥赛亚性呢？这是因为，在他看来信仰与弥赛亚性是相互呼应的。一方面，我们可以看到，没有信仰，没有对他人的信任，一个社会、一个群体就难以维系。即使一个人撒谎，他也得让人相信他的假话是真话；即使为了信仰而诉诸暴力，他也力图让人相信他的信仰是正确的；即使是在经济生活中，人们也离不开彼此的基本信任，离不开起码的 foi。没有起码的信任和信用，市场的规则、交易活动就难以维持下去。从货币的使用到银行、钱庄的设立，从易货贸易到行会的建立乃至现代的网络交易，如果没有某种信任与信用做保证，一切都不可能有序进行，而它们的背后都有最低限度的信仰即信念在发挥作用。但德里达认为所有这些信仰、信任、信念、信用都不能按宗教的本质去加以解释，更不能把它们简化为"宗教"式的东西。另一方面，与信仰相对应的是许诺。只要你与他人讲话，只要你在等待未来，只要你期望某人到来，只要你着手拟订计划或动手做某件事情，你已先行在做出许诺。更不用说婚姻、契约、合同、协定、仪式这样一些复杂的人类事务了。德里达认为，只要我们开口说话，我们就在许诺，因为当我们说话时，我们就在告诉对方，我们保证跟对方说真话。即便我想撒谎，我心里想的仍然是希望别人把我的假话当真话，所以，它的前提仍然是让人感到我保证向你讲真话。德里达把这种许诺的普遍性、对未来期待的普遍性以及这种期待与正义的关系称为弥赛亚性。尽管他说自己只是暂时使用这个名称，但他的这种命名蕴涵着深刻的用意：宗教是从许诺开始的，

---

① 德里达：《马克思的幽灵们》，何一译，北京：中国人民大学出版社 1999 年版，第 230 页。

但人们常借宗教之名把个别的许诺上升为对人类的许诺。宗教的许诺不同于知识,它不能用逻辑的等式进行验证,唯其如此,它才具有聚集的力量,召唤的力量。

　　许诺是指向未来的,因而是开放的,它可能指向即将发生的事件,也可能指向虚无缥缈的乌托邦。弥赛亚性属于经验的普遍结构,弥赛亚主义则属于超经验的东西,我们可以参照超经验的东西来理解经验的东西,但不能把前者归结为后者并赋予它一种神圣的力量。弥赛亚主义似乎偏爱"死亡",它总以"死亡"说事,它以系统的、抽象的、不确定的、空洞的形式表达它的一系列信念,它以弥赛亚的降临说和来世说为这种信念作注。比如,亚伯拉罕的弥赛亚主义便是一种例证式的预想,可以说,弥赛亚主义的各种形式都是一种先行的假定,它通过期待、许诺、应诺、保证和拯救的机制发挥作用。从这种意义上讲,"宗教并不是其他现象中的一种意识形态现象或其他生产中的一种幻影生产"[1]。宗教的两个来源即神圣的经验和信仰的经验通过"见证"完整地体现出来,毋宁说,见证就是两种经验的合流,因为宗教见证隐含着神圣的经验与信仰的经验,是经验的东西与超验的东西的统一。这里不仅涉及解释的问题,而且涉及无法通过理性做出决断的问题,也就是说,涉及无法在知识层面进行说明的问题。

二

　　随着现代科学技术的发展,人类进入了知识社会,关于宗教问题与知识问题的矛盾也比以往任何时代尖锐。在这种情况下,德里达感到有必要说说宗教与知识的区别与联系。通常说来,宗教始终是具有历史性的,宗教也激起过人们对知识的热情,不管它是以见证的名义还是以证明信仰的名义出现。科学作为知识的基本形式不仅从宗教中得到过推动而且受到过限制。以宗教之名进行的探索培养过求知

---

[1]　德里达:《马克思的幽灵们》,何一译,北京:中国人民大学出版社1999年版,第228页。

的勇气、超验的眼光和对最终根源的意识，然而它也提示了理性的有限性。生命的有限性和尊严在宗教中得到了某种程度的确认。神学不是宗教，而是对宗教的理论解释，但它曾作为某种知识供人们学习和享受，它所推崇的超越性以及试图为验证那种超越性而进行的立论、推论、论辩，把理智的兴趣收拢于非常有限的范围加以凝练并对理智的能力加以净化和陶冶，使它不至于过分驰骛于感性生活。宗教一直被视为伦理规范的神圣性的源泉，但在此源泉中也埋藏着分裂、冲突的种子。它也担心知识的增长所信赖并推动的理性能力的发展危及自身的存在。毕竟，宗教只是有限度地提供知识，尽管它自己不愿承认。宗教与宗教的历史、宗教观念的历史是不可分割的，甚至与宗教历史的历史不可分割。历史上的"宗教"观念的多样性恰恰说明了宗教的非唯一性。它涉及的恰恰不是理性孜孜以求的真理问题。所以，德里达说，"如果存在一种宗教问题，那就不应该是一个'宗教的问题'，也不单纯是对这个问题的回答。我们将会看到宗教的问题为什么、在什么地方首先成为了问题的问题，是问题的根源和边缘的问题——如同回答的问题。当人们相信在学科、知识或哲学的名义下能把握这个问题，那就迷失了'本物'"[1]。

宗教不是一个学科，自然不能以对待学科的方式去对待它。这一点当然不难理解。但对宗教不是知识，但与知识有关联这一点，我们需要做些说明。关键问题是我们如何看待这里所说的知识。如果把知识理解为有关现实世界的系统化的理论，宗教当然不是知识；如果把知识理解为对个别事实及其本质的把握，宗教就更不是知识。但如果把知识理解为对既有的一切的把握，而不管这种东西是什么（即便它是虚假的），宗教中也有知识。起码，宗教都有其历史，有其人物和事迹，有各种教义和仪式，它们的存在是一种事实，并且是需要通过学习方能了解的事实。

但是，德里达不是从上述意义上来谈论知识的。他从理性、从理

---

[1]　J. Derrida,"Faith and Knowledge",35, in: *Acts of Religion*, p. 76. 中译文《信仰与知识》，杜小真译，见《解构与思想的未来》，第 320 页。

性之光的角度,从与价值、信仰相对的意义上来谈论知识,从科学的意义上来谈论知识。宗教是以启示说话的,它与"光"具有天然的联系。我们且不说拜火教,且不说以光明之神为崇拜对象的各种宗教。印欧语言中的"神"(Dieu,Deiwos)一开始就是指"光"。"光"的形而上学曾为基督教、犹太教教义的制定提供了基本素材。"启示之光"和"理智之光"或"自然之光"是基督教智慧与灵感的源泉。正是这一点使基督教与"启蒙"(les lumiéres,启蒙一词的原义就是"光")联系起来。在近代,当笛卡尔宣称"理性之光"是人类的希望、科学的根据时,他敏感地发现了基督教中的异质性因素。"光"体现了宗教与理性的历史联系。① 基于这一点,德里达明确指出,科学理性的坚定发展设定宗教而不是与宗教对立。科学与宗教的分裂是一种历史现象,是根源一分为二的结果。今天的"宗教回归"现象也从一个侧面说明我们为何在一个技术科学的力量深入到各个角落的时代反倒有对宗教的召唤。用德里达本人的话讲,"有必要表明(尽管那样并不简单)宗教和理性拥有同一根源(在此我们将理性与哲学、与科学联系在一起,此处的科学乃是技术科学,是知识生产的批判史,是电讯技术科学,这种科学始终是关键的行为,它本质上是表示行为的,等等)"②。

宗教与理性的同源、分化和共同发展尽管有时导致了某种冲突,但更多的时候它们有着相互需要的动因。科学化的技术和技术化的科学被视为理性的成果,也被作为理性的表征。技术科学助长了宗教的回归,在某种程度上说,这与"根本恶"的回归有关。现代世界的变化与技术科学的普遍化联系在一起,也与其中衍生的"根本恶"联系在一起。机器、电讯机器、媒体机器以及产生它们的技术科学正支配着我们的生活,宗教的活动,确切些说基督教的活动借助它们,借助电讯技术网络而超出地域、民族和国家的边界并且显示出不可计算的计算

---

① 关于对这个问题的讨论,请参见汪堂家:"启蒙概念及其张力",载《学术月刊》2007年第10期。

② J. Derrida, *Faith and Knowledge*, 29; J. Derrida. *Acts of Religion*, p.66. 中译文《信仰与知识》,杜小真译,见《解构与思想的未来》,第309页。

性特征。德里达把它称为"传染性",但科学技术也试图借助于宗教并促使宗教获得自身免疫力。源于"信仰"经验的宗教在技术科学时代正大显身手,它们通过提供可靠性、信用以及允诺为所有语言行为和其他行为提供信用保证而为技术科学提供基地和靠山。这一过程是通过技术造成的机械性和自动设定的可重复性实现的,而没有这种可重复性就没有信仰,也没有未来。"从这个意义上说,技术是信仰的,也可以说是机遇的可能性。而这种机遇,应该在自身中包括最大的冒险,根本恶的威胁本身"①。技术与"根本恶"维持一种张力,但它需要从宗教中汲取遏制"根本恶"的力量,因为它本身并不具备这种力量,它有时甚至会成为这种力量得以展示自身的舞台和道具。宗教通过制造信用,提供规范,通过展现克制的可能手段,限制着欲望在技术领域里的无限扩张。德里达说,当宗教伴随着甚至先于技术科学的理性,特别是电讯技术科学的理性时,它就像关注自己的影子一样关注理性。这种理性把不可计算的东西化为可计算的东西。宗教充当着理性的看护者和警察,因而也充当技术科学的看护者和警察,但它也时时利用这个被看护者。

德里达之所以特别将当今宗教的回归与电讯技术科学联系起来,不仅是因为它与"根本恶"的回归有关,而且是因为电讯技术科学作为当今技术科学的精华使宗教的回归表现出前所未有的创造力。通俗地讲,电讯技术科学使宗教既受到威胁又获得了机遇,而且机遇是主要的。

一方面,技术、资本、经济和政治的一体性促进了世界的拉丁化,而宗教正是拉丁化的灵魂。世界化或欧美意义上的全球化依靠资本与技术的力量将西方的信仰经验和规则扩散到了全世界,宗教也几乎在同时稳步发展。在这一过程中,宗教制造、嫁接和开发资本和电讯—媒体知识,主教的旅行以及在世界上引起的轰动,拉什迪事件的影响,世界恐怖主义活动,甚至"宗教原教旨主义",正借广泛的国际媒体影响到全世界,宗教的内部分裂也比以往任何时候普遍并发生全球性影响。

---

① J. Derrida, *Faith and Knowledge*, 29;J. Derrida, *Acts of Religion*, p. 83. 中译文《信仰与知识》,杜小真译,见《解构与思想的未来》,第 328 页。

另一方面,宗教正对电讯、媒体技术的效应做出反应。这些技术以现实或虚拟的形式将局部的事件、微不足道的分裂与冲突放大成文明的冲突,它制造自我恐惧并加大了未来的不可预见性。它终结了原教旨主义不能与技术科学相容的神话。它也使煽动仇恨变得更加容易。远程控制使自然的地理距离不再有效地隔绝不同民族和教派的冲突,但这也相应地增加了彼此对话和交流的可能性。

德里达特别关注宗教以和平的名义产生的影响。如果说宗教的世界化一方面通过超帝国主义的侵占来进行,通过政治军事形态对国际法和国际政治观念的强化来进行,通过侵略活动和宗教战争进行,通过取消他者的民族"自性"的方式进行,那么,这种世界化还可以通过非强制的隐性暴力来进行。德里达反复提醒,"宗教"原本只是拉丁词,当今宗教在世界上的游走既是霸道的世界化,也是拉丁化。凡涉及宗教的一切话语在英美都是拉丁化的。强制的机制扩散到哪里,扩张的机制推广到哪里,宗教的话语就会传到哪里。

现代技术科学,特别是电讯技术科学造就了一种新的拜物教形式,它们与资本和市场的结合依靠罪恶的机器进行着剥夺、侵占与控制,但它们常常采用不易察觉的隐性形式。它们偷偷摸摸地将一种话语、一种文化、一种政治和法律制度强加给其他宗教,包括非正统的基督教。世界的拉丁化成了欧美的术语,它所表示的就是这个过程。犹太教实际上也被基督教化了。基督教所代表的权力中心、文化传统及其同样充满内部张力和矛盾的价值系统,借技术科学的伟力,创造世界市场并无限制进入这个市场。宗教与技术科学的联系从未像今天这样广泛而深入,这种联系恰恰遵循着理性的逻辑。所以,德里达不无感慨地写道:"宗教是理性的临近,是其本身的影子,是信仰的保证,是可靠性的需要,是任何共享的知识的创造所预设的可靠经验,是在所有技术科学行为中(就像在与之不可分离的整个资本主义经济中一样)有根据的行为性。"[①]

---

① J. Derrida, *Faith and Knowledge*, 29; J. Derrida, *Acts of Religion*, p. 79. 中译文《信仰与知识》,杜小真译,见《解构与思想的未来》,第 324—325 页。

从上述阐述中我们不难发现,德里达对理性和知识在现代技术条件下的表现形式有着非常清醒的认识,对宗教的无条件扩张怀有强烈的戒心。宗教与信仰、宗教与知识的复杂关系的研究,如果脱离现实的情境,脱离现实的政治、经济与文化条件就不可能准确反映宗教的历史功能和实际效应。德里达深知这一点,他不但对犹太教的基督教化带有一种惋惜和遗憾,而且主张启蒙不能只是确立可靠性,而应关注"起誓的信仰"和"见证的信仰"。宗教的回归与其说是宗教自身的需要,还不如说是技术科学所依据的理性表达的呼声。技术科学的伦理向度并不能自动地形成,宗教包含的基本信仰经验有利于这一向度的确立。德里达对启蒙的见解不仅对重建理性与信仰的联系有启发作用,而且可以帮助我们更加深入地认识技术文明时代所面临的困局与问题。

总体说来,德里达反对谈论宗教的本质,也反对谈论本来意义上的宗教。对他来说"宗教"是一个拉丁词,"宗教"仅仅属于罗马人。历史表明并没有单数意义上的宗教。宗教一开始就是不确定的,但人们却要用统一的、单一的"宗教"之名行非宗教之实。宗教本身是可以解构并且是应该解构的,因为它的两个根源表明了它的异质性。宗教,确切些说,基督教的扩张就是通过隐藏、掩盖乃至人为抹去其异质性而把自己确立为同质的东西。基督教—存在—神学成了这种观念的理论表达。通过对"上帝"之名的解构,德里达甚至认为基督教并非真正意义上的一神教。"上帝之死"的主题的反复出现就是一种标志。今天的所谓宗教是各种因素重新聚集的结果,它体现了世界的拉丁化、局部经验的普遍化,资本—市场和技术为这种普遍化提供了动力与手段。当今世界的政治军事形式的霸权与源于拉丁化的宗教观念互为表里并且互为因果。按照这种理解,在世界范围传播的西欧文化具有拉丁根源。这就是说,罗马天主教会的拉丁化的基督教怀着对普遍性的追求,诞生在这个奇特联盟的摇篮里。这种基督教在历史上与希腊哲学的柏拉图—普罗提诺传统联系在一起。它对普遍性的追求包含这样一种困境:一种历史上的特殊的启示应当普遍地成为人类的东西。这种困境进一步通过对世界的西方民主许诺而传给了没有弥赛亚主义的弥赛亚性,《马克思的幽灵们》第三章谈到了这一点。①

德里达实际上也揭示了宗教原教旨主义的虚妄。"宗教"一词的起源表明,它的歧义性源于人们的两种不同经验,这两种经验规定了它的二元性,非统一性。宗教是对信仰的经验和牺牲的经验或神圣性的经验的包罗和省略。印欧语言中没有与所谓的"宗教"相对应的共同术语也正好说明,"宗教"其实是一个空名,人们要借这个空名表达其他的东西。久而久之,人们反倒把这种包含许多因素的东西作为无所不在的东西,仿佛大家都在谈同一件事情。古人无法就我们所说的"宗教"的意义达成一致,今天我们更没有办法达成一致。鉴于"宗教"一词包含太多的异质因素,德里达采取的策略是,先解构"宗教"这个词本身,然后逐步解构它的主要方面,如"信仰"、"神圣性"、"上帝"、"不朽"、"见证",等等。他甚至说"上帝"不过是名字的名字,"上帝"一词的起源表明,它并不特指确定不易的东西。它不过是见证者之名,它满足了人们对绝对的见证者、第三者的需要。"没有上帝就没有绝对的见证"②。上帝是作为见证者而被召唤、被命名的。由于它难以确定,它又是不可命名的,所以,上帝是不可命名—可以命名者的见证,是在场—不在场的见证。德里达得出的结论是,"宗教"是基督教的概念,它本不应用于其他的所谓"宗教",如佛教、犹太教、伊斯兰教等等。但现在大家都这么使用,我们姑且承认这一现实,但不应忘记其中所掩盖的问题,不应忘记它以同一性的名义所施展的暴力。他还要借此提醒人们注意一个显而易见的事实,世界正在说拉丁文。他的言下之意当然不是说大家真的在日常生活中讲拉丁文这门已然死去的语言,而是说,世界被基督教化,被西方化了。西方的政治、经济、文化和军事霸权正借宗教之名而扩散。说白了,是某种利益在其中起作用。这

---

① Heinz Kimmerle, *Jacques Derrida zur Einfuehrung*, Hamburg: Junius Verlag. 1997, S. 156—157.

② J. Derrida,"Faith and Knowledge", p. 29, in: J. Derrida, *Acts of Religion*. New York and London: Routledge, 2002, p. 64. 中译文《信仰与知识》, 杜小真译, 见《解构与思想的未来》, 第308页。

是世界拉丁化的真正秘密。这也是西方人的集体秘密。德里达要我们看清其中的缘由，明白宗教回归现象的多重意义。在他那里，不仅"宗教"概念的意义是多重的，而且所有重要的宗教术语的意义都是多重的。宗教即是"宗教"的多重意义的展示史，是对其多重意义的运用史和领会史。

德里达以他丰富的词源学知识和对国际事务的敏感，揭示了宗教在历史和现实中发挥作用的机制，他的"宗教"论著照例采用一种散漫，甚至繁复而拖沓的语言风格。表面上看，各种宗教术语毫无章法地堆在一起，有如种子的撒播。但其解构意图是很明显的：希望人们对欧洲中心主义，对世界的拉丁化、基督教化保持应有的警觉。他对具体的宗教保持着尊重与宽容。他并不强调自己的宗教身份，也并没有说自己笃信犹太教，但他仍保有一种宗教感。我们只能在这种意义上说他就像他自己所承认的那样是一个无神论者。

第十章　为政治立言

　　不少人认为,德里达的思想之路在 20 世纪 80 年代出现了"政治与伦理的转折",但据他本人在《无赖》一书中的说法,这种转折其实并不存在,因为他一开始就关注伦理与政治问题。尽管他在 80 年代之前很少专门就政治与伦理问题发表论著,但他强调要从广义上去理解伦理与政治问题。循此思路,我们不仅可以在 1964 年他写的《暴力与形而上学》一文中发现他对伦理问题的关切,而且可以在 1967 年出版的《论文字学》一书中看到他对政治问题的讨论,因为对他来说,言说中有政治(如商谈的政治、政治演说的修辞策略),写作(文字)中有政治(比如使用专名的权利、使用语言的权利、对文化政策与语言政策的政治决断,等等),文学和哲学中也有政治,至少,它们与政治具有直接或间接的联系。只要文学与哲学关心人,关心人的生活,关心人的思想自由与尊严,它们就不可能不与政治相关。

　　德里达不仅用他的政治观点回答别人对其哲学的指责,而且以他的行动表明了他的理念。他始终认为,自苏格拉底到海德格尔的西方思想史一直是政治与哲学相互交织的历史,也是两者暗中对话的历史。一种伟大的政治智慧的背后都潜藏着一个时代的哲学,而一种哲学(哪怕是自称远离时代的哲学)只要在思维着,就不可能对那个时代的重大事件无动于衷。一个哲学家首先是人,然后才是哲学家。他也许不介入某个具体的政治运动,他也许只是冷眼旁观并独立思考一个时代的事变,但他的思考总需要现实的激励,需要某种理论的基点。哲学的政治意义可能是潜在的,但哲学的思考方式常常暗中影响人们的政治理念与行为,虽然这并不直接意味着将哲学理论运用到政治领域。德里达甚至说,哲学在生活中有时是具有政治意义的东西。为此,他四处奔走,要求当局在法国中学里保留哲学课程,因为他认为这是为塑造有头脑的公民创造条件。他认为有关世界末日的论调不断出现是由于与政治有关的容易导致错误结论的哲学在作祟。在德里达眼里,哲学观点可以导出某些政治结论,这在霍布斯、洛克、卢梭和马克思那里是再明显不过的事情。海德格尔曾高唱自由的赞歌,但1933 年 5 月他在弗莱堡大学的就职讲演被一些人理解为纳粹思想的政治表达。海德格尔终身对纳粹屠杀犹太人的行为保持沉默也使人不得不重新思考其哲学思想的政治动机。德里达并不主张对哲学作泛政治化的理解,更不认为哲学应当成为政治的工具,但他从卢梭和其他近代启蒙哲学家那里看到,哲学的批判性思考是精神解放和思想开放的重要因素,哲学家对现代政治制度的理论设计甚至改变了社会的面貌和历史的进程。时至今日,"马克思的幽灵们"仍不断在欧洲徘徊;妇女的解放与"本体论差异"的具体化有着千丝万缕的联系,尽管两性差异不能与本体论差异等量齐观;①西方形而上学强调理性对情感、言语对文字的优越性隐含着逻各斯中心主义和人种中心主义的基本预设;欧洲中心主义观念已经在卢梭那里找到了哲学的回声。凡此种种足以说明,哲学如何内在地影响着当代人的思维模式。当人们把文字理解为统治的工具,当人们认为有文字的民族优于无文字的民族,当人们把文字、言语和群体生活视为人的基本特征时,他们就不能把文字仅仅理解为符号,理解为文化的载体,而要把它看做具有某种政治意义的东西。

政治在许多人眼里是权力运作的领域,但它又不仅仅是权力运作的领域,即使是一个不太关心政治的人也不时发现政治要"关心"他。在公民社会中尤其如此。当人们开始注意到个人权利、个人利益都不同程度地受到政治的影响,他很难自绝于政治之外。政治其实是每个

---

① J. Derrida, *Heidegger et la question*. Paris: Flammarion 1990, p. 148.

人生活的一部分,在战争年代,它甚至是生死攸关的一部分。德里达把政治称为"也许"的领域,因为这个领域是一个没有确定性、没有绝对保证的领域。唯其如此,它也是一个具有无限责任的领域。今天,虽然有各种各样的民意测验,虽然政治人物的一言一行不断通过媒体暴露在光天化日之下,人们仍很难知道某次重大事件的确切政治后果,也很难知道一些政治事件的真相。但是,这并不等于说我们可以逃避对政治责任的追诉和自身责任的担当。正是这一点使我们能顺理成章地将政治与伦理问题勾连起来。不同的时代具有不同的政治条件,因而也具有不同的政治前提。古老的政治概念经过德里达的解构呈现出不同的面貌。从亚里士多德的《政治学》到施密特的《政治的概念》,再到涉及民主政治的一些政治文本,如托克维尔的《美国的民主》、福山的《历史的终结与最后的人》,甚至还有《联合国宪章》,都为德里达发挥解构策略提供了舞台。德里达关心的主要不是传统意义上的政治体制的宏观问题,而是公民主体与计算、政治犯罪(如种族主义、政治暗杀)、男性中心主义的政治思维、友爱的政治含义、政治欲望与政治决断的关系,及作为允诺的民主、主权、政治共同体等等微观问题。通过解构政治的基本概念,甚至通过对一些概念的去政治化,德里达旨在展示对政治进行思考的另一种可能性,甚至展示思考这种可能性的另一种可能性。通俗地讲,他希望尽可能扩大政治讨论的空间,同时又防止将一切东西简单地归结为单一意义上的政治。政治是多义的,就像民主是多义的一样。对"政治"的谱系学梳理意味着将"政治"作为历史的幽灵、复数的幽灵,并看看它们如何影响人们的思考与行为。

德里达的思想与政治(既指作为学问的政治思想,又指作为现实社会实践的政治活动)具有复杂的关系。他的"解构"在一定意义上也带有某种政治意蕴,因为它试图消解启蒙运动以来人们不顾历史条件而随处套用的抽象的政治话语。在1968年法国"五月风暴"期间,他也像许多知识分子一样表现出一定的左的政治倾向,在20世纪80年代当海德格尔被人揭露与纳粹主义有密切关系时,德里达写了《论精神、海德格尔与问题》、《心灵，他者的发明》等书，试图要人们把海德格尔的政治立场与他的哲学著作区别对待；当保罗·德·曼被人揭露在青年时期写了一系列反犹文章时，德里达写了《多义的记忆》，为保罗·德·曼作了某种程度的辩护并认为德·曼成熟时期的政治立场无可指责，并顺便对传统的教条式的"责任"概念作了解构（他认为在实施解构时本身就不应排除对"责任"的解构问题）。20 世纪 80 年代以后，德里达分别写了一系列与政治问题相关的著作，如《马克思的幽灵们》（Spectres de Marx）、《友爱的政治学》（la Politique de l'amitié）、《无赖》（Voyous）等等，将解构策略在政治思想领域作了全面发挥。结果正如贺维尔（Chritina Howells）在《德里达：从现象学到伦理学的解构》中所言，"解构在许多自由派或保守派思想家中引起了强烈恐惧和敌意，恰恰是因为它抽去了他们的立足点：它质疑常识的那些令人心安的假设并以问题本身来取代这些假设，而不是代之以一系列新的答案；它摧毁自由主义的共识，并表明它的不合逻辑性和简单化，但并不以新的意识形态来取代它"①。我在第一章中提到的哈贝马斯与德里达的论争实质上涉及如何看待启蒙运动所张扬的现代性的基本政治概念。德里达的解构触及了哈贝马斯极力为之辩护的一些基本理论前提，因而两人的思想冲突不可避免。但我们也要看到他们在维护"正义"这一点上是一致的，尽管两人采取了不同的表述方式。

下面，我主要就德里达的政治哲学中的几个具体问题进行讨论，以期帮助读者了解他的政治观念及它们与解构策略的关系。

一

把政治与友爱联系起来讨论是德里达的解构主义政治哲学思想的主线之一，他甚至认为不对友爱之谜进行思考我们甚至无法了解政

---

① Christina Howells, *Derrida*：*from Phenomenology to Ethics*. *Cambridge*：*Polity Press*. 1999. pp. 141—142.

治的含义,因为从根本上讲,友爱中有实实在在的政治。1988—1989年间,德里达以"友爱的政治学"为题办了一个讨论班,在华盛顿和布拉格召开的两次学术讨论会上这个题目一开始便引起激烈的争论。受这种争论的刺激,德里达对他的讲演稿进行了一系列扩充,于是便有后来出版的《友爱的政治学》一书。与《马克思的幽灵们》和《无赖》这类政治哲学著作不同的是,《友爱的政治学》是从日常习见的问题开始来谈论政治的。这里所说的日常习见的问题是指"朋友"、"友谊"、"友爱"、"博爱"、"兄弟"、"家庭"等问题。而"兄弟"和"家庭"等概念的含义的扩展不仅与政治相关,而且与启蒙运动所张扬的普遍人性有关,与世界主义的伦理学说相关。同时,当基督教、犹太教将"兄弟"观念推及自身的所有信徒时,人类似乎向天下一家的境界迈出了艰难的第一步。因为尽管每个人都是独一无二的个体,但那些信徒彼此视对方为兄弟,他们通过友爱,通过誓言而成为兄弟。追问"兄弟"是什么本身就隐含着政治,因为当"兄弟"这一名称被泛化之时,追问"兄弟是什么"也便渐渐转化为追问"博爱是什么",而思考民主和实施民主恰恰是离不开博爱观念的,思考与启蒙相关的民主理性也是离不开博爱观念的。从这种意义上讲,友爱的政治学必然要关心民主政治问题,或者说,它要以此作为一种基本切入点。

通过解读亚里士多德、西塞罗、蒙田、海德格尔、施密特等人的论著,德里达给我们呈现了"友爱"概念的历史并通过揭示"友爱"的意义的多样性及其效应追溯了共同体问题、博爱问题、政治的伦理责任问题。为解释"友爱"概念,德里达又不得不从"朋友"谈起,因为他发现从古希腊到施密特的西方政治哲学传统一直坚持"如果要产生一种友爱的政治学而不是一种战争的政治学,那么就必须对朋友的意义产生一种共识,只有从朋友/敌人之对立内部才能决定'朋友'的含义"[①]。德里达所要消解的恰恰是这种非友即敌或非敌即友的僵硬对立。他常常运用历史追溯法,即从现有的政治观念和政治现实出发上溯到以

---

① 德里达:《友爱的政治学》,胡继华译,长春:吉林人民出版社 2006 年版,第 327 页。

前人们所遵循的政治逻辑,以便说明战争的根源以及与此相关的政治的可能性。

那么,今天的政治现实又是什么呢?德里达从施密特的论著中找到了对它的描述,也找到了施密特对古典政治哲学所坚执的敌友对立观念的拯救、恢复、保护、修饰乃至重构。他把施密特看做最后一位伟大的政治形而上学家和欧洲政治形而上学的最后一位发言人。按施密特的看法,现代政治的极端形式是战争,对敌友的政治划分所产生的严重后果在战争中暴露无遗。"在一个消除了战争的可能性的世界上,在一个完全实现了和平的世界上,将不会存在敌友之分,因而政治也不复存在。"①德里达并不赞同施密特的这一假设但相信施密特基于敌友之分去解释战争的根源自有其历史依据。正因如此,德里达才由对战争的解构转向对朋友和友爱的解构。

然而,德里达反对施密特将战争仅仅归结为敌友之分的简单政治逻辑。在他看来,施密特有些倒因为果,并将复杂的多元因素简化为对立的逻辑。诚然,战争中有敌对的政治动机,因为战争毕竟要反对政治的敌人,但战争也并非完全像施密特所说的那样只与敌友的逻辑相关。敌友的逻辑的确能解释部分事实,但如果战争仅在于反对政治上的敌人,那么,对为掠夺资源而进行的战争就难以解释了。在许多时候,战争是反对生存上的敌人的手段,但是否就不存在为捍卫道义或者出于信仰而进行的战争呢?按施密特的逻辑,战争的正当性是不能以是否为正义的理想而战作为衡量标准的,而只能以是否反对一个真正的敌人作为衡量标准。战争的确如克劳塞维茨所言是政治的继续,但战争也是政治的手段。战争是可以用于多种目的的。影响战争的因素太多了,多得难以估计,宗教因素、生存因素、道义因素、结盟的因素、君主的好恶、价值因素都可能是影响战争或引发战争的因素。但战争确实要通过制造敌人来发动。没有敌人就没有战争。但在现代世界上,战争的主体发生了变化,战争的形式也发生了变化,虽然敌

---

① 施密特:《政治的概念》,刘宗坤等译,上海:上海人民出版社 2004 年版;德里达:《友爱的政治学》,第 326 页。

友之分仍可能主导战争的起源与本质,但核武器的出现渐渐取消了战争与和平的区分,已经过去了的冷战也在一定程度上模糊了这种区分,模糊了政治与经济的区分,平民与军队的区分。但有一个重要的区分依然存在,即敌人与朋友的区分,这种区分促进了某些国家和地区在经济上的融合,结盟则是这种融合的动力。然而,几乎所有人都可以认识到结盟是受敌友二元分裂和对立的思维模式左右的,其目的是反对共同的敌人。这种思维模式使得某个民族自愿地或被迫地在敌人和朋友之间进行选择,至少表面上是这样。20世纪的国际政治仍在很大程度上沿袭了古希腊政治哲学所肯定的敌人与朋友的二元对立。德里达承认施密特在理解战争时将敌友对立作为根源在很大程度上描述了历史事实。当我们回顾那些事实,思考那些事实时,特别是在定义“敌人”时,我们不得不思考“友爱”,这不但是因为人们常常从敌人的反面去定义敌人,而且是因为友爱中蕴涵着政治的广泛内容。比如,西方的友爱观念中既隐含了男性中心主义倾向,也隐含了博爱的原初形式(而博爱素来被视为民主政治的基本前提),又隐含了家庭至上、兄弟优先的政治学,更隐含了政治形式和政府形式的变迁。

德里达首先从蒙田的一句名言入手来探讨友爱政治学问题。蒙田说,“啊,我的朋友们,根本就没有朋友”,但蒙田本人承认这句话并非他本人首创,而是来自亚里士多德。德里达依据他对亚里士多德著作的细致解读的确发现将友爱作为哲学的重要主题已经古已有之。更值得注意的是,德里达优先选择那些涉及友爱的论著进行解读并不是要确认它们的权威或确定它们的等级关系,而是要暴露和质疑它们所遵循的逻辑。众所周知,亚里士多德区分了潜能与现实。这种区分所体现的模式也表现在对友爱的两种区分上。一方面是作为典范的友爱,是本源性的友爱和《尼各马可伦理学》所谈到的那种“终极的友爱”;另一方面是派生的友爱,是实用的友爱和快乐的友爱。人作为政治的动物无疑需要政治上的友爱,这种友爱应当升华为德性的友爱。但政治的友爱现在依然只是一种朋友的友爱,因为政治上需要协调和默契,只有这样才能进行社会的有效治理。亚里士多德依据友爱的三种类型对三种类型的政府和政治形式进行了区分①,但这些区分仍然是以潜能和现实、偶性与本质的区分为前提的,换言之,它仍然是以二元对立的思维模式为标志的。

德里达试图将亚里士多德朦胧地意识到但并未言明的问题揭示出来,朋友被定义为在被动地爱之前主动地爱的人。他发现,即使我们可以分别用 friend-ship、Freundschaft、amitié(分别为英文、德文和法文的友爱、友谊)来翻译希腊文的原词,即便我们可以彻底地翻译这个希腊词,我们也不能认定它就具有统一的意义,甚至当我们用"友爱"一词去指称与此相关的一切,我们也不能把那些相关的东西归约为"友爱"的经验之列。这就说明从"友爱"观念发展出来的政治具有多重理解的可能性,这也说明按一种固定不变的单一模式去理解政治是大成问题的。但是,现代西方政治体制恰恰试图将一切政治关系纳入这种单一的模式中去,至少这是相当多的人的一种梦想,也是启蒙运动以来的西方政治实践。所以,问题的提法应当是:既然朋友如亚里士多德所说的那样只是少数人,而不是多数人,那么,西方政治由朋友政治转向兄弟政治真的是由少数人的政治转向多数人的政治吗?

问题的关键在于,这里所说的"兄弟"具有多种意义,一种是血缘关系上的意义,一种是神学政治的意义,还有伙伴上的比喻意义。西方基督教传统是通过将"兄弟"观念泛化的方式来宣扬其神学政治的,实际上,它所宣扬的"兄弟"观念是超越血缘关系的,但博爱原则的确立仍然根植于家庭观念。由于朋友的形象总是带有兄弟的面孔,西方几千年的政治史仿佛带有兄弟史的性质。从某种意义上讲,家庭是朋友的根源。当人们说四海之内皆兄弟时,人们已经预设了兄弟的优先性、家庭的至上性以及男性中心主义立场。为什么人们总爱以兄弟关系而不是姐妹关系去形容朋友呢?因为在强大的男性中心主义传统中,姐妹关系似乎只是兄弟关系的特例,我们几千年来的政治文化往往把女性归并到男性集体中,姐妹的性别常常被中性化了。"男人"

① 亚里士多德:《尼各马可伦理学》,Ⅷ,10,1160a31,13,1161a10。

(man)一词可以作为包括女人在内的人的统称就是极好的例子。所以,将女人造就为姐妹的力量不是女人本身而是兄弟关系。兄弟专制支配着家庭同辈关系的结构,包括一切姐妹关系。在古希腊,不少时期内,妇女与儿童甚至被排除在基本的自由人之外。所以,不能将姐妹关系作为博爱概念的家庭化典范。

现代政治体制所包含的挑战是,它以博爱之名行朋友政治之实。而朋友又总是要表现得像兄弟。德里达的问题是:为什么朋友就要像兄弟呢?为什么友爱不可以在真正的意义上超越血缘关系,超越亲子关系呢?当我们把现代民主政治与博爱原则联系起来,与以兄弟关系为原型的社会结构联系起来时,我们已然承认国家对家庭的依赖关系,这种根深蒂固的关系与问题丛生的所谓现代民主政治所作的承诺之间存在着极大的张力,因为不管你愿意与否,现代政治概念的自我表达都离不开血缘、种族、民族、性别、出生,这也意味着被现代民主政治的理论家们所张扬的平等一开始就带有难以抹去的非平等因素,因为形式上的平等无法掩盖基于家庭关系和其他因素的实质上的不平等。现代国家是在平等的幌子下运作的实质上不平等的机器。国家从来就是服从控制的逻辑和压抑的逻辑,国家对家庭的依赖关系几千年来就是这种逻辑的曲折表达。虽然一些启蒙思想家试图将从兄弟关系中引申出来的博爱原则与自由、平等相提并论,但博爱需要植根于精神的沃土中,而这种精神的沃土是从家庭的兄弟情谊中搬运而来的。自由、平等原则与博爱原则不同,它们不仅是精神原则和个人理念,而且是一种外在的制度化安排,没有这种安排,自由、平等则只能停留于精神层面而无法得到根本保障。从根本上讲,自由和平等不是一劳永逸的状态,不是末世论者或历史终结论者所相信的确定不变的模式,而是依时代条件而显示出差异的无限远景。因此,自由、平等总是相对地将自身推到无穷的将来,它们总是向人这种政治动物打开其无穷的可能性。

德里达力图在民主化与博爱化之间找到历史的密切关联性。为此,他由"博爱"推及一般意义上的友爱。他不仅发现友爱中有政治,而且看到政治中有友爱。友爱通常被认为只属于少数人,但这少数人成了一种公共政治符号,他们一旦组成政治团体很可能以多数人的名义催生某种政治组织或利益集团。西塞罗和蒙田都写有《论友爱》的专文,但这些专文大多是从日常生活的角度来谈论友爱的。蒙田把"啊,我的朋友们,根本就没有朋友"这句话归于亚里士多德,但他区分了两种友爱,即"至尊的主人的友爱"与"共同的习俗的友爱",这种区分中已经隐含了对社会阶层的政治区分。而西塞罗区分了"真正完美的友爱"与"低俗平庸的友爱",这种区分虽不像后来的蒙田那样带有明显的政治意味,但他所置身的政治环境使这种区分具有某种政治意义。按德里达的分析,西塞罗所谈的友爱是指以朋友之名而出现的真正完美的友爱,这种友爱稀少而伟大并且具有典范的价值。它给人以启示般的希望之光,让人的政治活动带有某种个人风格。当友爱成就了一种政治事业或在政治活动中发挥作用时,这种友爱会塑造一种公共政治模式,甚至成为一种伦理标准。这种现象在历史上并不少见,我们只需看看众所周知的三国时期刘备、关羽、张飞之间的关系就不难明白德里达的分析所蕴涵的重要价值。

德里达显然承认西塞罗对两种友爱的区分的重要性并且借题发挥,将友爱问题与民主、法权、伦理联系起来。他认为,友爱造就了一种亲如一家的气氛,给人一种倾心贴己的感觉,这种气氛撒播了自由平等的种子,并将友爱与普遍化的法律和逻辑联系起来,与伦理和法权联系起来,与公共事务的所有政治模式联系起来①,因而也与人们所说的民主化过程联系起来。友爱中隐含了民主政治的可能性,但并不必然产生民主。友爱是民主的萌芽,也是民主的希望与幻觉,因为当民主政治成为附属物时,友爱并不能改变专制政治的暴力性质。拉帮结派之所以是政治的固有现象,不仅是因为利益在起作用,而且是因为我们的文化中有一种根深蒂固的敌友区分意识。自古希腊以来,这种意识一直强烈地支配着西方的政治生活,并延续至今。也许今天的

① J. Derrida: *Politics of Friendship*, tr. by G. Collins, London and New York: Verso, 1997, p.3.

世界已使这种意识达到了登峰造极的地步。当卡尔·施密特（Carl Schmitt）说"只要一个民族在政治上存在，它就必须自行决定敌友之分"时，他说出了西方政治的现实，认清这种现实并挖掘这种现实的历史根源就是德里达的"友爱的政治学"所要做的事情之一。因为他常常感到，西方政治是一种朋友政治或敌友政治，尽管这种政治中也不乏利益争夺和利益瓜分，但从总体上讲，它们并没有从根本上摆脱敌友对立的二元框架。所以，"只有永远的利益，没有永远的朋友"这句话只是就启蒙运动之后的局部现象而言的并且不能从根本上改变原有的政治格局。对德里达来说，民主之所以依然是一种弥赛亚式的许诺，原因也在这里。在这种背景下，考察蒙田反复引用的亚里士多德的名言"啊，我的朋友们，根本就没有朋友"以及尼采所说的"啊，敌人们，根本就没有敌人"，对德里达来说自然有着不言而喻的重要性，因为它们从正反两个方面激励人们思考朋友政治与敌人政治对于政治史的自我理解的深刻意蕴。直到今天，"要么是朋友，要么是敌人"的政治观念仍影响着甚至支配着西方政治家的思维方式并影响国际关系的处理。在美国，这一点尤为明显。

那么，友爱呈现何种结构呢？友爱的政治含义既然如此之深，我们该如何处理友爱与政治、友爱与伦理的关系呢？德里达注意到"爱"的方式是多样的，表示友爱的方式是多样的。友爱是爱的特殊情形。友爱不是指向多数人的，而是指向少数人的，但它又最能体现平等关系。正因为我们的社会从来就没有平等过，所以，平等才对那么多人有吸引力。对整个社会而言，平等在今天依然是一种梦想，一种从未实现的允诺，一种可望而不可即的东西。因此，个人（通常是少数人）才格外需要到兄弟情谊中去寻找平等感，去体味平等的意义。德里达在《友爱的政治学》中谈到朋友之爱与父子（女）之爱的区别时明确指出，儿女与父亲的关系不可能是平等的，父亲对子女的爱常常是单方面的，不求回报的。虽然父子（女）之间可能有爱，但这种爱不是友爱。"友爱中需要有一种尊重，这种尊重不仅是相互的，而且是完全平等韵。这种尊重不可能出现在与父亲的关系中，它只能出现在与兄弟的关系中,出现在被描述为兄弟关系的关系中。对于一个使友爱成为可能的人表示友爱乃是令人骄傲的。"①

德里达从友爱的平等感中发现了博爱的源头。而博爱的观念却是基于康德曾经指出过的"在一个希望人人幸福的万能的父亲的庇护下人人都是兄弟"的观念,亦即基督教的上帝(圣父)观念。这就是说,博爱的观念中隐含了人人平等的观念。尽管事实上没有这样的平等,但人类必须有这种平等。它是使社会能有所改进的一种大写的观念。德里达在引述康德的话时强调,这种作为启蒙运动重要口号的人人平等的观念使友爱渐渐获得了伦理意义,因为其中表现了公正的尊重。而公正的尊重意味着不仅要他人承担义务,而且要使自己承担义务。世界大同、普遍民主和持久和平就是以博爱观念,以隐含在博爱观念中的人人平等的观念为条件的。博爱是兄弟之爱的泛化和推广,是友爱的放大。因此,友爱里潜藏着有待展开的人人平等的未来,虽然友爱并不必然升华为博爱,因为这种升华有赖于形而上学的超越性,更确切些说,有赖于存在一神学的超越性。德里达说,"平等不仅是一种表象,也是一种理智的概念,一个可计算的尺度,一种统计学的客观性,它本就含有一种义务感,因而也含有责任感、亏欠感和感激之情"②。

德里达倡导的是尊重多样性的平等。正如没有尊重,就没有友爱一样,没有对多样性和与此相关的差异性的尊重,也就没有人与人的平等。"人人平等"是就人的自然权利而言的,而不是就自然禀赋(如体力与智力)而言的。所以,德里达多次说,他就博爱所说的东西也适用于自然法概念。实际上,自然法概念与博爱概念是不可分割的。不仅兄弟概念、友爱的概念隐含在其中,而且平等、自由和人权的观念都隐含在其中。法国大革命所宣扬的普世主义的价值观以及与此相关的普遍政治与友爱的普遍化相关。通过分析康德和雨果的文本,德里达发现了"友爱"是怎样被上升为"博爱"的,博爱是怎样在法国、欧洲成为普遍价值观的。如果说康德发现了"友爱"中隐含的矛盾现象(他

① J. Derrida, *Politics of Friendship*, p. 261.
② Ibid., p. 260.

161

声称友爱中也有恨，或者说与恨共存），那么，雨果则从这种矛盾现象中发现了博爱的可能性，因为对他来说，巴黎公社中有精神崇高的庶民和脱胎换骨的人民，"这两个恶意的对立者具有同样的关爱，即关爱整个人类，两极相通就产生了博爱。这就是法国大革命的伟大意义"①。按雨果的诠释，经过法国大革命的洗礼，欧洲成了博爱的大陆，这个大陆代表着未来。但德里达特别指出，博爱是在法国才成为普遍的，做一个兄弟就是做一个"法国人"。这里所说的法国人不是国籍意义上的法国人，而是文化意义上的法国人，是精神意义和政治意义上的法国人。这样的法国人组成了民族，不仅仅是一个民族，它乃是整个世界的避难所，是活生生的博爱本身。

但是，德里达有时也把博爱视为友爱的别名。友爱呈现出和谐的结构，所以，海德格尔将"友爱"译为"恩泽"（Cunst）。德里达从"友爱"中看到了一种政治—伦理的意义，因为它包含了民主的深刻基础。这种意义首先表现在"友爱"已先行肯定"责任"与"尊重"在人类生活中的重要性。"友爱"意味着回应，但它是相互的回应，而不是单方面的强加和给予。友爱的全体要对得起自己的名字，他（她）有表达和中断友爱的自由，从这种意义上讲，友爱也是自由的象征，因为没有人能强制别人对自己表示友爱，友爱需要自己去建立和维护。这也恰恰意味着友爱的主体要对自我负责，对自己的言行负责，对自己的名字负责。德里达在谈到康德对友爱的论述时指出，"……友爱以爱与尊重为前提。它必须是平等的和相互的：是互爱和平等的尊重。一个人有责任追求和涵育这种'心心相印'和'推心置腹'（Mitteilung）的境界。因为尽管友爱并不产生幸福，但构成它的两种情感包含了一种尊严；它们使人类配得上拥有幸福"②。按康德的看法，友爱包含两个看似相互矛盾的方面，一是吸引力，一是排斥力，前者表现为爱，后者表现为尊重。

尊重在友爱中与责任相互蕴涵。尊重并不意味着亲密无间，而是

---

①　Victor Hugo, *Supreotie de Paris*. Paris, 1967, p. 54.

②　J. Derrida, *Politics of Friendship*, p. 253.

意味着"亲密有间",意味着把他者作为他者,作为一个与我平等的他者。因此,尊重体现了友爱所依据的空间化的距离。如果说责任激发我们的时间意识,那么,尊重激发我们的空间意识,因为它让我们与尊重的对象保持某种距离感,但这种距离感又不至于破坏亲近感,而是使它保持在恰当的程度。德里达认为正是尊重中的距离感将爱与友爱区别开来。

德里达对"友爱"的解构不仅表明,友爱是以对他者的尊重这一伦理诉求为前提,而且表明涉及友爱的传统概念既关乎希腊民主或基督教革命政治,也关乎男性中心主义。因为在漫长的西方文化传统中,友爱主要被用于描述兄弟关系或者说男人之间的关系,而不是用于描述姐妹关系或妇女之间的关系,即便被用于描述女性之间的关系,这种关系也带有附属的性质。德里达甚至用了一个精神分析术语"阳具中心主义"(其隐喻意义指男性中心主义)来描述传统"友爱"概念所包含的男性至上的因素。当代女性主义自有值得认真对待的政治诉求,并且这种政治诉求与启蒙运动以来的主流政治理念是一致的。追求男女形式上的平等,而不是追求实质上的权利平等,将不会动摇男性中心主义的根基。男女平等作为政治原则并不抹杀男女差异,而是要强调德性上的平等,这种平等属于非自然的平等,它是各种政治上的平等的重要根据。在德里达看来,人类可以发展出各种各样的平等形式,但并非每一种平等都以德性为依归。虽然一个人不必有很多朋友,并且不可能拥有很多朋友(如果你想拥有很多朋友,你很可能没有朋友),但是人类有建立友爱共同体的冲动和要求。虽然平等与民主看似相依相伴,但民主离不开对个人差异和独特性的尊重,没有这种尊重,就不可能有民主。这样一来,我们就会问一个问题:平等与民主之间究竟是什么关系?如果民主会牺牲平等,我们该如何应对呢?如果实行平等时不尊重差异,这样的平等是否可取?在不同形式的平等中,哪些平等是根本性的?

对德里达的独特的民主观,我们将在下一节讨论。这里我们要强调的是,德里达并不是漫无差异地看待平等本身。他不仅发挥了亚里士多德所说的三种主要的友爱观念,而且认为在三种主要的友爱(即德性的友爱、实用的友爱和快乐的友爱)中只有德性的友爱才要求朋友之间平等地分配德性,实现德性的平等。因此,从根本意义上讲,只有德性的友爱才能发展出有道德意义的平等来。如果我们混淆了不同意义上的平等,我们就会把友爱的共同体贬低为没有道德尊严的势利之徒的暂时集合体。脱离德性上的平等去谈论其他形式的平等不但没有意义,而且甚至对我们的社会有害。而德性上的平等意味着每个人的生命和人格尊严都应得到同样的尊重,不管他(她)在体力与智力方面与其他人存在多大的差距。朋友的共同体之所以对民主具有某种本源性意义,正是因为朋友之间的关系是一种相互平等的主体之间的关系,而不是一种依附性关系。

二

在德里达的政治哲学词汇中,"民主"无疑是出现频率最高的术语之一,但他并未人云亦云地为西方民主制度欢呼,更没有像美国学者福山那样以历史末世论者的口吻大谈历史的终结。在他看来,"民主"这个词既然在古希腊就存在,并且早就成为希腊人的社会文化的基本要素,那就说明,西方人对"民主"的理解是离不开历史条件的,民主的历史性正好表明民主含义的多样性和非固定性。虽然自启蒙运动以来,民主再度激起千千万万人的政治欲望,但它不是以固定形式存在于人们的政治观念中并影响人们的政治观念。民主是由不同的政治想象催生出来的不同社会理想,它不是并且不可能是单一的制度框架和定于一尊的标准模式。民主甚至不是一种社会现实,它还只是一种允诺,一种弥赛亚式的允诺,虽然这种允诺可以不断唤起我们的政治热情并且昭示正义的某些方面,因而值得我们期待,但是,这种不断推迟又不断显示出差异的允诺表明了民主只能属于无穷的未来,它具有无限的可完善性。所以,德里达总是喜欢在不同著作中谈论民主的机遇和未来,而不是谈论现实的民主制度。他的最根本理由是:"民主的生命就像生命本身,在其分化的德性的核心保持着它自身的不充分性。"①

没有民主,就没有解构;没有解构,就没有民主。这是德里达不断强化的观念。他反对对民主本身采取暴力式的解释,通俗地讲,就是反对一些人把民主理解为固定不变的死板模式,因为这种理解本身就是反民主的,它把自身的话语强加给他人并要别人认可自身的解释,然后宣称社会已对民主达成了共识。以民主的方式对待民主,这便是德里达试图捍卫民主的一种策略。

解构是在民主的召唤下出现的。"民主"应当解构并且能够解构。自有"民主"这个词以及它所指代的基本经验以来,"民主"就一直作为一种召唤预悬在开放的历史的前头。它改变了人类的政治观念,也改变了政治生态。它作为可以不断完善的基本经验离不开对个体独立自主性以及他们的差异的无条件尊重。它既以这种差异性为存在条件,也应当维护这种差异性。专制时代不允许解构,因为它试图用僵死的同一取代原本就存在的差异,它借普遍化的名义推广本不具有普遍性的东西。解构就是恢复事物的本来面目,让事物作为有差异的事物出现。如果真有什么"本来面目"的话,这个本来面目就是差异。甚至"恢复"也是有差异的恢复,而非复制。就像"民主"观念在历史上不断显示差异一样,"民主"恰恰是要让不同的声音在我们这个越发同质化的世界回响。

但是,德里达认定,今天的民主化是大成问题的,因为今天的世界是一个扭曲的世界,是一个推广某种价值观的世界,是一个试图压抑少数(制造出来的少数)、消灭少数的世界。这使我们置身乎脱节的时代,破败的时代,混乱的时代。这个时代已经病得不轻。其症候不仅表现在西方民主制的功能紊乱,表现在议会生活被严重扭曲,而且表现为各种传媒和通讯手段以及各种监控手段的不当使用使多数人的意志被少数人所决定,那些不能被现代传媒和通讯手段所覆盖的地区

---

① J. Derrida, *Politics of Friendship*, p. 22.

要么被世界所遗忘,要么被挤压到越来越边缘的地带。那里的人民的声音早就被淹没了,他们的要求与呼声得不到表达与尊重。这是一种新的极权形式,它使公共空间、公共事务和公众舆论被极大地败坏了,传统的职业政治家和政党人士现在不被人们所信任,他们成了媒体制造的玩偶或政坛上的电视演员,甚至成了"电视表演舞台上的剪影"。①

传统意义上的国内战争与国际战争的界线也在全球化时代变得模糊了。失业、经济战争、核武器扩散、军火贸易、毒品交易、民族战争、种族冲突、文化冲突、宗教冲突、各种形式的排外现象、世界范围内的普遍饥饿、大量无家可归的公民参与国家的民主生活的权利被剥夺、大量无国籍者、流亡者或被驱逐的非法移民的悲惨境遇以及少数强权对国际法的解释权的垄断和片面使用——所有这些构成了这个被扭曲的世界的"新景观"或"新的世界秩序"。德里达说,"我们得用某个单一的特征来命名,那冒险使自由民主的资本主义的欣快症类似于最盲目、最狂妄的幻觉,甚至类似于在其人权规范或法学修辞中越发明显地变得虚伪的东西"②。如果说国内的政治生活的民主化已被不少人接受的话,国际生活的民主化还远远没有像国内政治生活的民主化那样为人们所认可。恰恰相反,正是那些声称国内政治生活已实现民主化的国家阻止国际政治生活的民主化。当我们面对国际法在具体实施过程中被特定的民族—国家所操纵的现实时,当我们面对不同国家在国际法面前并不平等的现实时,当我们面对一些国际组织的规则为强国的意志所左右的现实时,我们大概不会怀疑德里达所指出的上述现象的真实性。

为了确立国际政治生活的公正性,德里达提出了"新国际"这一概念。按他本人的界定,这一概念是指对国际法及其概念和干预范围在各方面进行深刻的变革。③ 在他看来,国际法的适用范围应当加以扩展并且要多样化,它应当涵盖全球的经济和社会领域,这样做不仅可

---

① 德里达:《马克思的幽灵们》,何一译,北京:中国人民大学出版社1999年版,第114页。
② 同上书,第115页。
③ 同上书,第119页。

以使那些富可敌国而又无法无天的国际企业遵循基本的准则,又可以使国际法符合其制定时的根本宗旨:与民主与人权思想相一致。就像人权概念经历了几个世纪的社会政治动荡才逐步确立一样,"新国际"的概念也需要经过艰巨的努力才能在人们心中渐渐发芽。对它的有效贯彻既可以帮助实现不同民族之间、种族之间和国家之间的平等,又可以保护那些被剥夺了平等参与社会政治生活的权利的流浪者、无国籍者和少数族群的基本权利和人格尊严,也可以防止一些国际组织和机构借助强大的民族—国家力量,借助技术科学的资本、符号资本和金融资本以及国家资本和私人资本的高度集中而对国际事务进行的事实上的接管。

德里达对那些生活在社会底层的民众充满了同情与关切。他不仅为他们呐喊,为他们代言,而且要全世界都注意一个残酷的现实:地球上还有许许多多的人在遭受奴役、迫害,甚至惨遭灭绝,其绝对数字超过了以往任何时代。以往的国际法在这一现实面前显得无能为力。因此,德里达才设想建立一种新国际法的组织,他将这一组织称为"新国际"。"新国际"应是一种什么组织呢? 应是"亲和性、苦难和希望的一种结合"。关于新国际,德里达充满激情地写道:

> 它已经揭露了人权话语的局限性。只要市场规律、"外债"、科技、军事和经济的发展的不平衡还在维持着一种实际的不平等,只要这种不平等和在人类历史上今天比以往流行范围更广的不平等同样可怕,那种人权话语就仍将是不合适的,有时甚至是虚伪的,并且无论如何都将是形式主义和自相矛盾的。因此,必须大声疾呼一种"新国际",尤其是在有人居然以自由民主制的理想的名义(这种理想已经自诩最终将是人类历史的理想)无耻地宣传新福音之际。[①]

---

① 德里达:《马克思的幽灵们》,何一译,北京:中国人民大学出版社 1999 年版,第 120 页。

　　"新国际"并非要抛弃和毁掉人权话语,而是要避免虚伪并全面地捍卫人权。德里达呼吁我们对资本主义市场体制和被扭曲的民主体制造成的危害提高警惕,对福山这类末世论者借自由民主之名兜售的新福音表示警惕。福山在 1989 年发表的一篇引起热烈讨论的论文《历史的终结与最后的人》中提到:"尽管当今世界上有一些国家未能建立起稳定的自由民主制度,尽管另外一些国家有可能倒退到与自由民主制度相反的、像神权或军人独裁那样更原始的统治形式,但是,自由民主制度的理想是不可改变的。"①德里达除了指出福山的论调不过是黑格尔的历史末世论的回声之外,还指出西方建立自由民主制度的努力在国际上已遭到失败,在这样的时刻宣称历史会有终结不仅意味着以封闭的而非开放的态度去看待民主,而且意味着福山是在以空洞的理想自欺欺人。德里达主张将马克思的批判精神贯彻到底。他虽然否认自己的解构理论是马克思主义,但他主张在讨论自由民主问题时仍然要从马克思主义中汲取灵感,要秉承马克思主义的精神,而马克思主义的精神不是一种而是多种。这一点决定了我们可以并且应当对"自由民主"做多种理解,这也决定了我们不能把民主理解为僵死不动的规定。民主如果被硬性地作为僵死的规定,并且可以作为宣告历史终结的基本标志,它就不可能是充满活力的东西,而只会把人引入歧途。

　　德里达宁愿把民主理解为一种允诺。为此,他区分了两种类型的民主概念,即未来的民主(la démocratie future)与将要降临的民主(la démocratie à venir)。他关心的主要是后者而不是前者。前者仿佛把民主作为一种实实在在的形式,只不过它采取了将来的时态或者说是将来在场的一种制度。后者则将民主作为一种无条件的允诺,这种允诺永远把自己推到遥远的将来,由于它追求对于个体的无条件尊重,追求对于这些个体之间的不可计算的平等的尊重,追求对他人的无条件的相容,它只是永远难以兑现的允诺。它使人期待,让人向往,给人以无限的希望与遐想,但它又无法计算,无法确切地认定和判断,对它

---

① 着重号为福山所加,见福山:《历史的终结与最后的人》,转引自《马克思的幽灵们》,第 92 页。

不能做事实的描述,它只代表一种无条件的价值,就像康德眼中的绝对命令,或像犹太教中的弥赛亚性。它永远在我们的前头引导着我们,使我们在希望的记忆中为它留下地盘。它永远是一种不确定的可能性,它只是承诺会到来,但我们不知它何时会到来,所以,它是无穷的愿景。也正因如此,美国学者克里切利(Simon Critchley)认为,德里达所说的"将要降临的民主"具有伦理要求或不可计算的 Faktum(因素、事实)的性质,它不是对将来的某种政治制度的描述。但德里达的想法是,"我们应当把将要降临的民主的伦理命令与各种更为具体的行动和各种更为具体的政治参与和伦理参与联系起来考虑。从这种意义上讲,我们不应将民主理解成社会的某种固定的政治形式,而毋宁要把它理解为一个过程,或者更确切地说,把它理解为我称之为民主化的过程"①。

我们在前面所谈到的"新国际"不就是德里达追求民主化过程的见证吗?如果说"新国际"概念的提出体现了德里达对自由资本主义的强制性扩张所带来的危机的政治抗议,因而也反映了他从现实出发进行政治参与和伦理参与的基本诉求,那么,对"将要降临的民主"的阐述则体现了他试图对那些把自由资本主义的民主制度作为人类历史的最终政治形式的末世论者的嘲弄。无论是在《马克思的幽灵们》、《友爱的政治学》中,还是在《无赖》中,"将要降临的民主"都是德里达的一个重要主题。但是,在后一本著作(这也是德里达生前出版的最后一本著作)中,德里达把"将要降临的民主"与一般意义上的民主联系在一起思考。他希望传递一个基本信息,"民主"概念具有悠久的历史,在历史上人们从未就民主达成过共识。由于其含义在不断变化,其存在形式是多样化的。那种认为有终极意义上的民主的想法既不符合实情,也是一种危险的幻觉。

让我们先看看民主概念的历史。古希腊的"民主"与贤人政治相联系,同时又与之竞争。而贤人政治恰恰指符合大多数民众(demos)

---

① Simon Critchley," Déconstruction et communication", in: *Derrida: la deconstruction*, Coordonné par Charles, Paris: Presses Universitaires de France, 2005, pp. 53—70.

的正当意见的政治。即便是对"民众"的构成,大多数时候人们也未达成一致意见。可以肯定,奴隶是不被作为"民众"对待的,妇女与儿童在相当长的时间里也是如此。即便是在现代的选举制度下,"民主"的形式也是很不相同的。德里达不但否认有什么普遍的民主模式,而且要追问一个共和国要在多大程度上才可以自称为实行民主制度。这就要涉及到民主与可计算性的关系。现代的"民主"常常被归结为数目统计,而这里的数目统计又基于双重平等概念,即出生平等和权利平等。数目统计涉及的是表决主体的数目。一些人接受的一个观点是,"没有绝大多数人的决定和公开的赞同,就没有民主",但这里所说的"绝大多数"本身就是一个不确定的说法,这也决定了现代许多人所说的"民主"概念内涵的模糊性。德里达的问题是,民主制度一定要计算吗?在一定程度上说,民主的确需要计算,它要计算选票和公民主体,但它并不计算,也不应计算日常的单一个体。民主价值是不可计算的。民主概念是可以解构的,甚至可以说"民主"一词本身就存在自我解构的力量。民主本身虽然也保留了普遍化的权力,保留了把个体的差异提高到普遍化的权力,但民主所依据的个体的差异性是无限的差异性。正因如此,它具有无限的可完善性。民主具有不断解除自身界限的可能性,这恰恰表明了它的无限的可完善性。正是在这种意义上,德里达说,"民主是解构式的自我划界的动力"①。

以民主的方式对待民主不仅是"民主"的应有之义,而且意味着对与民主相关的东西采取批评、质疑的立场。允许批评、质疑和解构既是社会自我完善的源泉,也是民主所保证的无限权利。民主既是有条件的,又是无条件的。它的有条件性表现在,它受特定的语境的限制,它的效用和实践范围会随着我们这个日益变化的时代而显示出差异。它的无条件性表现在,它体现了一种自我批判的精神,自我分化、自我完善的精神,它一开始就肯定了自我解构的可能性与义务。它以不断可完善性的名义,以不断适应变化着的现实的名义肯定了对"民主"概念

---

① J. Derrida, *Politics of Friendship*, p. 105.

本身进行不断更新、不断完善的无穷可能性。古老的"民主"概念的正当性是由对它的质疑、批评和解构来保证的。德里达甚至认为,在今天保留希腊词语"民主"是出于语境、修辞、策略和争论的需要。因此,在他看来,福山把西方民主制度看做人类历史政治制度的终极形式,要么是出于对历史的无知,要么是出于狂妄的独断。其结果不但是限制民主政治的空间而且使民主失去了自身免疫机制(auto-immunité)。

"民主的自身免疫机制"是德里达的又一个重要政治哲学概念。提出这一概念是他对我们这个恐怖的时代的独特贡献。它提醒我们认真对待民主的疾病,着眼于并忠实于民主的未来。这一概念在《无赖》一书中经常出现。但在 1996 年发表的《信仰与知识》中我们已经看到这一概念的雏形。[①] 因为德里达在其中多次提到自身免疫的过程,并谈到未来的民主、宽恕和无条件性等问题。民主在他看来从来就是不完善的,承认这一点就等于承认它会像人的机体一样生病;作为民主的守望者,我们首先要做的就是建立民主的自身免疫机制,这种机制就是以民主的方式,从民主内部清除民主的敌人。不具备自身免疫能力的民主只是假民主。

在他眼里,民主问题绝不仅仅是现实的政治和法律问题,而且是未来的文化和生活方式问题。只有从未来的角度看民主,民主才不会作为固定的模式,而是作为多样性的可能性而存在并在我们的前面召唤我们,唤起我们的热情和思考。在《宗教》中,德里达这样写道:

> 因为民主尚未到来。就其尚未到来而言,这就是它的本质:它不仅是可以无限完善的,因而始终是不充分的并且是未来的,而且由于它属于允诺的时代,它始终要在未来的每个时代到来;甚至在有民主之时,它也决不存在,它决不出场,它仍然是一个不可呈现的概念的主题。[②]

---

① J. Derrida, *la Religion*, Paris: Seuil, 1996, pp. 79,219.
② Ibid., p. 306.

171

我们不仅仅用希腊文讲"民主"。作为这个充满歧义的希腊词的受赠人和委托者,我们并不知道"民主"确切地指代什么,不知道它的真正内涵。我们只知道我们是这个不可放弃的语词的继承者。但我们不知道这个词的遗赠、使命、任务或意义;尽管到处充满了对民主的自信的断言,但我们并不知道这个断言的合法性或正当性何在;我们只知道我们要永远发扬民主,但对自己所要发扬的东西并不十分清楚,我们仿佛成了为发扬而发扬的单纯的发扬者本身。我们在这里说着我们,但这个"我们"是无限的"我们",没有谁能说得清楚这个"我们"所指的范围,但恰恰是这个"我们"自称为民主的代表,自称为民主的发言人。总之,"民主"这一古老的概念从来就是不确定的,没有谁拥有对这一概念的最终解释权。它永远不会出场,它就像让我们永远引颈期盼的救世主那样向我们做出允诺。捍卫民主就是捍卫那份允诺。

针对把民主视为政党轮流执政的观点,德里达指出这恰恰是民主的最大问题之一。他认为这样做的危险是,人们可能以民主的方式将权力赋予并不民主的政党,这种政党可以在民主的旗号下做出伤天害理的事情。他不仅列举了希特勒的例子,而且列举了皮诺切特的例子。他还列举了1992年阿尔及利亚和法国选举的例子,说明把民主理解为政党轮替执政的害处。当时,阿尔及利亚人按照民主原则赞成停止选举,许多人寄希望于多数派改变宪法,取消民主功能。而在当时的法国,选举只进行了一轮就被以民主的方式中断了。德里达追问的是,民主是否意味着可以自由地损害民主呢? 民主是否意味着可以通过民主中断"民主"呢? 以民主的形式中断民主难道不是对民主的嘲讽吗? 但要把民主精神贯彻到底,就要允许这种情况出现,否则就不是人们通常所说的民主。因此,德里达得出了一个令人惊诧的结论:"民主政体总是自杀性的政体。"[①]民主政治必须表明它有能力结束自身。民主是自我否定,自我背叛的。它为自身设定了讨论自身、质疑自身、批评自身甚至终止自身的可能性。"从我们考察的方面看,阿尔及

---

① J. Derrida, *Voyous*, Paris: Galilée, 2003, p.57.

利亚的选举过程的中断是以民主之名侵犯民主的典型事件。阿尔及利亚政府和相当多的阿尔及利亚人民（尽管不是多数人）甚至包括外国人都认为，那里进行的选举过程是以民主的方式导致民主的终结。因此，他们宁可自己结束民主。为了民主的利益，为了关心它，也为了避免最坏的很可能的入侵，他们最终决定至少暂时中断民主。"[1]这表明民主在那里并不是绝对的无条件的价值，而是以人民的暂时利益为依归的。世界上有许许多多同类的事情发生，这一点不仅暴露了民主的脆弱性，也暴露了将民主归结为党派政治或政党轮替制度的弊端。

德里达通过对"民主"的概念史的考察表明，党派政治只是民主政治的特殊现象，而不是普遍现象。未来的民主是开放的，因为民主的活力在于生活。民主并不等于党派政治。道理很简单，任何党派都有自身的利益，因而也有自身的局限。德里达不断追问的是，为什么民主政治不能是全民参与的政治呢？为什么非要有党派来代表民众的利益呢？

德里达提醒说。民主自由的最大敌人可能表现得最为民主。所有文明都有民主的因素。民主问题其实早已超越了政治和法律领域而上升为人类生活的一般问题；发挥积极的民主因素是文明的一般任务。无论是亚里士多德生活的时代还是在今天，"民主"都不是单纯的政治概念。民主的本质恰恰在于它没有本质。现在，人们缺乏的是未来的民主观念，以致民主缺乏方向感，但有一点可以肯定，未来的民主既不源于基本法，也不源于调节。到目前为止，我们还找不到绝对的民主范式、绝对的民主理想和绝对的民主本质，即便有，这个"有"也面临绝境。民主源于分延的力量，它本身就是对分延的回应，是对他者的他者性、异质性、非同一性、个体性、不对称性、差异性的不可否认的基本经验。民主意味着间隔和距离。民主只有在分延中并通过分延才是其所是。民主处在权力与正义之间的不稳定的临界地带，它只有在政治与超政治的中间地带才能找到自己的地位。由于人的具体的自由和权利是不断变化的，民主的内容也是不断丰富的。比如，在互

---

① J. Derrida, *Voyous*, Paris：Galilée, 2003, p.57.

联网时代,人的自由有了更多的含义,一个人对他人的危害相应地改变了方式,其范围也变得更大。在这种情况下,网络的民主与民主的网络正在寻求社会政治力量的认可。所以,德里达一再说,他难以肯定民主是单纯的政治概念。他的意图其实非常明显:对民主进行去政治化、去中心化的处理,以便人们更多地从生活中,从一般文化中而不仅仅从政治中去寻找民主的因素。

三

针对美国政府在"9·11"事件后将一些国家定性为"无赖国家",德里达对"无赖"(voyou)一词进行了一番解构并以他惯有的历史眼光一针见血地指出,"无赖"恰恰与"民主"是联系在一起的,就近现代社会而言,我们甚至可以说,没有无赖就没有民主。在 19 世纪和 20 世纪,无赖与民主共生,有时简直是民主的产物。德里达把法语中的 voyou(即"无赖"、"捣蛋鬼"等等)的不同用法一直追溯到工业资本主义的都市化时代,并断言,"无赖这个词本身就是语言的无赖"[①]。当他从爱丽舍宫的声明中听到 Etats voyous(即"无赖国家")这个词时,德里达颇为惊奇,觉得那不过是所谓的西方民主国家为实现联合而发明的有用口号而已。但当他回想起自己的曾祖母用 voyou 这个词来形容他的淘气时,当他发现美国及其盟国常用这个词为自己所不喜欢的国家贴标签并进而进行惩罚时,他觉得其中有值得特别玩味的深刻意蕴。

我们需要明确的是,"无赖国家"并非法国人的发明,而是美国政客的发明。法语的 Erats voyous 只是英文 rougue states 的近似翻译。在法语中,voyou 这个词既可做名词也可做形容词,但其含义颇为不同。比如,说某个人有点要无赖并不代表他就是真正的无赖。此外,在过去,这个词很少用来形容女性,从本质上讲,它也是男性主义的副产品。德里达说,如果真的有什么无赖国家,这样的无赖要接受惩罚,

---

① J. Derrida, *Voyous*, Paris: Galilée, 2003, p.115.

174

要受到遏制,必要时要用法律的强制力使其回到无害状态。但美国的政客们显然是出于自己的政治利益来定义"无赖国家",他们在某种程度上需要这样的"无赖国家"存在,即便想象一个也行,因为他们要用这个词来规范一种政治话语,比如,不仅用它去表示不尊重国际法、国际规则和国际义务的国家,而且凡是妨碍美国本国利益的国家都被按敌友逻辑归入无赖国家之列。但他们使用该词的背景并不单纯,其动机也值得怀疑,因为他们掌握着"无赖国家"的定义权和解释权,他们甚至不给人申辩的机会就试图以维和的名义、反恐的名义强制其他国家接受战争。这本身就与民主背道而驰。

"9·11"事件是我们这个所谓的民主时代的悲剧。德里达一方面对那些受难者深表同情和哀悼,另一方面对民主的未来表示担忧。他在与我们座谈时预言美国会对外发动战争,对内实行警察统治,因而必然要限制人的基本权利。事实不幸被德里达所言中。通过对这一事件的反思,德里达发现民主的自身免疫能力在西方世界仍很微弱,这使人们只能寄希望于"将要降临的民主"。美国与世界其他地区的追随者一起发动了针对所谓的"邪恶轴心"的战争,针对所谓的"民主的敌人"的战争,针对所谓的"无赖国家"的战争,但它们自身的行为比无赖还无赖:它同时在国内限制人权、自由和民主,它扩大警察的调查权却没有多少人进行严肃的反对,它不断资助自己所说的无赖,制造假情报并据此欺骗全世界。这表明一种民主政体正在通过滥用武力来捍卫自身,来攻击潜在的敌人。它通过防止对自身的威胁而威胁到自身的存在。还有什么比出现这样的结局更令人遗憾呢?

德里达质疑是否真的存在美国政府所说的"无赖国家",如果说有,那么,"最邪恶、最残暴、最有毁灭性的无赖国家首先就是美国,有时候是它的盟国"[①]。

首先,美国对"无赖国家"一词的使用就带有无赖性质,因为它不断玩弄这个兼有修辞意义和司法意义的话语来达到自己的政治、军事

---

① J. Derrida, *Voyous*, p.139.

和经济目的;它自己不断违反国际法却反过来借用国际法来打击别的国家。"rouge state"这个词本来就具有多义性,它一开始并未用来指称国家。20世纪60年代人们还很少使用这个词,即便使用,也仅仅指那些不太民主、不太尊重法律的政府的内政。这个词主要是在"冷战"结束后流行起来并在克林顿执政期间被用于指称不尊重国际法的国际行为。1997—2000年间,克林顿和他的高级顾问们(尤其是奥尔布赖特)多次用这个词谴责某些国家,有时这个词也被换成另外几个意义相近的词,如outcast(被遗弃的国家)、outlaw nation(无法无天的国家)、pariah state(被国际社会抛弃的国家)。里根政府喜欢用outlaw,乔治·布什(老布什)喜欢用"renegade(叛徒)"这样的词。"9·11"事件前后,美国试图制定一整套国家战略来对付国际恐怖主义,于是将"无赖国家"与恐怖主义联系在一起并用强制的逻辑借反恐之名对那些国家进行不同形式的制裁。克林顿政府正式将"无赖国家"的标签作为处理对外政策的意识形态工具。比如,曾任克林顿政府高级官员的美国威尔逊中心国际研究部主任李特维克(Robert S. Litwak)就在《无赖国家与美国对外政策》一书中十分蛮横地说,美国说哪个国家是无赖国家,它基本上就是无赖国家[1],其他官员也采取类似的语调对"无赖国家"下定义。克林顿执政后期曾考虑放弃使用"无赖国家"一词作为处理对外关系的政策性词汇,但小布什执政时又因反恐需要重新激活了这个词,并开列了一个无赖国家清单。所以,德里达基本接受乔姆斯基在2000年发表的《无赖国家:世界事务中的强力统治》所表述的观点:在所有无赖国家中最无赖的国家恰恰是散布和使用"无赖国家"这类概念的国家。

其次,大量事实表明,美国对所谓的"无赖国家"的指控恰恰可以用来指控它自身。德里达像乔姆斯基那样列举大量事实来说明这一

[1] R. S. Litwak, *Rougue States and U. S. Foreign Policy*, Baltimore:Hopkins University Press, 2000. Cf J. Derrida:*Voyous*, p. 139.美国国务院的另一名官员布勒姆(William Blum)在他写的《无赖国家》(William Blum, *Rouge State*, Monroe:Common Courage Press,2000)中也提出过相似的看法。

点。比如，被美国第一个视为无赖政权的巴拿马的诺列加政府曾一直得到美国中情局的支持，卡特、里根和老布什执政时都曾不遗余力地给诺列加以物力和财力支持，虽然诺列加后来被指控拷打和谋杀持不同政见者和罢工者，参与贩毒并武装尼加拉瓜反政府军。萨达姆统治时期的伊拉克也曾被美国和英国在 1998 年宣布为"无赖国家"和"无法无天的国家"，萨达姆则被称为"巴格达的畜生"，但美国政府以前也长期支持萨达姆以便从萨达姆那里得到经济上和地缘政治上的好处，并让伊拉克与伊朗相互遏制。美国不仅根据自己的利益来定义无赖国家，而且根据自己的好恶来定义无赖国家，同时，它不经联合国的授权就轰炸利比亚、伊拉克和苏丹，武装入侵巴拿马和索马里。正如乔姆斯基所言，它的所作所为带有国家恐怖主义的性质。它的无赖性在于，它不断用国际法的名义实现自己的目的，又不断破坏国际法的两大基础，即民主原则与主权原则。上面列举的那些事例被德里达用来说明美国政府奉行的对外政策的无赖性质和实利主义性质。随意践踏别国主权一旦成为常态，"强权即公理"就会成为国际关系的基本准则。德里达自然关注人权，当人权与主权发生矛盾（事实上它们是不同层面的问题，因而不存在根本矛盾），他赞同通过民主的方式进行某种干预。但他发现，实施干预的机制被强权垄断了，冷战时期特别是被美苏两个强权控制了。"冷战"结束后，一些小国有了解放的感觉，它们也为显示自身的独立能力而跃跃欲试。它们不愿长期当随从，它们想表达自己的声音。应当说，这是一种符合民主原则的正当要求。但遗憾的是，由于强权的各种有形与无形的控制，联合国并没有成为维护民主的有效机构。加之，世界上的饥饿、贫穷、歧视和压迫有增无减，使许多人陷入了绝望之中。正是这种绝望和仇恨导致了国际恐怖主义。美国宣称的无赖国家被指控为这种恐怖主义提供保护，甚至提供武器和训练营地。但美国没有选择民主的方式，而是选择了非民主的单边武力行动的方式来解决问题。在德里达眼里，当美国选择这种方式时，它基本上像它指控的无赖国家那样行动。

那么，"9·11"事件又向我们吐露了什么信息呢？我们首先需要了解这一事件的影响和后果（第一章已对此作过论述，此处从略），这一事件的受害者的确引起我们无限的同情，并且这一事件给人造成的创伤并不仅仅在于人们常常看到的那种实实在在的损失，而在于"对更糟的、仍会降临的威胁的不可否认的恐惧"以及对恐惧本身的恐惧。美国人将长期生活在这种恐惧之中。美国当局的无赖行动只会加剧一部分人对美国的仇恨，因而会进一步催生恐怖主义。引起美国的过激反应恰恰是那些谋杀者真正想要的东西。用战争的方式去消灭恐怖主义非但不能消灭恐怖主义，反而是在用一种恐怖去代替另一种恐怖，它造成的结果是让一个国家的人民都来代替恐怖分子受刑。它给无辜者造成的恐惧与"9·11"事件给美国和其他国家的人民造成的恐惧不相上下。那些处于苦难、压迫、饥饿和绝望中的人民应当得到帮助。只有当一个社会对恐怖主义具备自身免疫能力时，社会才可能是安全的。因此，德里达对以美国为首的西方盟国以战争的方式去打击恐怖主义一直持批评态度，因为这不仅不是有效的办法，而且会伤害更多无辜者，同时，这样做还会严重损害国际法的基础，即民主原则和主权原则。

然而，这两条原则究竟是什么样的关系呢？这两条原则在德里达看来既不可分割，又相互矛盾。之所以说这两条原则不可分割，一方面是因为国际事务的民主化是以承认权利主体的独立性为前提的，这个权利主体就是独立的国家；另一方面是因为，作为独立的权利主体，一个国家有权平等参与国际事务，这一权利的保障是通过民主来实现。为使民主有效，为使民主产生有效的法律制度，让世界人民参与管理是必不可少的。这就离不开主权。按施密特的看法，拥有主权者也就是能就例外做出决定者。德里达注意到，《联合国宪章》第51条是唯一的例外，因为它承认个人或集体为防止武力攻击而捍卫自己的权利。主权是比世界上的所有力量都更为强大的力量。如果这种力量的构成被认为代表和保护这种世界民主，那么，它从一开始就以自身免疫的形式背叛和威胁民主。按大部分国家所同意的看法，主权是非历史的，也是不可分割的，它排除了分享的可能性。没有主权，民主无法落到实处。但主权要通过强制力来体现。没有强制力，没有最强者的强制力,就没有主权。但是,德里达也看到,假如这种强制力被一个无视人民利益和权利的政府所掌握,该国人民的民主权利就会受到压制。在这种情况下,主权与民主是矛盾的,因为该国政府会以主权为由回击他国对其压制人民民主权利的批评。近些年来,国际上关于人道干预的呼声日高,关于人权与主权哪个优先的问题引起普遍争议,以致联合国的维和行动在一些动乱的地方难以开展。争议双方各执一词,实际上他们往往在不同层面讨论问题。这使我们不得不回答这样几个问题:人权可分集体人权与个人人权吗? 如果回答是肯定的,那么,主权是否算集体人权呢? 当我们面对种族屠杀而一国政府又无法应对时,即使这个国家以维护主权为由拒绝国际社会的人道干预,我们还有根据强行干预吗? 德里达也承认,要将民主推广到民族—国家的主权之外的确非常困难。他建议通过创造一种国际法律和政治空间来克服这些困难。比如,在考虑主权的情况下不断改革和发明新的主权划分形式,以民主的方式改进《人权宣言》的表述并以它为依据对民族—国家的主权进行限制,以民主的方式加强国际法的机构建设,特别是联合国的建设,加强国际刑事法庭的权威、效力与效率。但无论如何,《人权宣言》的精神和原则必须得到遵守,因为它体现了社会的基本正义要求。它并不是以非主权原则来反对主权原则,它是以承认自由、平等和自决的人为前提的。"《人权宣言》宣布了另一种主权,它因此揭示了一般主权的自身免疫性。"①

　　综上所述,就像德里达对美国的一些做法和政策提出严厉批评并不意味着他反对美国(相反,他热爱这个国家,对这个国家充满感情)一样,他对现行的所谓民主进行批评也并不意味着他反对民主。他只是试图告诉人们,民主始终需要完善,始终需要批评。批评是民主的生命。民主不单单是政治领域的事,它是我们生活中的事,是每个人的事。民主注定是为弱者而设计的,是为大多数人设计的,也是为大多数人而存在的。强者属于控制多数的少数人,这种少数常常不需要

---

① J. Derrida, *Voyous*, p.128.

民主,也不希望民主。因此不论是在国内社会政治生活中还是在国际政治生活中,强者总是倾向于控制别人的意志,也就是说,当民主有可能损害其利益时,他们本能地抑制民主。所以,德里达认为,尽管美国和西欧国家号称民主国家,但在国际政治领域和经济领域,它们总是试图操纵国际组织。比如,国际货币基金组织和世界银行的高级官员的任命以及政策的制定和实施并不是真的遵循民主原则,而是遵循实力原则,美国和西欧国家总是对其进行操纵。

德里达对联合国安理会也多有讥评。他认为未来民主的命运与世界秩序密切相关,它取决于被认为无所不能的国际机构即安理会会成为什么样子。令人遗憾的是,安理会就不是民主机构,而是大国俱乐部,它从一开始就决定了国际秩序不是以民主原则为基础的,而是以实力为基础的。自称最为民主的国家在国际政治和经济生活中恰恰表现得最不民主,甚至连民主的样子也不装一下。对待民主的这种相互矛盾的态度不仅显示了民主的内在张力与矛盾,而且表明民主还远远不是现实,而只是一种信念和无条件要求。

人类为什么需要民主这种信念呢? 这是许多人都会问的问题,甚至古希腊人和罗马人也会问这种问题。因为人类社会始终存在着各种各样的恶,它永远需要不断完善自身,改进自身。用通俗的话讲,只有较好的社会,而没有最好的社会。在所有坏的政体中,民主政体相对不那么坏,因为它毕竟为坏的状况的改变留下了一点可能性。所以,它是迄今为止人类所能找到的稍稍能给人希望的政治生活形式。从某种意义上讲,它更多的是作为寄托人民期待的东西而出现的,从而能给人以安慰和混乱中的某种方向感,也使人有了发泄不满的途径和对照现状的鉴镜。德里达说:"留给民主的时间始终非常缺乏。因为民主并不等待,然而它又让人等待。它什么也没有等到,反而为等待丢掉了一切。"①

表面上看,德里达似乎对民主缺乏信心,这一点源于他对现状的

---

① J. Derrida, *Voyous*, p. 153.

观察和对民主的内在矛盾的分析。实际上,德里达也把民主作为一种"应当",作为一种无条件的命令来对待。为此,他又强调,民主的命令决不应受某种理想的支配,因为那样一来就把民主归结为单一的政治模式,而人类生活的复杂性与多样性决定了采取单一的民主政治模式的不正当性和无效性。他关注人们对民主的"将临"(将要来临)所抱有的信念,关注它的紧迫性以及由此给人们造成的使命感。当他把民主变成某种弥赛亚式的期待和允诺时,他实质上对民主产生了宗教般的情怀,虽然他努力掩饰这一点。但是,我们万万不要以为,德里达给我们描述了单一的确定的"民主"概念。他对"民主"的解释是多样化的,有时给人以矛盾的印象,毋宁说,在他那里民主就是矛盾本身。一方面,他说,"民主是人们原则上有权公开批评一切的唯一制度,唯一的宪政模式。其中包括有权批评民主的理念、民主的概念、民主的历史、民主的名称,其中也包括批评宪政范式的理念和法律的绝对权威,它因此成了唯一可普遍化的范式,由此产生了它的机会和脆弱性。为了完成这种历史性(在所有政治制度中独一无二的历史性),必须使它不仅摆脱康德意义上的理念,而且要摆脱所有目的论、所有存在—神学的目的论"[1]。但另一方面,他又说他所谈的不是现实的民主,甚至不是未来的民主(la democratie future),而是"将要降临的民主"(la democratie à venir),这种意义上的民主超越了主动的不间断的批评,它不仅考虑唯一具有自我批评能力的制度的绝对的内在的历史性,这种自我批评能力也被称为可自我完善的自身免疫力。而且,它把自身变成了允诺,它不会出场,不会实际存在于我们的社会中。这岂不是说,民主只是一种绝对要求,甚至是一种幻象?一种制度如果只是幻象,它还能成为制度吗?我们又有什么根据说我们非得将一种不会出场的东西作为可普遍化的范式呢?民主如果只是一种信仰,人们为什么非得信仰它呢?德里达很难回答这些问题。道理很简单,他的目的仅仅是指出"民主"呈现出一种二难结构,民主是可以解构并且应当进行解构的。

---

[1]　J. Derrida, *Voyous*, p. 127.

第十一章　法律的悖论

在 20 世纪 80 年代之后，德里达十分关注伦理与政治问题。对这些问题的关注使他不可避免地触及法律问题，这不单单是因为法律与现代国家密切相关，而且是因为它成了每个人在生活中都无法忽视的制度框架。在政教合一的国家，法律受神权政治的深刻影响；在世俗国家，民众的社会、政治和经济生活也不同程度地受制于完善或不完善的法律、公正或不公正的法律。通常说来，大部分人在一个法制完备的社会里能受到公正的法律的某种保护，但是，法律并不是万能的，不公正的法律在某些情况下甚至对人造成严重的伤害。这是因为法律与正义之间存在重大差异。从神法到人法，从自然法到实在法，从不成文法到成文法，人类历史上的法律制度不断发生变化，这种变化不仅部分地反映了法律与正义之间的重大差异，而且表明了法律本身的可解构性。

德里达不但在一些访谈录中谈到了上述问题，他还在解读黑格尔的《法哲学原理》的论著中（特别是在《丧钟》中），在解读卡夫卡的小说《在法律面前》的论著（题目也叫《在法律面前》）中，在他撰写的《独立宣言》和《反思的法律：献给曼德拉的赞辞》中讨论了法律的性质、法律与政治的关系、法律与伦理的关系、法律与暴力的关系等问题。但他对法律的集中讨论主要体现在《法律的力量》中。这篇长文几乎涵盖了上述著作所讨论的所有重大问题，同时也透露了这样的信息：德里达对法律的思考已经隐含在他的早期著作中，我们甚至可以说这种思考是其早期思想合乎逻辑的发展，因为其早期论文《力与意义》、《暴力与形而上学》均为法律的讨论埋下了伏笔,德里达也恰恰是把法律放在"强力"、"暴力"的框架中加以讨论。下面,我们将以《法律的力量》为中心,阐述德里达的法律观念并尽可能阐明他的法律观念与其他理论的关系。

首先,我们应当澄清的一个误解是:德里达试图否定一切法律。真正切合实情的理解是,德里达质疑法律并不是为了反对一切法律,更不是要鼓吹摧毁一切法律。他试图表明,任何时候法律都有自身的限度并且应当有其限度。对法律的迷信与滥用既可能破坏法律本身的效力,也隐含着将法律与正义混为一谈的危险。法律与权力、法律与暴力(强力)的复杂关系决定了我们必须对现代法律制度的问题与困境保持足够的警觉。这种警觉不仅有利于我们改善我们的法律,而且有利于我们解决其他相关问题。

一

20 世纪 80 年代,德里达曾在卡多佐参加过一个讨论会,会议的议题是"解构与正义的可能性",《法律的力量》就是根据他在这次会议上的发言整理而成。像以往讨论法律问题采取的方式一样,德里达依旧从语言入手来运用他的解构策略。他对费什(Stanley Fish)、柯内尔(Drucila Cornell)、史密斯(Barbara Hernstein Smith)和维伯(Sam Weber)等人的批判法学研究给予高度评价并觉得他们的理论与解构主义计划相呼应。同时,他坦率承认,过去的解构工作没有直接提出正义问题,现在他准备提出这个问题,但是以间接的方式提出这个问题。具体来说,就是对法律与道德的基础进行解构式的质疑。通过对德国著名思想家本雅明的《暴力批判》(*Zur Kritik der Cewalt*)的解读,德里达表达了自己对法律与正义的区分的基本认识。

在德文中,Gewalt 是相对于 Recht 说的,前者指"强权"、"强力",也可以指"暴力",所以,本雅明的上述著作在英语中被译为 *Critique of Violence*,在法文中被译为 *Pour une critique de la violence*。Recht

这个词在德语里则兼有"权利"、"法律"与"公理"的意思,这就意味着法律是或至少应当是暴力的对立面。在法语里,公理(le droit)也涵盖"法律"的意思,它一开始就与 le loi(法律)有所区别。所以,德里达通过对语词的分析说明法律亦即权利和司法体系的历史是与正义有区别的。德里达在一次接受采访时也指出:

> 遵循本雅明的观点,同时也试图解构他的文本,或者说揭示他的文本是如何自我解构的,我得出了一个简略的结论:法律也可以被解构。司法体制、各种具体法律有自己的历史,这个历史就是法律不断改变的历史。你可以改善法律,你可以用一种法律代替另外一种法律。存在着各种司法体系、各种权利与法律、实证法的历史。这是一种法律的转变史。这也是法律存在的原因。你可以改善法律,你可以以另一种法律取代原有的法律。亦存在着宪法与司法机构。这是一个历史,一个按其本质可以解构的历史。你每次替换一种司法体系,替换一种法律,或者改善法律的时候,都是一种批评和解构。所以,法律按其本质可以被解构并且应该被解构;这是历史性、革命、道德、伦理、进步的前提。但正义不是法律。正义给予我们冲击、驱动力,或者说它本身就是改善法律的运动。所以,我才说对正义的召唤是使解构成为可能的条件。正义本身不能被等同于法律,等同于一种既定的司法体系。[①]

将法律与正义严格地区分开来是德里达的一个基本立足点,或者说是他讨论法律问题的理论前提。这种区分是建立在他对法律的性质与正义的性质的双重认识基础上的。简单地说,按德里达的分析,法律与正义的区别主要表现在以下方面:

第一个方面,正义不是一个现存的标准、现存的准则或现存的体

---

① "维拉诺瓦圆桌讨论",载德里达:《解构与思想的未来》,夏可君编,默然、李勇毅译,长春:吉林人民出版社 2006 年版,第 39—66 页。

制。而法律却离不开现存的标准、规则和制度，并且这种标准、规则和制度是可以根据现实情况加以修改的。但没有人有根据说，正义是可以修改的。

第二个方面，正义本身蕴涵着异质性、非同一性，正因如此，它可以具有无限的不完备性和可超越性。对正义的召唤永远无法得到绝对确实的回答。没有人有充分理由说"我是正义的"、"他是非正义的"，如果他这么说，他一定是将正义混同于对错。正义不是理论定义，也无法定义；正义不是知识，因而不能用知识论的标准去衡量它；正义是超功利，超计算的。没人可以说，我可以计算正义。与此相反，法律是可以定义，可以计算的，一个人是否违反了法律、在多大程度上违反了法律是可以按明确的标准来确定，来计算的。"量刑"概念充分体现了法律与可计算性的关联。

第三个方面，正义与礼物或馈赠具有相同的结构，它们都不能被重新占有。如果一个礼物被送出去了，而又被收回来，那种礼物就不叫礼物；如果礼物被送给客人，客人又将它回赠给你，这个礼物仍然不叫礼物。因此，礼物与感激、交换、赔偿、奖赏是不等价的，德里达甚至说礼物不应与感激沾边，礼物不应作为礼物而存在。这一点表明，礼物没有可重复性。同样，正义也要避免可重复性，因为它不是一个现存的东西，如果它变成了某个东西，它就不再是正义了。所以，德里达反复说，"正义永远与自身保持差异"。用列维纳斯的话说，正义与他者相关，但不等于他者，"正义就是与他者的关系"。

相反，法律具有可重复性。这个概念本身已先行确定了自身的权威。如果权威只能适用于一时，它当然无法成为权威。法律是依靠它自身的权威而发挥作用的。为了确保这种权威，它除需要普遍的强制力外，还需要确定性与不可缺少的灵活性，但后者始终要服务于前者，因为当灵活性压倒了确定性，法律就会导致随意性，因而就减少了严肃性，就不再受到人们的尊重，并且会导致对法律的任意解释和滥用。这样就等于宣告了法律自身的瓦解。德里达眼中的法律的灵活性不仅是指对法律的随意解释和应用，而且是指法官要想做出正义的判决就不能只是满足于引用法律条文,他还要将法律的精神与具体案例相对照,要对法律条文的可适用性做出判断,这一过程几乎相当于重新制定法律。在法官那里,法律只是些大纲,是一些带有普遍性的规范,它们与既定的案子始终是有差异的,这种差异其实就是普遍性与特殊性的差异。面对独特的情况(没有绝对相同的案例,每一个案子都是一种特例),法官需要在法律大纲与案例之间重建正义关系。法制就在于限制对法律条文的随意解释和乱用,同时又能在法律大纲与具体案例之间不断地重建正义关系。前一种灵活性需要遏制,后一种灵活性需要合理使用。但无论如何,法律是需要确定性的,即便它是观念上的东西。

法律的确定性既表现在它的适用范围的厘定和对具体条文的尽可能少的误解上,也表现在它的可重复性上。正是可重复性表征着它的"普遍必然性"。法律的条文越空洞,越抽象,法官的权力就越大,警察滥用暴力的可能性越大。法律诠释的空间的大小甚至决定了暴力的大小。当然,这是就正义无效的情形而言的,但这种情形在现代社会里并不少见。德里达说:"可重复性要求本源以本源的方式自我重复、自我改变以获得本源的价值,也就是自我保护。……可重复性被铭刻在立法的本质结构中。"①

可重复性是与时间相关的。法律可以修改,可以完善,但决不可能只适用一次,即使针对某件事制定了一项法律,这项法律一经制定就有超越这件事本身的意义,它标志着,只要这项法律没有被废除,它就要被遵守。比如说,我们为废除奴隶制制定一项法律,这项法律在废除奴隶制以后仍然有标志性意义,它意味着恢复奴隶制不再合法,因而也确立了一个规则。由于人的历史性,法律条文是历史的,它产生于具体历史条件,也适用于具体历史条件。所以,不讲时效的法律

---

① J. Derrida,"Force of Law: The Mystical Foundation of Authority", in J. Derrida, *Acts of Religion*, ed. by Gil Anidjar, New York and London: Routledge, 2002, pp. 228—298. 中译见德里达:《法律的力量》,载德里达:《友爱的政治学》,胡继华译,长春:吉林人民出版社 2006 年版,附录,第 411—489 页。

是不存在的。法律的可重复性保留了习惯的痕迹，从这种意义上讲，法律也反映了人类最基本的生活经验。习惯是通过重复而成为习惯的，不成文法脱离了习惯的力量就无法起到法律的作用。过渡到成文法之后，习惯的作用并未完全消失，它的机制仍通过法律的可重复性特征保留在后来的法律体系中。从这种意义上讲，法律是扬弃了的集体习惯。

但是，法律决不止于习惯。习惯往往是一种无意识的行为，甚至是无理由的行为。由于没有一劳永逸的法律，由于再完善的法律都会滞后于生活，由于法律只是依据准则和规范而存在，它无法预知现实中出现的各种可能的情况，所有法律都会面临两个主要的问题：解释与执行问题。法律的权威性首先系于对这两大问题的解决，而这两个问题的解决恰恰是彼此关联的并且很多时候与正义的要求背道而驰。

就第一个问题，即法律的解释问题而育，它是法律显示自身权威的第一步。德里达说，我们之所以守法并不是因为它是正义的，而是因为它是权威的。"法律常常是一种权威化的力量，一种本身就有正当性或旨在从运用中获得正当性的力量，即使这个正当化的过程从另外的方面看来是不正义或不可正当化的"①。在现代法律制度中，法律首先是以公开化的文字形式呈现出来的。随着教育的普及，大部分公民在了解某种法律条文之后，都会对它有程度不等的理解。尽管他可能被赋予了自我辩护的权利，但是法律作为一个需要丰富知识的专门领域决定了非专业人士在理解上的局限性。现代律师制度的设立在一定程度上弥补了这一缺陷。律师既是当事人的代理人，又是可能对法官的审判产生影响的法律阐释者，尽管他的阐释并没有最终效力。但律师即便是在钻空子时也仍然是在认可法律权威的前提下工作的。

---

① J. Derrida,"Force of Law: The Mystical Foundation of Authority", in J. Derrids, *Acts of Religion*, ed. by Gil Anidjarr, New York and London: Routledge, 2002, pp. 228—298. 中译见德里达：《法律的力量》，载德里达：《友爱的政治学》，胡继华译，长春：吉林人民出版社 2006 年版，附录，第 411—489 页。

先有法律后有律师的事实决定了律师永远是一种工具性存在。但他充当了法律解释的异质性力量。这种力量不仅促进着法律的完善,而且扩大了法律解释的可能性。从这一点看,律师也是法律的解构者。

不过,律师终究是以自己的身份凸显了法律的可计算性。他在为被告辩护时,总是带有强烈的计算意识(比如,将有罪辩护成无罪或希望将重刑减为轻刑,或尽可能降低委托者的损失并且这一点被视为职业成就的重要标志),法律本身的正义并非律师关心的第一对象,甚至在大部分时候根本就不是律师关心的对象。律师可以争辩,但无法做出判决,这样,做出判决者如何对法律进行解释以及如何运用这些解释对法律进行运作就具有极为重要的意义。

按德里达的看法,作为判决者的法官对法律的解释是执行法律的先决条件。但也正是法官的解释给法律带来了我们无法轻易摆脱的困境。我们且不说法官始终是人而不是神,他的人品、学识、能力以及个人情感与偏好都会直接或间接影响他的判决。一方面,他要实施正义(我们假定他有秉持正义的意志并且法律本身也符合正义的要求),他就必须是自由的,必须对他的行为、思想和决断负责,他本人必须既要遵循法律规则和程序,因而他要进入到运算和谋划的秩序中;另一方面,任何完善的法律条文都不可能触及生活的每一个细节,它的适用边界不是绝对明晰的,法律条文的普遍性与案例及其发生条件的特殊性之间的矛盾为法律的解释留下了空间。德里达把法官的解释形象地称为"自我立法"。法官的判决必须游走在遵循法律和自我立法的自由里。在解释法律时同样会面临一个解释的限度问题。过度的解释不但会损害法律的权威,而且会导致此一条文与其他条文的冲突,因为一种案例可能适用许多其他条款。而不恰当的解释本身就是对法律的不忠实。但如何确定解释的限度呢?法官在很多时候是求助于法律本身的权威地位来确定的,他不得不用意志有意打消自己对解释的精确性的怀疑,以防自己陷入解释的相对主义误区和无法做出决断的窘境。在这个时候,他实际上采取了"悬置"的做法,悬置规则,亦悬置争议,包括自己内心的疑惑。因此,德里达说:

一个法官的决断如果要成为正义的决断,就不仅必须遵循法律规则或普通法,而且必须采纳它、赞成它,通过再度将解释行为变成制度而确认它的价值,似乎在这个法律之前什么也不存在,似乎是这个法官首次创造了这个法律。如果没有"初次审判"……任何一种作为法律的正义的实施都不可能是正义的。这个初次审判可能非常遵循先前存在的法律,但法官的再制度化、再创造和自由决断的解释,即他的负责任的解释,却不只在于遵循,不只在于保守的再生产式的审判活动。换言之,一个决断要想成为正义的决断,它就必须在其特有的环节上同时接受调节和被调节:它必须既保护法律又破坏法律,或者足够地质疑法律,在每一种情况下都创造法律并且再次赋予这种创造活动以正当性,至少是在对它的原则的再度肯定、再度自由确认中再度创造它。每一种情况都是例外,每一次决断都不相同,都要求一种绝对独一无二的解释,没有任何现存的法律规则能够或者应该绝对地担保这种解释。①

德里达在这里显然看到了法官针对每种案例要对法律条文进行解释的事实,但他过分强调了每次解释的独特性,如果每次解释都是独特的,没有与上一次解释有共通的东西,法律就不具备客观有效性。当然,德里达要揭示的是法律与法官解释之间的冲突与矛盾,他希望在尊重公正与尊重异质性和独特性之间找到一种平衡。他反对不分青红皂白地将某条法律运用于所有个别情形,他提醒我们这样做的不公正性以及其中隐含的暴力性质,即人为地强行抹去各案例的差别。如果法官以为现存的法律条文可以绝对地担保他的解释,这样的法官就是在把自己作为单纯的计算工具,他就不仅是一位懒惰的法官,而且是一位不公正、不自由、不负责的法官。同样,如果法官不尊重原有法律、规则和程序,甚至完全抛弃它们,如果他即兴创造一切规则,即便原有的那些规则、法律有问题,他也仍然不是一位公正的、自由的、

---

① *Acts of Religion*, pp. 228—298.

负责任的法官。一个负责任的法官都会有过对上述两种极端情形的极端体验,它是法律本身造成的体验,是案例的特异性、历史的特异性造成的体验。一个负责任的法官的痛苦莫过于在忠于法律与捍卫正义之间出现了矛盾,莫过于在面对两个相互矛盾的绝对不可违反的规则时所面临的不可决断性。一个合法的决断不一定是正义的决断,一个没有经过怀疑的决断不是好决断,一个没有经过不可决断的历险的决断不是一个自由的决断。要在法律中实现正义,法官同样要不断学习、阅读、理解和解释规则,并学会为做出决断而计算。这是德里达给法律决断者为进行正义的判决而提的忠告。因为判决离不开决断,决断离不开解释。但解释的先行性既体现在案件的审理和判决中,也体现在法律的执行中。因此,我们接着谈法律的第二个问题,即执行问题,看看德里达的解构有什么值得我们进一步关注和思考的地方。

二

通常,许多人不太关注执法中的解释问题,但德里达十分关注这一问题。执法不单单是接受现存的解释(如按判决对某人实施监禁),它本身也是以行为解释法律。执法不仅在重续法律的可理解性与可解释性,而且在印证解释的效果时提供另一种解释模式。众所周知,法律是要靠权威的力量来起作用的,法律的权威性源于它的强制性。但这种强制性不同于单纯的原始暴力,也不同于战争中的武力限制,因为它需要给自身以合法性,也就是说,它要给自身提供法理根据,它要进行自我辩护,以便应付可能的质疑。因此,法律就需要有可执行性。"若没有可执行性,就没有法律;若没有强力,也就没有法律的可运用性或可执行性,无论这种强力是直接的还是间接的,是物质的还是象征的,是外存的还是内存的,是残酷的还是人为推论的和解释的,是强制的还是协调的,等等"①。

---

① *Acts of Religion*, pp. 228—298.

然而,正如本雅明指出的那样,法律本身先天隐含着腐败的可能性,这种可能性不是源于别处,而是源于法律本身的暴力结构。这个结构由立法暴力、审判暴力与执法暴力构成。立法暴力主要表现在服务于局部利益或群体利益的法律条文、适用于特定条件的法律条文常常借法律权威被无限推广到全体民众,或以他们的名义而得以成立。审判暴力主要表现在前面已经提到的法官的解释和决断中。执法的暴力主要表现在现代警察制度违背警察精神在执法时非法地滥用暴力,甚至试图将立法与执法的功能集中于一身。德里达借本雅明的话说,法律有垄断暴力的兴趣,这种垄断并不保护特定正义的合法目的,而是保护法律本身。这种看似陈词滥调的观点道出了一个事实:法律是通过宣布不承认它的人犯罪的方式来确立自身的权威的。德里达认为这一点恰恰构成了法律的全部基础。与此相反,那些"伟大的犯罪者"正好利用这一点来展示自己的魅力,比如,他们故意公然蔑视法律并通过揭露法律体系的暴力在一些不满的民众面前来树立自己的"英雄形象"。

执法的暴力暴露了法律本身的不完善性,意识到这种不完善性是我们实现正义要求的先决条件。由于执法暴力是通过制度化的方式表现出来的,我们先有必要分析一下"暴力"本身的性质及其起作用的机制,因为法律与暴力对德里达来说是交织在一起的。

首先要明确的是,这里所说的"暴力"可以在广义上使用,也可以在狭义上使用。当它在广义上使用时,它意指"强力"或"强制力";当它在狭义上使用时,它意指违反公理和法律的所有强制行为。德里达实际上在不同语境中使用了"暴力"一词的不同意义,这是"解构"的要求,也是"解构"的结果,因为"解构"的目的就是要展现意义的多样性,防止以一种意义取消其他意义。在解读本雅明的《暴力批判》时,德里达将 Gewalt 翻译为"暴力",将 Recht 翻译为"法律"或"公正",而不是"权利",尽管在德文的日常用法中前者可以指"合法的权力"、"强制力"或"控制",并且其细微区别可以通过它与形容词搭配或是与动词搭配反映出来。德里达基本认可本雅明对立法暴力与护法暴力、立法暴力与神圣暴力的区分并认为这种区分是引人入胜和必不可少的,但他也从根本上质疑这种区分,原因是它们实际上是纠缠在一起的。"暴力批判"对暴力本身做出区分当然有利于了解暴力运用的不同方式,比如,立法的暴力与执法暴力属于不同层次的暴力。但"暴力批判"决不仅仅意味着对暴力的否定性评价,它也意味着将暴力置于法律与正义领域或道德关系领域加以审视。

在德文中,"暴力"(Gewalt)的词根是 walten,即"强制"、"支配",这一点明确无误地表明了"暴力"与"强制"的关联,它告诉我们没有强制就没有暴力。但德里达对"暴力"这个词作了必要的限定并用法文的 la violence 去对译它。在他看来,自然界不存在什么暴力。尽管我们可以在比喻意义上说"瘟疫的暴力"、"地震的暴力",但"暴力"概念只适用于人并且属于法律、政治和道德的象征层次。"准则体系只涉及暴力的运用而不涉及暴力本身。我们不能说作为手段的暴力是否正义和是否道德"①。也就是说,一种强力是否是暴力不是由手段决定,而是由其目的决定。这就好比一把刀子究竟是用于切菜还是用于杀人并非由刀子决定。一把刀子作为手段是服务于某种目的的,它本身无所谓好坏。就法律而言,它的主体以及将手段用于何种对象决定着它是否用于合法的目的。在这方面,欧洲历史上有两种传统,一种是自然法传统,一种是实在法传统。自然法传统试图以目的的正当性为手段的正当性辩护,实在法传统则是以手段的正当性来保证目的的正当性。它们的共同理论假设是,正义的目的可以通过正义的手段来实现。不过,自然法传统还有一个引人注目的特点,即,它假定自然目的本身就是正义的,合乎自然目的的手段也是正义的,不管这种手段是暴力还是非暴力。这就等于说,它将暴力的运用正当化了。

但是,现代欧洲法律制度排除了个人主体行使暴力的权利。私刑的废除标志着个人暴力、群体暴力的合法性和正当性的终结。它确认了不管是出于何种正当的目的,不经法律认可而行使暴力都是不可接

---

① 中译文《信仰与知识》,杜小真译,见《解构与思想的未来》,第 446 页,*Acts of Religion*,pp. 228—298。

受的。这样等于自动宣告了自然法传统的破产。与此同时，以国家名义行使的暴力，如发动战争、国家恐怖主义行为却没有受到多少质疑。按德里达的分析，欧洲的法律之所以禁止个人使用暴力并谴责个人使用暴力，倒不是因为个人暴力危及某一部具体的法律，而是因为它危及整个法律秩序，危及法律本身的利益。为什么这么说呢？因为个人暴力没有制度化和普遍性意义，它没有兴趣把自己确定下来，保护起来。如果承认个人暴力是合理的、正当的，每个人都可以找到理由为自己的利益而行使暴力。美国人允许个人持有枪支并在危急的时候射杀威胁自己的人实际上是私刑的残余，并且是其开国之初特殊的历史条件造成的长远后果。因为历史上不同地域的移民到北美开疆拓土时没有公认的法律权威，人们不得不用暴力的方式保护自己，这是美国暴力文化的历史根源。随着时间的流逝，私刑的残余将会逐渐减少，这是由法律的本性决定的，因为个人暴力的使用不仅威胁到法律秩序，而且威胁到法律的权威，而这种权威是通过对暴力意义上的所有强制力的垄断而实现的。

法律虽然有垄断暴力的兴趣，但也不断遭到暴力的反抗。靠暴力确立的东西常常要遭到暴力的危害。这种危害既来自外部，也来自内部。"暴力在本质上并不在于为达到某一结果而实施权力或野蛮的强力，而在于威胁和摧毁现存的权利秩序，准确地说，在这种情形下，就是威胁和摧毁现存的国家法律秩序——正是它赋予了实施暴力的权利"①。德里达强调法律中存在自身解构的因素，暴力在法律中质疑法律、威胁法律。国家作为最高的强力形式不断通过立法的暴力和执法的暴力强化自身的权威性，但护法的暴力、非恐吓的威胁恰恰是对法律的威胁，因为它常常使不正义的暴力合法化或正当化。法律都是靠人来执行的，那些有能力改变法律关系的人很容易出于自身的利益给予自己以合法的暴力，他们有可能服务于利益集团，而不同利益集团也千方百计在立法者和执法者中寻找自己的代理人。这就为执法暴

---

① 《解构与思想的未来》，第449页。

力的滋生提供了条件。从军事政变到军国主义，从政治罢工到流血或不流血的反抗，都是从某种法律秩序内部挑战法律本身并试图重建法律秩序的暴力。

然而，德里达特别提醒我们注意现代警察制度中存在的执法暴力。由于立法行为与执法行为之间并不存在尖锐的对立，立法暴力中隐含执法的暴力，立法的主体与执法的主体的相互制衡并不像我们想象的那样有效，因为从根本上说，它们的目标是一致的，即确立和维护法律的可重复性、权威性与有效性。归根到底，执法暴力服务于立法的暴力。如果我们不对这一点保持清醒的认识并时时想想其中可能存在的困局，我们就很难理解军国主义为何在推行法治的 20 世纪反而比以往任何时候更加严重。按德里达的看法，问题的症结在于护法的暴力具有合法的不可动摇的性质，军国主义正是利用了护法暴力的这一特点，而反军国主义者却未能深入地认识到这一特点因而无法从根源处批判和限制军国主义。因为军国主义利用了强制服兵役的现代概念，它"以强力推行强力，以国家及其合法目标的名义强制使用暴力或强力。这里的军事暴力是合法的，是对法律的保护，因而比和平主义者和行动主义者所认为的要难以批判得多"①。

与军国主义类似的另一种机制是战争。它进一步验证了法律的内存矛盾，因为战争可以在少数人的操纵下借合法的名义而进行，而且，战争一旦开始就很难停下来。赋予战争权力的法律很可能在一夜之间因为战争的失败而失去效力。在这种情况下，战争是原有法律体系的异数。由于没有人能把战争永远进行下去，战争最终都会以和平的方式结束，不管这种和平是体面的和平还是屈辱的和平。战争模糊了立法暴力与执法暴力的界限，而和平显示了战争并非必定会发生的自然现象。战争之所以表明了法律中存在着腐败，是因为战争常常是少数人借全体人的名义（比如，它可以在少数人的煽动下）通过合法的方式将多数人卷入暴力之中。因此，战争是少数人对多数人意志的强

---

① 中译文《信仰与知识》，杜小真译，见《解构与思想的未来》，第 456 页，*Act of Religion*，pp. 228—298。

奸。没有法律的保证,征兵是极为困难的,除非是进行革命或进行集体抢劫(掠夺性战争)。战争动员如果不能被纳入法律体系或准法律体系(如得到严格遵守的相关规则),战争就难以持续下去。由于战争的发动权在少数人手里,他们很可能为了转移矛盾,为了满足征服欲望和掠夺欲望,给多数民众设置陷阱或制造各种各样的借口和谣言,他们实际上是在胁迫多数人服从自己的意志。战争造成了立法行为与护法行为的"分延污染"或"延异污染"(differantielle contamination),这里的"分延污染"是指立法与护法这一对本来有区别且有逻辑先后和时间先后的功能被蕴涵在护法行为中,比如,在战争时期少数人还以紧急状态为由发布超越原有法律允许的政令或任意扩大法律条文的解释范围,从而在护法的名义下行立法之实。这种集立法与护法于一身的行为恰恰是对法律本身的威胁,护法时的变相立法是它的突出表现。它的危害是隐秘的,但是真切的。明白了这一点,我们就不难理解德里达的下述论断:"法律既是威胁,又被它自己威胁。这种威胁既不是恐吓也不是劝说……护法的暴力,非恐吓的威胁,就是法律的威胁。这里有双重属性:它来自法律又威胁法律。"①

<h2 style="text-align:center">三</h2>

德里达还谈到国际法与废除死刑问题。国际法的法律主体是抽象的,它无视个人利益的分裂与错乱,无视个人利益与国家利益的不一致性。它以西方主权概念和非干预概念为基础,并将历史地形成的民族国家看做一个固定的实体,它没有强制性,但装着有强制性。它是解释的暴力,而不是执行的暴力,因而其有效性一直受到人们的怀疑。它只是提供一种解释模式,而这个解释模式本身又需要解释,它要给暴力赋予意义,赋予必然性,但它又要由解释的暴力保证自身的

① 中译文《信仰与知识》,杜小真译,见《解构与思想的未来》,第 458 页,*Acts of Religion*,pp. 228—298。

合法性。所以,德里达得出结论说,国际法具有无限的可完善性。换言之,它需要不断地进行批判。现在的问题是,当有的国家觉得某件事对自己有利时,即便国际法可能认定对它不利,它也不愿遵循。国际法是强者的法律,但它的权威性从内部解构了自身。

至于死刑,我们可以把它视为护法暴力的集中表现。死刑将立法暴力和执行暴力绝对化了。死刑与其说是要捍卫正义,还不如说是为了消除对法律秩序的威胁。是否采用死刑不仅与生命观有关,而且与法律体系的控制能力和信心有关。剥夺生命作为最高的惩罚虽然加剧了他人对法律的恐惧,但它也恰恰证明了法律的无奈与虚弱。人为地剥夺一个人的生命本身有损生命的价值与尊严,即便这种剥夺是以法律的名义进行的。更重要的是,执法始终存在着错误的可能性,一旦在死刑上出现错误,将没有任何挽回的余地。在实际生活中,当一个杀人犯预计自己将要被处死时,他很可能赶在被捕之前杀死更多的人。这种先行的对法律的报复反倒对无辜者造成了不应有的损害。鉴于此,德里达说:"死刑见证了也必须见证法律作为一种暴力与自然相对立的事实。"①

然而,死刑在一个法制相对完善的国家毕竟不会很多。保护法律同时又威胁着法律的是现代警察制度。德里达对近代以来的西方警察制度多有批评。他的目的当然不是要全盘否定这一制度,而是要使我们注意到其中的问题与危险并时时提高警惕。他沿用了本雅明在《暴力批判》中的一些概念,将现代警察制度看做立法暴力与执法暴力的混合,并认为这种混合带有幽灵般的特征,确切地说,就是一种暴力如影随形般地缠绕着另一种暴力。像本雅明一样,德里达对现代西方警察制度进行了不遗余力的批评,有些批评甚至带有谩骂的语气。德里达写道:

今天的警察不满足于执行法律和保护暴力;他们还杜撰法

---

① 中译文《信仰与知识》,杜小真译,见《解构与思想的未来》,第 459 页,*Acts of Religion*, pp. 228—298。

律、发布命令，每当法律不足够清楚地保证安全，他们就强行干预。说这么一些日子，几乎就是说一切时代。警察是可耻的，因为他们用自己的权威"把立法暴力与护法暴力之间的区分给扬弃了"……在这一属于它自身存在的"扬弃"中，警察伺机杜撰了法律，把自己变成立法人，而每一次法律都是如此不确定，以致给他们立法的机会。警察不是现代立法者，但总是像立法者一样行动。有警察的地方，也就是说在所有的地方，我们再也分不出立法的暴力和护法的暴力了，但这是不体面的、可耻的和令人厌恶的状态。[1]

现代警察制度是社会对人性绝望后出现的，它有效地利用了人性的弱点。作为一种强制力量，它保护法律的实施，但它也不时利用法律的抽象性和不完善性。它用行动说话，而不是用法律条文说话。由于被执行的法律如果没有警察制度就没有效力，警察就成了维持法律权威的最后手段。就像军人不能"罢工"一样，警察是不能"罢工"的，它的存在本身就是一种强力，它仿佛是执法或护法的符号。不设置警察制度的立法是无法实施的，因而也无法作为法律而存在。因此，德里达说，立法的暴力有赖于执法的暴力。有人可能会说，法律仲裁不是也有效力吗？德里达提醒说，仲裁的确是非暴力的，它超越了一切暴力，本雅明就很欣赏仲裁这种非暴力的形式，但是，我们不要忘记仲裁仍然离不开整个法律体系，执法的暴力仍是其坚强后盾。仲裁这种非暴力形式与纯粹的暴力是亲密无间的。

警察制度不满足于执法，它尽量模糊执法与立法的界线，以便尽可能扩大自身行使权力的空间。由于它的权威来自强制力，它常信奉"强权胜于公理"的哲学并为贯彻这种哲学而使用强制力。警察制度本来只是为护法设计的，它本来只意味着执行法律，但由于没有强力来制约它，它便成了最高的强制力，毕竟没有多少国家去用军队来制

---

[1]　中译文《信仰与知识》，杜小真译，见《解构与思想的来来》，第 459 页，*Acts of Religion*，pp. 228—298。

约警察。因此,现代警察制度具有先天缺陷。它不过是用稍好的暴力来限制更坏的暴力。事实表明,我们只有在有办法限制强力的时候,强力才可能避免滥用和误用。强力自身并不是被动的,它会主动寻求实施强力的途径,它是在运用中才能显示和证明自身的强力,这也是它不满足于执法的根源。德里达模仿本雅明的语气将警察制度看做现代西方社会的幽灵,它的难题在于它是无面目的形象,无形式的暴力,它无处不在,同时又无法把握,它像鬼魂般出没,四处游荡。由于所谓的文明化国家原有的道德力的衰弱,它们必须靠警察来维系社会的基本运转。所以,飘忽不定的警察形象是文明化国家的固有形象。"原则上说,警察制度存在于或者表现在一切有法律力量存在的地方。只要有保护社会秩序的要求,警察制度就会存在,有时是不可见的,但永远是有效的"①。

警察制度不单单是执法工具,它还是有意志的执法工具,并且要千方百计在充当工具的过程中显示自己非工具的一面,也就是说,要贯彻自身的全体意志。这正是它既想当执法者又想当立法者的原因。鉴于它是制度化的暴力,兼有立法与护法的两重身份,它便更加具有暴力性质,它的强力形象不但体现在它"自身穿制服,头戴钢盔,全副武装和由以市民结构组织起来的警备人员组成",而且体现在它是以军事组织为模型来组织和管理的,但又不像军队那样有非常明确的任务、活动范围与目标,它每天面对的事情是不确定的,偶然的并且没有多少可预见性。这在客观上使法律的运用变得困难,同时也无法像用尺子量东西一样用一种固定不变的模式去执行法律。这也决定了每一次执法不可能是按法律的条文进行的理性筹划。当对秩序的要求压倒一切时,超出常规或超出法律条文允许范围而使用强制是常有的事情。至于尚在嫌疑状态被扣押而最后被证明是无辜的人,他们所受到的伤害更成了执法暴力造成的可怕结果。更糟的是,执法暴力中天然存在一种抵制纠错的机制。因为一旦犯错并承认犯错就等于自身

---

① 中译文《信仰与知识》,杜小真译,见《解构与思想的未来》,第 461 页,*Acts of Religion*,pp. 228—298。

的执法权威受到了损害。因此,对信赖强力而维护自身权威的警察制度来说,纠错总是显得特别艰难。当"威严"与"是非"发生冲突时,除非有更高的强力为"是非"的辨别做保证,否则,对"威严"的维护总是压倒对"是非"的判别。这一点可以说明为何在现代警察制度下扩大范围抓人以及抓错人的现象虽然比比皆是,但要警方为自己的过错正式道歉并给予公开宣布的赔偿比登天还难。警察有意无意地利用法律的模糊性不履行职责,或选择性地履行职责,甚至在本不该使用武力时使用武力,更是数不胜数。警察的确不会带着法典执法,特别是现代法律条文越来越多,越来越琐碎,警察心目中的法律很可能经过了"稀释"或"强化"或者经过了方便于己的解释,甚至有可能管了自己不该管的事情或过度地行使武力,等等,但这些仍不是最严重的情形,虽然在这些情形中警察不是立法者而实际上充当了立法者,最严重的情形在于为了权力或屈从于权力和利益而制造冤假错案,同时又不予以应有纠正。

现代警察制度的堕落突出地表现为警察精神的堕落。德里达基本上同意本雅明对现代警察制度的这一评价。在他看来,像幽灵般出没的现代警察制度不仅是一种外在的以武力为标志的人员建制,而且是一种无处不在的有威吓作用的精神力量。这种精神力量在暴力堕落的现代民主制度下与在专制君主制度下一样具有破坏作用。从一定意义上讲,在现代民主制度下它的破坏性有过之而无不及。用本雅明的话说,警察精神"见证了暴力的可以设想的最高程度的堕落"(die denkbar grosse Entartung der Gewalt bezeugt)。之所以出现这种情形,那是因为,"在君主专制的制度下,立法与司法是统一的,因而暴力是规范的,与其本质、理念和精神保持一致性。但是,在民主制度下,暴力再也不合乎警察精神。由于假设中的分权,尤其当警察不是执法而是立法的时候,暴力就被滥用了。……在专制君主制度下,警察的暴力虽然可怕,但毕竟是其所是,且是其应是。可是民主制度下的警察暴力却拒绝其基本原则,同时鬼鬼祟祟地立法,不可告人地滥用暴力。这种隐蔽导致了双重暴力。民主是法律和法律之暴力的堕落状态;并且还根本不存在名副其实的民主。无论是创生还是堕落,民主仍然在未来"①。

就这样,德里达循着本雅明的思路将对法律的解构引向了对现代民主制度的解构。因为现代民主制度是与法律不可分的,没有暴力作为建立和保护法律的手段,现代民主制度根本就无法存在,在这种制度下的所有合法契约也不可能存在。暴力是所有契约的根源与结果。在德里达看来,现代民主并非真正的民主,而只是被媒体、金钱操控的民主幻象。民主只作为许诺和期待存在于将来。在现代生活中,我们的确看到了民主的种种悖论,也看到了民主的一些局限性,但这并不意味着我们可以抛弃民主理想。民主本身是在不断改进、不断完善的,将来人类也许能找到比现有的民主更好的制度。不管民主的形式如何变化,它们只有从根本上促进人的幸福,维护人的尊严,才符合人的需要。法律是永远落后于现实生活的,它永远具有改进的空间,但最为根本的是,民主可以并且应当帮助它改进。民主只有通过法律的保证,才能与社会秩序共存。法律不等于正义,但我们要千方百计让它体现正义的要求。在人类生活中,即便是迟到的正义,也比没有正义好,至少我们从那里还看到了某种希望。

---

① 中译文《信仰与知识》,杜小真译,见《解构与思想的未来》,第 463 页,*Acts of Religion*, pp. 228—298。

附录　与列维纳斯同行

　　像许多20世纪法国的思想家一样,德里达也受惠于列维纳斯,但他也反过来通过对列维纳斯的温和批评,促进了列维纳斯思想的转变。德里达与列维纳斯的互动性关系构成了20世纪法国哲学的一道风景。

一

　　列维纳斯是最早将胡塞尔介绍到法国的哲学家之一。早在1930年他就出版了《胡塞尔现象学中的直观理论》(*La theorie de l'intuition dans la phénoménology de Husserl*)并获法兰西学院的奖励,次年,他又与Gabrielle Peiffer(他在1925年出版了法国历史上最早的现象学专著《现象学与宗教哲学》*Phénoménologie et Philosopohie religieuse*)一起翻译了胡塞尔的巴黎讲演《笛卡尔式的沉思》。根据法国波瓦里(F. Poirie)在《列维纳斯你是谁?》(*E. Levinas：Qui etais-Vous?*)中的看法以及列维纳斯本人在《伦理学与无限性》(*L'éhique et l'infini*)中的回忆,胡塞尔才是列维纳斯的思想之路的真正起点。

　　但是,列维纳斯后来脱离了现象学的轨道并明确声明自己"是为了克服现象学而去研究现象学"。他不仅在许多方面显示出对形而上学问题的关切,而且将伦理学作为第一哲学,对他人的责任问题则是伦理学的核心。作为犹太人,他对犹太教做过相当多的研究,除出版《塔木德四讲》、《塔木德九讲》外,在发表过的数量众多的论文中有60篇左右与犹太教有关,这一点给身为犹太人的德里达留下了深刻的印象。德里达对宗教、政治和伦理问题的思考或多或少受到过列维纳斯的影响。

在德里达看来,列维纳斯的思想在后来远离了现象学,但他最了解现象学的论题。同时,列维纳斯虽然抛弃了胡塞尔的绝大部分结论,但他保留了胡塞尔现象学的方法论遗产,这一点在其重要著作《艰难的自由》以及《整体性与无限性》中体现得非常明显。由于方法与内容很难完全割裂,列维纳斯在引入现象学方法时实际上也不得不隐晦地引入了某些现象学的预设,比如对语言结构和存在意义的预设。此外,列维纳斯一直不愿放弃胡塞尔现象学的意向性概念,他对许多与意识相关的问题的讨论均与这一概念相关,他对欲望问题的解释就是如此,但他强调其超越性特点。

在德里达眼里,列维纳斯对意向性概念和"意义赋予"(Sinngebung)等概念做了过度的发挥和有意无意的曲解。在列维纳斯的重要著作《整体性与无限性》出版之后,德里达在《道德与形而上学杂志》上发表了题为《暴力与形而上学》的长文(此文后来收入《书写与差异》中),对列维纳斯与柏拉图、黑格尔、克尔凯郭尔、胡塞尔、海德格尔乃至整个西方形而上学传统的关系做了仔细的分析,揭示了列维纳斯思想中隐含的困境与问题。这是详细研究列维纳斯的最早文献之一,也是迄今为止不可忽视的研究列维纳斯的最权威的文献之一。虽然德里达对列维纳斯一直充满敬意并在文章的结尾赞扬列维纳斯表现出的勇气、深刻与果断,但他总是或多或少地阐明列维纳斯的思想的不一贯性乃至其前后矛盾。按照英国学者戴维斯在《列维纳斯》一书中的看法,"德里达就列维纳斯哲学实践的基础提出了一些问题;据一些评论家解释,列维纳斯后期文本特别是《别于存在或外乎本质》中所包含的根本性思考,乃是采纳德里达所提出的这些问题的尝试"①。

《暴力与形而上学》一文向列维纳斯提出了哪些问题呢?这些问

---

① 柯林·戴维斯:《列维纳斯》,李瑞华译,南京:江苏人民出版社 2006 年版,第 69 页。

题真的提得合理吗？喜欢设问是德里达著述的重要风格，但德里达在此文中的提问本身就带有逼问的味道，或者说，本身就是批评的一种方式。

按照列维纳斯的看法，"暴力只能针对面容"，非暴力语言是可能的。德里达则说语言本身就是暴力。所谓非暴力语言至多是些没有动词的语言（如纯祈祷语言），是些专有名词，是清除了所有修辞的语言。基于这一点，德里达向列维纳斯提出的问题是，没有动词的语言还是语言吗？清除了修辞的语言还是语言吗？德里达实际上采用的是一种归谬方法，他先假定列维纳斯的论点，然后由此论点引出一些荒谬的结论，但他不直接指出列维纳斯的荒谬，而是以反问的形式讲出这样的荒谬。列维纳斯特别重视"面容"（visage），甚至提出了所谓的"面容形而上学"，并断言"暴力只针对面容"。德里达则力图说明面容的确很重要，并欣赏列维纳斯思考问题的独特思路，但他强调面容其实也是一种语言，只有死亡才结束这种语言（这一点当然也是列维纳斯赞同的），因为面容显示人的欲望和情感，它们本身就在断定。什么都不断定的语言是没有的，就像面无表情也是一种表情一样。

对德里达来说，语言与暴力一同存在，"述谓（predication）就是第一种暴力"，"暴力与陈述一同出现"。[①] 因此，当列维纳斯要用言语来表述非暴力的形而上学时，他本身已经否认了非暴力形而上学存在的可能性。德里达说，就连列维纳斯本人也无法否认任何历史语言都包含某种暴力。这里所谓的"暴力"当然是广义的暴力，而不是狭义上的"武力"或"强力"，确切些说，它是指人为地抹去差异，将个别的情形普遍化，换言之，是强行将适用于某种情形的东西推广到其他情形。黑格尔曾说，任何东西一经说出就已经是普遍的。德里达暗中肯定了黑格尔的这一观点，并认为列维纳斯的所有哲学几乎都与语言问题相关。语言的暴力所体现的机制不仅折射出其他各种暴力的秘密，而且在一定程度上成了其他暴力的强化因素，甚至是其他暴力的源头（想

① J. Derrida, "Violence et métaphysique: Essai sur la pensée d'Emmanuel Levinas' (1964)". *L'ériture et la différence*. Paris: Seuil, 1967. pp. 117—228.

想"骂人是打人的开始"这句话吧!),那么,德里达是否承认语言的非暴力性呢？德里达认为语言的非暴力性只存在于沉默中,和平只存在于由言语规定和保护的沉默中。因此,严格地讲,德里达恰恰将暴力看做语言无法摆脱的东西。

按列维纳斯的看法,语言要向他者提供"世界"。这个"他者"是列维纳斯哲学的经久不变的主题。他者不仅不使自身呈现为"一",而且维持着差异的不可还原性,他者也提示着责任伦理的必要性、必然性和可能性,所以,他者是伦理的源点,他人与他者在列维纳斯那里是有差异的。他人可以是他者,但他者绝不可等于他人。他者强调的是外在性,是相异性。他人是相对于自我而言,他者是相对于同一而言。列维纳斯在许多重要著作中都触及"他者"这一主题。虽然按德里达的解释,《从实存到实存者》和《时间与他者》这两部著作用"他人"代替了"他者",但《总体性与无限性》又恢复了"他者"的中心地位。不但如此,他常常使用"无限他者"、"绝对他者"这类概念。德里达在许多地方对列维纳斯的他者学说进行了分析并进而指出列维纳斯本人没有意识到的意义与矛盾。

在德里达看来,"他者"是列维纳斯讨论问题的枢纽,因为他者的经验不仅被用来质疑传统的哲学,尤其是现象学与本体论(或存在论),而且被用来思考和构建新的哲学话语。比如,哲学对时间的思考就要从他者出发,而没有对时间的思考,对历史和历史性的讨论根本就无法进行。现象学与本体论本质上无法摆脱孤独,因为它们在放弃思考他者时陷入了绝对的孤独中。对列维纳斯来说,他者是无法占有、把握和认知的,因为一旦它能被占有、把握和认知,它就不是他者了。然而,列维纳斯在指出他者的不在场以及他者体现的外在性时,对他者进行了不同角度的描述,这种描述本身已经表明了他者在某种程度上的可知性。这一点显然预示了列维纳斯所说的"他者"包含着矛盾。

德里达主张对"他者"与"同一"这类概念及其关系进行细致的阐释,而不主张用"他者"去代替"同一"。"他者"与"同一"并非绝不相容的关系,更不是完全隔绝的关系。实际上,只有与他者相遇,内在于我自身的相异性才能得到理解。与他者相遇并不意味着把他者作为一个具体的某物,也不意味着把他者放在一个具体的概念框架中,而仅仅意味着并非绝对隔离的隔离,意味着先于集体性的"面对面"。总之,它是隔离的共在。德里达感到"他者"这个习以为常的词恰恰是导致许多概念混乱的根源。列维纳斯对他者问题的讨论倒是有利于我们认清这种根源。德里达问道:"他者是否只是一个无概念的普通名词呢? 不过首先要问的是,它是一个名词吗?"①德里达的回答是,"他者"(l'autre)既非代词,也非形容词,它是一个名词,但又不是普通名词。它也不用复数。一旦用复数,它的含义就变了。"他者"也不是专名,因为它并不特指。它首先指的是一般的相异性,有时也指绝对的外在性、陌生性。它无法归结为其他东西。毋宁说,它显示了一种绝对的超越性。所以,德里达断言,对列维纳斯来说,"只有他人的闯入才能进入他者的绝对的无法还原的相异性"②。他者本身就显示了本原的伦理关系并使这种关系成为必要。现象学之所以无法描述和解释伦理公正这类问题就在于它没有并且无法在逻辑上承认他者的本源性地位。相反,它只是将他者问题简单地还原为自我问题,从而陷入了理论的暴力。

然而,德里达发现,列维纳斯在讲"他者"问题时暗中借用了黑格尔、胡塞尔和克尔凯郭尔的思想。他含蓄地批评列维纳斯误读(不管是有意还是无意)了这些哲学家,并且在反对这些哲学家时恰恰最接近这些哲学家。德里达在解读列维纳斯时以丰富的哲学史知识来印证列维纳斯如何在试图走出传统哲学的框架时仍然保留着传统哲学的东西。这既表现在列维纳斯使用的概念上,也表现在他的视角和风格上。比如,列维纳斯虽然不断地谈到"他者",但他总是用描述"同一"的语言去描述"他者";列维纳斯虽然开启了哲学的新视域,但他在

---

① J. Derrida, Violence et métaphysique: Essai sur la pensée d'Emmanuel Levinas'. Ibid., pp. 117—228.

② Ibid.

解释希腊意义上的逻各斯时却仍然停留在逻各斯中心主义中。德里达在解读列维纳斯时绝不只是把他作为独一无二的批评对象,他实际上也在以对待其他哲学家的方式对待列维纳斯,即把他作为哲学史上的形而上学来加以解构。他在解构列维纳斯的著作时使用的策略就是暴露——暴露他的本源,暴露他的矛盾,暴露他的前后不一致性,同时也使他的文本与其他文本相互参照,从而显示出他的文本的多重意义以及向其他文本敞开的广泛可能性。这一点也恰恰符合德里达一辈子都在从事的思想事业:排除固定的中心,打开封闭的文本,否定固定的意义,促进意义的撒播,倡导介入式的阅读。德里达对列维纳斯的"经验形而上学"的解构也反映了这样一些特征。

按照列维纳斯的看法,尽管离开了希腊,我们就无法谈论哲学,因为"哲学"在那里得到了最原初的规定,但是,希腊本身就趋向绝对的他者,它本身就包含绝对的差异。希伯来思想与希腊思想在根本上是互异的,正是这种互异丰富着西方文明及其存在的历史。列维纳斯对所有哲学问题的思考都与语言问题相关,相应地也与逻各斯相关,与存在论(ontologie 亦译本体论)相关。而存在论自柏拉图以来就主宰着西方思想并压制着西方思想。笛卡尔以来的主体性哲学进一步加剧了这种压制。

德里达在上述方面又是如何解读列维纳斯并展开基于多重立场的反应呢?德里达像列维纳斯一样承认哲学的基本概念源于希腊,离开了希腊的元素就无法谈论哲学,他甚至认为胡塞尔和海德格尔是希腊人的哲学家。在他眼里,列维纳斯在呼吁我们与希腊的逻各斯观念决裂时,在分析和证实西方哲学的整体性概念时,在修复形而上学的努力时,在从形而上学中呼唤伦理关系时,已经深深地震撼着我们。列维纳斯的写作风格是受其写作意图支配的,至少两者之间具有密不可分的关联。德里达十分敏锐地注意到,列维纳斯的思想有赖于救世主义的来世论。当列维纳斯说"伦理学是第一哲学"时,他已经把伦理学看做超越形而上学、解放形而上学的手段,但他谈论伦理学并不使用布道式的语言。他反对胡塞尔式的绝对同一的形而上学,而推崇尊重绝对差异的形而上学，并试图确立一种赋予他者以首要地位的伦理学。从本质上讲，尊重绝对差异的伦理学与确立他者地位的伦理学是一致的。

然而，德里达发现，列维纳斯要质疑的东西与他自己所要确立的东西恰恰暗含着某种一致性。举例来说吧，列维纳斯非常巧妙地运用各种隐喻来谈论许多重要的主题，但他使用的隐喻离不开一个柏拉图也十分信赖的隐喻即"光的隐喻"。德里达赞赏列维纳斯的隐喻风格所获得的令人惊奇的效果（比如，他讨论"面容"，讨论失眠，讨论眼睛，所有这些非常有说服力），但列维纳斯对传统的绝对同一的形而上学的批评本应直指柏拉图的视觉中心主义观念，直指这种观念所依赖的光的隐喻（太阳隐喻）。

使用隐喻来批评隐喻，这便是列维纳斯的困境，也是德里达的困境。一方面，列维纳斯既必须批判传统哲学关于内外分野的形而上学预设，也必须相应地建立一种对抗"光"的哲学话语（在传统哲学中，"理论"［theoria］、"本质"［eidos］、"理念"都与"看"和"光"有关）；另一方面，列维纳斯又不时地回复到传统哲学话语——从前门赶走的人又被从后门请回来。柏拉图的"善"乃是哲人心中的太阳，列维纳斯的他者不也是他心中的太阳吗？"他者的绝对性必然就是同一性"，而那个同一性不就是列维纳斯曾经试图要抛弃的东西吗？列维纳斯在转向原初他者的差异性时也没有完全放弃那个"绝对同一"概念（或者说只是表面上放弃）。虽然他声称放弃他者就等于自闭于绝对的孤独中，虽然他后来不断用海德格尔来反对胡塞尔，虽然他说"我不与他者相遇，也就不可能从自身中产生出相异性"[①]。但他在肯定彻底的逻各斯的可能性时仍然强调逻各斯要实现自身就得超越自身的整体性而趋向那个绝对的他者。这样，那个绝对的他者也就成了新的中心。不过，问题的关键并不在此，而在于列维纳斯不断提醒他者可以通过"面

---

① J. Derrida, Violence et métaphysique: Essai sur la pensée d 'Emmanuel Levinas'. Ibid., pp. 117—228.

容"，亦即通过光照呈现出来，因为，"面容即是在场，是存在"①。这些也恰恰是传统形而上学的核心概念。

二

列维纳斯对德里达的评论是否做了回应呢？德里达的思想是否也对列维纳斯有所影响呢？答案是肯定的。

从根本上讲，列维纳斯的问题也是德里达的问题，后者对问题的提法和解答自然会对前者有所触动并且有启发意义。终其一生，两人对对方都保持着敬意，在相互批评时也不忘相互欣赏。从年龄上讲，列维纳斯是德里达的上一代人，现在已经成为研究列维纳斯的经典文献的《暴力与形而上学》发表时，德里达还是个没有多少人知道的青年学者，而列维纳斯已经是名满西方的大思想家，但列维纳斯并没有轻视这位"新手"对自己不乏礼貌的批评。相反，那些批评促使他对原有的概念进行重新审视并对某些方面予以修正。更何况，德里达通过他特有的精细从列维纳斯著作中解读出前后不一贯的地方，并且它们与事实基本相符（譬如，他一开始反对使用"外在性"、"同一"、"他者"这类概念，后来又重新捡起并青睐这类概念）。

针对德里达批评他误读了胡塞尔（比如，列维纳斯说胡塞尔压抑了他者的他者性）和海德格尔（比如，列维纳斯把海德格尔的"共在"理解为"群体合作关系"）这一点，列维纳斯没有公开承认，也没有过多地纠缠于一些细节。他关心的是德里达提出的问题，有趣的是，德里达十分谦虚地说这些问题其实是列维纳斯向我们提出的问题。列维纳斯对德里达的评论进行了颇为巧妙的回应。

一方面，他同意德里达关于语言问题在其著作中非常重要的观点，并在《别于存在抑或外乎本质》（*Autrement qu'etre ou au-dela de l'essence*）中开始就自己这本书的书名进行了解释。按他的说法，他所

---

① J. Derrida, Violence et métaphysique: Essai sur la pensée d'Emmanuel Levinas'. Ibid., pp. 117—228.

说的"本质"并非指"在者"(étant)，而是指存在(l'être)。他后来后悔自己没有把"本质"写成法文的 essance。这当然是一个生造的词，但列维纳斯认为用这个词去表示"本质"是非常恰当的，它可以显示自己与传统哲学的重大差别。但是，列维纳斯对语言问题的重视更反映了他试图避免犯德里达指出的错误，即用词前后矛盾。《别于存在抑或外乎本质》可能是列维纳斯著作中最难读的著作。他常常仿照海德格尔将一个词拆成两半，然后用连字符连接起来(比如，ex-pression，dia-chromie，ex-ception，re-presentation)，或故意将一个词的后缀改成斜体(如 trans*parence*，simult*aneite*)，其用意不单单是改变语词的形式，而且是要显示其绝对差异的观念，表明其用语既与传统决裂又与其源头保持某种关联。实际上，这也恰恰是海德格尔和德里达的做法，只是方式稍有不同。他不断更换用语，或给日常语词赋予全新的意义(上面所说的"本质"一词就是一例)，这与德里达所说的"旧语移植逻辑"出于一辙。

另一方面，列维纳斯恭维后生德里达展示了哲学的新风格，给人带来"新振奋"，这一点主要体现在他为《拱门》(1973 年，德里达研究专号)所写的一篇文章里，这篇文章题为《完全别样》，后收入《专名》一书。列维纳斯在该文中这样写道：

> 当我们阅读这些异常明晰而又非常奇特的文本(指德里达的文本——引者)时，我们意识到一种新的思想风格。在抛弃了逻各斯中心主义话语的《语音与现象》中，并没有一个随心所欲的术语。这是在现象学学派学到的令人惊异的严格性，它极为关注胡塞尔的抽象步骤和海德格尔的更为彻底的步骤，对这些步骤的运用显示出一贯性和完美无缺的技巧：将限定性的概念变为先决条件，将缺点变为源泉，将深渊变为条件，将话语变为场所并将这些重要的转变变成命运；剥夺了这些概念的存在的回声，使其摆脱了要么真要么假的选择。一开始，一切都是适当的；经过几页或几段令人惊叹的质疑后，再也不留下供思想栖居的地方。除了

所有哲学意义之外,这是纯粹的文学效应,是一种新的振奋,是德里达的诗篇。在阅读德里达时,我总是一再看到 1940 年的出逃。[1]

但是,列维纳斯在这里借"1940 年的出逃"隐射德里达思想的混乱,隐射他把不可能的东西当做现有的东西,隐射他再现了自柏拉图的《斐德若篇》(*Phaedrus*)问世以来西方形而上学所表现出的"神志不清"。列维纳斯对德里达的批评虽然是隐晦的,但是相当严厉。如果我们把列维纳斯的《完全别样》与德里达的《暴力与形而上学》进行对比,就会发现它们的语言风格和批评策略具有一致之处。列维纳斯实际上是在以其人之道还治其人之身。

首先,列维纳斯也故意用德里达用过的一些术语,如"逻各斯中心主义话语"、"解构"、"在场"、"存在的幻觉"、"差异"、"延迟"等来批评德里达的工作。在他看来,哲学就是对一种不可能在场的抛弃,西方形而上学乃至整个欧洲的历史都是通过德里达解构的概念工具而成了那种在场的构建和保存。德里达在批评在场形而上学时不仅表现出缺乏一贯性,而且陷入了新的在场形而上学。抛弃"在场"最终导致了抛弃真理,因为意义不再被视为知识的召唤。至少真理不再是永恒真理层面的真理,真理不是主要的东西,而成了一种超越了历史主义的梦想的怀疑主义。但即便是这种怀疑主义仍然在信赖那个被德里达批评的真理概念。所以,列维纳斯认为德里达也不得不用他所批评的东西来为他的批评本身作辩护,至少是把它作为批评的工具。

其次,列维纳斯在某种程度上承认德里达对自己的批评:忽视了康德,但他随即用一些康德式的术语,如"图型"(Schema),"先验统觉"、"感性直观"等概念来回应德里达所提出的批评。自然,列维纳斯仍然像往常一样避免在康德的意义上使用这种术语。他欣赏康德把宗教与哲学看做两种互不隶属的东西并且始终在讨论犹太教与哲学

---

[1] E. Levinas, *Noms Propres. Montpellier*:Fata morgnna. 1975. p. 67.

时遵循康德式的思路。这与德里达其实相去不远。列维纳斯对他者和绝对差异的论述也引进了德里达的术语,他甚至不断使用德里达在批评他时经常使用的反问式句法和回环式的修辞方法,比如,他问,"还有中心吗?","还有引力吗?","还有'有'(Y-a-til)吗?","如果人们仍然谈论存在,一切都是另一码事"①。像"快乐的快乐","起源的起源","前起源"这类回循或矛盾修辞法经常出现在列维纳斯的文本中,在使用古怪的词语方面甚至"比德里达还德里达"。

　　其次,列维纳斯虽然对德里达的解构策略表现了某种同情的理解,但他更关心解构之后的建构问题。他虽然同情德里达在对逻各斯中心主义的批评时所表现出来的消解能指与所指、存在与虚无、主体与对象、真理与谬误等等僵硬对立的意图,但他认为,在德里达那里用来解构在场的"差异"是在"撒播"的幌子下表现出来的。他比较欣赏德里达生造的"分延"(différance)一词并后悔当初没有像德里达那样将"本质"(essence)改写成 essance(在法文中有不少含有 ance 词尾的词),但他显然反对德里达把它视为一种无处不在的散漫力量。他明确指出,解构之后要加以建构的东西肯定是这样一种话语的稳定结构,这种话语在述谓陈述中解构并使用动词 être(是)的现在时形式。他以反讽的语气说,在动摇真理的基础时,在反对为"在场"提供最后避难所的那种活生生的"在场"的自明性时,德里达仍然有力量问,"这是确定的吗?"因为在将一切东西瓦解之后他似乎还认为任何东西在那一点上可能是确定的,仿佛确定性或不确定性仍然重要。"人们很想在反对逻各斯中心主义语言时又从这种语言的求助中获得论据,以便质疑如此形成的解构的有效性。那就是在反驳怀疑主义时常被遵循的过程。但怀疑主义在被打倒并在首先被践踏之后又振作起来并作为哲学的合法孩子返回了。"②列维纳斯在批评德里达时一贯采取这种"以子之矛攻子之盾"的方法,事实证明,列维纳斯的批评常常切中了德里达的要害。

---

①　E. Levinas, *Noms Propres*. Montpellier: Fata morgnna. 1975. p. 69.

② 　Ibid.

最后,列维纳斯在发现德里达思想的矛盾和不一致性的同时也暗中接受了德里达提出的问题并在某种程度上接受了德里达的恭维和批评。他认为,德里达的批评使时间摆脱了对现在的从属地位,它不再把过去与将来看做"在场"的变种或样式,它抓住了基于符号(仿佛基于所指)进行推理的思维,它思考柏格森对存在的批评以及康德对形而上学的批评。通过对在场的解构,意识向自身的显现丧失了笛卡尔的特权。为了防止重蹈在场形而上学的覆辙,德里达试图让读者为一种业已中断的在场的符号概念寻找不同于那种在场的中断的指称,寻找一种不同于语言的"所说"的场所——一种不同于语言的场所,但是,德里达在这样做时不知不觉地陷入了在场形而上学中。他以"说"与"所说"的关系来替代能指与所指的关系。他认为,"一切说"也就是"未说"。语言既是表达意义的机会也潜存着无意义的危险。"说"是动态的,有自身的意义;"所说"是静态的,比较易于把握。符号像"说"一样是主体性的事件,所以,符号并不始于"所说"。"说"无法通过"所说"穷尽自身。[①] "对所说的不断排除所说"(un incessant dedit du dit),既隐含着德里达的解构,也残存着传统形而上学的内容。

在对德里达的回应中,列维纳斯既显示出了不安,也表明了自己对他的尊重。许多学者都承认,列维纳斯在《整体性与无限性》问世之后发表的不少论著都与德里达向他提的问题有关,但他仍乐于表明,"对一个真正的哲学家'进行改进'的可笑雄心肯定不是我的意图。我们的道路已经交叉得非常之好,它也许是哲学相遇的方式。在强调德里达所提出的词题的重要性时,我希望表达在相互交错中接触的快乐"[②]。

三

1995 年 12 月 27 日,德里达在列维纳斯的葬礼上致了题为《别了,列维纳斯》的悼词。次年,他又在纪念列维纳斯逝世一周年的国际会

① E. Levinas, *Autrement, qu'etre ou au-dela de l'essence*, pp. 78—79.
② E. Levinas, *Noms propres*. p. 73.

议上提交了长篇论文（长达一百多页的"欢迎辞"）。不久，这两篇文字被合编成一本小书并首先以希腊语的形式在雅典出版（译者为Vanglelis Bitoris），随后才出法文版。在这两篇文章中，德里达不仅再次表达了对列维纳斯的深深敬意，而且重新理解了列维纳斯的思想并且对列维纳斯的主要学术贡献做了恰如其分的总结。德里达满怀哀伤地说，他长期以来都一直害怕与列维纳斯诀别，在他眼里，列维纳斯是永远的导师，在一定程度上超越了从柏拉图到海德格尔的西方哲学传统，他教导我们学会正直。自《塔木德四讲》问世以来，"正直"（Droiture）以不同于传统的方式并作为真正的形而上学问题而不仅仅是伦理问题呈现给人们，"正直"也昭示着他者存在的绝对性。列维纳斯有句名言："绝对的正直也是绝对的自我批评。"他本人就是这一名言的忠实实践者，因为他的一生正是自我批评的一生。列维纳斯给我们提供的"正直"观念首先改变了我们对意识的看法，因为它让我们想到意识乃是通向他者的紧迫的目的，而不是向自我的永恒回归，它也让我们想到其他一些重大的主题，如，责任问题、自由问题、死亡问题，等等。他所说的责任是"无限的责任"，是"无条件的应允"，是超越了自由并先于自由的承诺，是比自发的应允更为古老、更为深刻、更为原始的应允，是与"正直"一致的应允。而正直是对牢不可破的联盟的原始的忠实。列维纳斯甚至把邻人面孔的极端正直看做不加防备地直面死亡的正直。下面这段话真切地反映了德里达对列维纳斯的由衷钦佩与感激之情：

　　我无法，我也不愿意，以三言两语评价列维纳斯的工作，它非常广泛，广泛得无边无际。人们一开始就需要向他学习，向《总体性与无限性》学习，比如，学习如何思考一部作品以及丰产性会是什么样子。人们可以满怀信心地预言许许多多世纪的解读将会以此为任务，我们已远远超出法国和欧洲。在许许多多的作品中，在许许多多的语言中，在各种各样的翻译、课程、讨论班和会议等等中，看到了无数的迹象：这种思想的律动将会改变我们时代的哲学反思的进程,改变我们对哲学进行反思的进程,改变对给哲学赋予秩序的东西进行反思的进程。

　　这种给哲学赋予秩序的活动是根据伦理学,根据关于伦理学、责任、正义、国家等等的另一种思想,根据关于他者的另一种思想进行的,这种思想比许多新颖的东西更为新颖,因为它是根据他者面容的绝对先在性而安排的。①

　　按德里达的理解,列维纳斯虽然赋予伦理学以优先性,但他实质上更关注宗教问题,更关注神圣性问题。列维纳斯的确认为伦理学先于并且超越了本体论(或存在论)、政治史乃至关于社会生活的种种其他理论,但列维纳斯将人的领域与神的领域明确地区分开来了,这种区分首先表现为他对神的"神圣性"与人的圣洁性的区分。德里达感到列维纳斯对伦理和宗教问题的思考与他对以色列的命运、对犹太人的命运的思考紧紧联系在一起。虽然德里达和列维纳斯同为犹太人,但前者并不像后者那样对本民族的宗教传统倾注大量的心血。德里达既没有像列维纳斯那样经历亲人在二战中惨死的痛苦,也没有列维纳斯在集中营中九死一生的苦难经历,在二战中列维纳斯的父母兄弟均在立陶宛被纳粹合作者杀害,他的妻子和女儿在巴黎不得不躲躲藏藏,他本人则被纳粹俘虏后在森林里做苦工并随时面临被杀害的危险。德里达在阿尔及利亚出生并长大,虽然也因为自己是犹太人而受到一些不公正的对待,但毕竟没有像列维纳斯那样亲眼目睹惨绝人寰的大杀戮。这一点决定了两人对死亡的不同程度的体验,但两人都深深理解这个民族的痛苦命运。

　　不过,列维纳斯还是在德里达那里发现了知音,因为德里达准确地把握了他的思想脉搏:列维纳斯的思想与他对犹太人的命运和思想的反思不可分割。这种反思包含对《圣经》传统和《塔木德》传统以及我们时代的可怕记忆的重新追问和重新肯定。德里达说自己非常感谢

---

① J. Derrida, *Adieu to E Levinas*. Stanford University Press. Stanford, California. 1999. pp. 1—15.

列维纳斯,因为后者的思想、友谊、信任和"善意"不仅对他本人而且对其他人都将是一种活的源泉。列维纳斯一直在对德里达进行善意的、有时隐含着批评的回应,但他的死打断了这种回应,德里达为此深感惋惜。

　　德里达赞扬列维纳斯与柏拉图、黑格尔、海德格尔的伟大而高尚的批判性相遇。这种相遇在死亡问题上产生了让人惊叹的观念。在葬礼上,德里达故意提到了列维纳斯对死亡的独特定义,这种定义显然与列维纳斯对死亡的经验有关。在《上帝、死亡与时间》里,列维纳斯把"死亡"定义为"时间的忍耐"①,或定义为"没有回应"②。海德格尔曾主张从死亡去看待时间,而列维纳斯主张从时间去看待死亡。在列维纳斯死后来谈死或在他的葬礼上来谈死虽在许多人看来是多余的、苍白的,但德里达恰恰要借这样的场合来引起我们对死亡意义的关注。德里达本人写过《赐死》(Donner la mort)来分析 Ddieu 一词在法文中的多重意义(表示"再见","我能看见你","永别"等等)。现在,他借题发挥,同时也传递了他本人的相关观点。德里达以赞同的口吻说道,死首先不是无化,不是非存在,不是虚无,对生者来说死是对"没有回应"的某种经历。传统的哲学或宗教不是把死视为向虚无的过渡就是把死理解为向另一种存在的过渡,谋杀者也总是把死理解为"虚无"。实际上,我们不能以"存在"还是"不存在"来描述死。与海德格尔的描述相反,死并不意味着"不可能性的可能性",而是意味着"可能性的不可能性"。

　　列维纳斯终身都在思考死亡问题,但他对死的思考怀有强烈的伦理动机,因为他不仅仅把死视为生存论现象,而且视为伦理现象。死是独一无二的不可替代的东西。对自己而言,死永远是迫近的可能性,每个人无法经历自己的死,相反,"他人的死才是第一位的死"。正因为他人是有死的,所以,我对他人始终有一份责任。这样一来,列维纳斯便很自然地将死与伦理学联系起来。在这一点上,德里达与列维纳斯是有共同语言的,虽然他们着眼点不一样,但都承认对死者的责任始终让人有一种内疚感。德里达在《别了,列维纳斯》中大段引用列

---

① 　E. Levinas, *Dieu, la mort et le temps*. Paris. Grasset. 1993. p. 16.

② 　Ibid. , pp. 17,20.

维纳斯对死的论述,除了表达他对列维纳斯的缅怀之情,还想用列维纳斯的语言表达自己的心声。

在列氏眼里,他人的每一种姿态都是向我言说的符号,他人死了意味着他对我的回应终止了。正因为他人无法向我做出回应,我对他人的责任显得越发崇高,因为他人没法向我表达他(她)的谢意,没法向我做出回馈,我对死者的责任是单向的,是不能指望报答和应答的。德里达很重视列维纳斯的这一思想,当他面对一个不再回应的朋友,面对一个曾经给予他激励也给予他不失风度的批评的朋友,德里达想到的是,这个作为伟大思想家的朋友的逝世虽然中断了他对别人、对我们所有人的回应,但他的思想依然是我们智慧的源泉,并在这种意义上参与我们这些活着的人对自己时代的思考。列维纳斯过去对德里达的回应不仅可以以另一种方式思考,而且可以帮助他重新解读列维纳斯的思想。对德里达来说,列维纳斯与布朗肖(Blanchot)的思想友谊不仅是一个时代的见证,而且是一个时代的祝福,也是一个时代的幸运,因为他们以互补的方式向我们呈现了一个哲学与文学互补互惠的世界。德里达期待自己与列维纳斯之间建立起这样的友谊,事实上他已在某种程度上建立了这样的友谊。他说,"每当我阅读或重读列维纳斯时,我就满怀感激与钦佩之情"[1]。列维纳斯曾说,语言的本质就是善,语言的本质就是友谊与友善。他被友善的法国所接纳,他本人也像友善的法国一样待人以友善。他最早将胡塞尔和海德格尔引入了法国并与其他学者一起将他们的思想经过一番改造变成了法国哲学与文化的血液。这一过程始于 1930 年,因为列维纳斯的《胡塞尔现象学中的直观理论》在这一年问世。德里达把它视为自己和法国许多哲学家的入门书和最好的向导。按德里达的说法,列维纳斯改变了法国思想的风景,他促进了犹太思想与希腊传统的对话,促进了德法两国具有不同格调的对话,他的思想也对基督教发生了微妙的影响。他对德里达来说是导师,是辩手,但更是朋友。

---

[1] E. Levinas, *Dieu, la mort et le temps*. Paris. Grasset. 1993. pp. 17,20.

后　记

写罢此稿，我的心情并不轻松。这一方面是因为，在这本小书中，因篇幅所限，许多问题只能点到为止；另一方面是因为，德里达先生的文本十分晦涩，论述非常松散，我担心我是否把握了他的思想的精要。阅读他的著作需要高度的耐心、细心与恒心。虽然我已尽力，但肯定还有一些方面未能触及。我希望把这本小书作为进一步研求的起点。

从与德里达先生的非常有限的接触中，我感觉到，他是一个非常友善的人。就像半桶水往往晃动得厉害，而满桶水往往不晃一样，德里达先生拥有渊博的学识和激动人心的思想，但没有让人感到不快的傲慢。在求学康斯坦茨期间，我承蒙他惠赠大作并收到附有他照片的请柬。遗憾的是，我却因为家有急事而未能赴约，时至今日，我仍深感歉疚。转眼间，德里达先生离开我们已有四个年头。这里，我只能以我的小书表达对他的无限的敬意和深深的怀念。愿先生的在天之灵安息。

坦率地讲，我不太喜欢他的文风，也不认同他的某些观点，但我永远敬慕他那虚心纳物的气度与胸怀。从这种气度与胸怀里，我们不仅可以不断得到鞭策和鼓舞，而且可以窥见人类思想的真正秘密。我常想，只有当中国学者能像他那样向世界奉献一些源于自己的时代、属于自己的时代并超越自己的时代的思想，中国才有可能成为不仅为中国人而存在，而且为整个人类和人类文明而存在的中国。愿我们每个人都以点点滴滴的艰辛劳作迎接这样一个尊重思想、拥有思想并创造思想的中国的到来。

文献目录

一、德里达的著作

1. *L'Origine de la géométrie*, *de Husserl*: *Introduction et traduction*. Paris: Presses Universitaires de France, 1962.

2. *De la grammatologie*. Paris: Éditions de Minuit, 1967.

3. *L'écriture et la djfférence*. Paris: Éditions du Seuil, 1967.

4. *La voix et le phénomène*. Paris: Presses Universitaires de France, 1967.

5. *La Dissémination*. Paris: Éditions du Seuil, 1972.

6. *Marges de la philosophie*. Paris: Éditions du Minuit, 1972.

7. *Glas*. Paris: Galilée, 1974.

8. *L'Archéologie du frivole*: *Lire Condillac*. Paris: Gonthier-Denori, 1975.

9. *Éperons*: *les styles de Nietzsche*. Paris: Aubier-Flammarion, 1978.

10. *La vérité en peinture*. Paris: Aubier-Flammarion, 1978.

11. *La carte postale*: *de Socrate à Freud et au-dela*. Paris: Au-bier-Flammarion, 1980.

12. *L'oreille de l'autre*: *otobiographies*, *transferts*, *traductions*: *texts et débats avec Jacques Derrida*. Montreal: VLB Éditions, 1982.

13. *D'un ton apocalyptique adopté naguire en philosophie*. Paris: Galilée. 1983.

14. *Signeponge*. Chicago: University of Chicago Press, 1983.

15. *Bonnes volontés de puissance* (*Une reponse à Hans-Georg Gadamer*) 1984. Good Will to Power (A Response to Hans-Georg Gadamer), in *Text und Interpretation*, Philippe Forget (ed.). Muenchen: Wilhelm Fink Verlag, 1984.

16. *Mémoires pour Paul de Man*. Paris: Galilée, 1988.

17. *Schibboleth*, *pour Paul Celan*. Paris: Galilée, 1988.

18. *Parages*. Paris: Galilée, 2003.

19. *Psyché*: *inventions de l'autre*. Paris: Galilée, 1987, 2003.

20. *Feu la Gendre*. Paris: Éditions des Femmes, 1987.

21. *Ulysses gramophone*: *deux mots pour Joyce*. Paris: Galilée, 1987.

22. *De l'esprit : Heidegger et la question*. Paris: Galilée, 1987.

23. *Limited Inc.*, G. Graff (ed.), trans. Samuel Weber, Evanston: Northwestern University Press, 1988/*Limited Inc.*, Elisabeth Weber (ed.), Paris: Galilée, 1990.

24. *Le problème de la genèse dan la philosophie de Husserl*. Paris: Presses Universitaires de France, 1990.

25. *Du droit à la philosophie*. Paris: Galilée, 1990.

26. *Mémoires d'aveugle : L'autoportrait et autres ruines*. Paris: Éditions de la Reunion des musées nationaux.

27. *Force of Law : The Mystical Foundation of Authority*, *in Deconstruction and the Possibiliy of Justice*, Drucilla Cornell, Michael Rosenfeld, and David Gray Carison (eds), New York: Routledge, 1992/*Force de loi*. Paris: Galilée, 1994.

28. *Circonfession*. Paris: Seuil, 1991.

29. *Donner le Temps : 1. La Fausse Monnaie*. Paris: Galiliée, 1991.

30. *L'autre cap : suivi de la democratic ajournée*. Paris: Minuit, 1991.

31. *Donner la mort in L'éthique du don*, *Jacques Derrida et la Pensée du Don*. Paris: Transition, 1992.

32. *Spectres de Marx*. Paris: Galilée, 1993.

33. *Apories: mourir s'attendre aux limités de la vérité*, *in Le Passage des Frontieres : Autour de Travail de Jacques Derrida*. Paris: Galilée, 1993.

34. *Passions*. Paris: Galilée, 1993.

35. *Sauf le nom*. Paris: Galilée, 1993.

36. *Khora*. Paris: Galilée, 1993.

37. *Politiques de l'amitié*, Paris: Galilée, 1994/*Politics of Friendship*, trana. George Collins. London: Verao, 1997.

38. *Mal d'archive: Une impression freudienne*. Paris: Galilée, 1995/*Archive Fever : A Freudian Impression*. Chicago: University of Chicago Press, 1996.

39. *Echographies: de la television*. Paris: Galilée, 1996.

40. *La Religion : Séminaire de Capri*. Paris: Editions de Seuil et Editions de Laterza 1996/*Religion*, Jacques Derrida and Gianni Vattimo (eda), Stanford: Stanford University Press, 1998.

41. *Le Avonoliguisme de L'autre : ou la prothese d'origine*. Paris: Galilée, 1998.

42. *Résistances à Ia psychanalyse*. Paris: Galilée, 1998/*Resistances of Psychoanalysis*, trans. Peggy Kamuf, Pascale-Anne Brault and Michael Naas, Stanford: Stanford University Press, 1998.

43. *De L' hospitalité*. Paria: Calmann-Levy, 1997.

44. *Adieu à Emmanuel Ldvinas*, Paria: Galilée, 1997/*Adieu to Emmanuel*

Levinas, trans. P. Brault and M. Naas. Stanford: Stanford University Press, 1999.

45. *Cosmopolites de tous les pays, encore un effort*! Paris: Galilée, 1997.

46. *Du droit à la philosophie. du point du me cosmopolitique.* Paris: Verdier, 1997.

47. *Il Gusto del Segreto.* Roma: Giua, 1997/*A Taste for the Secret*, Giocomo Donis and David Webb (ed), trans. Giocomo Donis. Cambridge: Polity, 2001.

48. *Demeure.* Paris: Galilée, 1998. /*The Instant of my Death : Demeure: Fiction and Testimony*, trans. Elizabeth Rotten-berg, Stanford: Stanford University Press, 2000.

49. *I. e rapport blest. Les sources historiques et theorique de College international de Philosophie.* Paris: PUF, 1998.

50. *Voiles.* Paris: Galilée, 1998.

51. *L'animal autobiographique.* Paris: Galilée, 1999.

52. *Le toucher, Jean-Luc Nancy.* Paris: Galilée, 2000.

53. *Etats d'Ame et la psychanalyse: Adresse aux Etats Généreux de la Psychanalyse.* Paris: Galilée, 2000.

54. *Tourner le mots. Au bord d'un film.* Paris: Galilée, 2000.

55. *Deconstruction Engaged : The Sydney Seminars*, Paul Patton and Terry Smith (ed). Sydney: Power Publications, 2001.

56. *On Cosmopolitanism and Forgiveness, trans.* Mark Dooley. London: Routledge, 2001.

57. *L'Université sans condition.* Paris: Galilée, 2001/*The University Without Condition*, trans. Peggy Kamuf in Jacques Derrida, Without Alibi. Stanford: Stanford University Press, 2002, pp. 202—237.

58. *The Work of Mourning*, Pascale-Anne Brault and Michael Naas (eds) Chicago: University of Chicago Press, 2001/*Caque Fois Unique, Ia Fin du Monde.* Paris: Galilée, 2003.

59. *Atlan.* Paris: Gallimard, 2001.

60. *Limited Inc II.* Paris: Galilée, 2001.

61. *La Connaissance des Textes.* Paris: Galilée, 2001.

62. *Foi et Savoir/Le Siècle et le Pardon, avec, Michel Wievorka (ed.).* Paris: Le Seuil, 2001.

63. *Dire L'évenement, est-ce possible? : Seminaire de Montreal pour Jacques Derrida.* Paris: L'Harmattan, 2001.

64. *Papier Machine.* Paris: Gallimard, 2001.

65. *Marx et Sons.* Paris: PUF/Galilée, 2002.

66. *Artaud le Moma.* Paris: Galilée, 2002.

67. *Fichus*. Paris：Galilée，2002.

68. *Béliers. Le dialogue ininterrompu ： entre deux infinis，le poeme*. Paris：Galilée，2003.

69. *Genèses，Génénalogies，Genres：les secrets de l'archive*. Paris：Galilée，2003.

70. *H. C. pour la vie，c'est à dire*. Paris：Galilée，2003.

71. *Voyous：Deux essays sur la raison*. Paris：Galilée，2003.

72. *A la vie à la mort*. Paris：Galilee，2005.

二、德里达文选

1. *A Derrida Reader：Between the Blinds，Peggy Kamuf（ed.）*. New York：Columbia University Press，1991.

2. *Acts of Literature，Derek Attridge（ed.）*. New York：Routledge，1992.

3. *The Derrida Reader：Writing Pe? formances，Julian Wolfreys（ed.）*. Lincoln：University of Nebraska Press，1998.

4. *Acts of Religion*，Gil Anidjar（ed.）. New York：Routledge，2002.

三、德里达访谈录和讲演录

1. *Positions*. Paris：Editions de Minuit，1972.

2. *Points de suspension：entretiens*. Paris：Galilée，1992/ *Points Interviews，1974—1994*. Stanford：Stanford University Press，1995.

3. *Sur Parole：Instantans Philosophiques*. Paris：Editions de l'aube，1999.

4. *De quoi demain Dialogue*. Paris：Fayard/Galilée，2001.

5. *Negotiations：Interventions and Interviews*，1971—2001，Elizabeth G. Rottenberg（ed.）. Stanford University Press，2002.

6. *Philosophy in a Time of Terror：Dialogues with Juergen Habermas and Jacques Derrida*，ed. Giovanna Borradori. Chicago：University of Chicago Press，2003. 中文本，王志宏译，北京：华夏出版社 2005 年版。

7. *Counterpath：Traveling with Jacques Derrida*，interviews with Catherine Malabou. Stanford：Stanford University Press，2004.

8. *Questions a Jacques Derrida*.（Coordonné par. Marc Crepon et Mare de Launay）La philosophie au risque de la promesse，Paris：Bayard，2004，pp. 183—208.

9. Caputo，John D.，（ed.）*Deconstruction in a Nutshell：A Conversation with Jacques Derrida*. New York：Fordham University Press，1997.

10. 杜小真、张宁主编:《德里达中国讲演录》,北京：中央编译出版社 2003 年版。

11. 《一种疯狂守护着思想——德里达访谈录》,何佩群译,包亚明校,上海：上海人民出版社 1997 年版。

12. 《德法之争：伽达默尔与德里达的对话》,孙周兴、孙善春译,上海：同济大学出版社 2004 年版。

四、其他参考文献

1. Ch. Ramond, *Derrida: la déconstruction*. Paris, 2005.

2. Ph. Iacoue-labarthe/J. Nancy (coordonné), *Les fin de l'homme. A partir du travail de Jacques Derrida*. Paris, 1981.

3. Ch. Johnson, *La leçon de philosophie: De Derrida à Levi-Strauss, in : M. Lisse (coordonné), Passions de la littérature*. Paris, 1996.

4. H. van Camp, *Chemin faisant avec Jacques Derrida*. Paris, 1996.

5. J. M. Rabate/M. Wetzel (coordonné), *L'éthique du don*. Paris, 1992.

6. *Magazine Littéraire, Jacques Derrida: La déconstruction de la philosophie*, N. 286, Mars, 1991.

7. H. Kimmerle, *Jacques Derrida zur Einfuehrung*. Hamburg 1996.

8. H. Kimmerle, *Ist Derridas Denken Ursprungsphilosophie? Zu Habermas' Deutung der philosophischen "Postmoderne"*, in: M. Frank/G. Raulet (Hg), *Die Frage nach dem Subjekt*. Frankfurt/ Main. 1987, S. 265—279.

9. M. Frank, *Das Sagbar und das Unsagbar*. Frankfurt/Main, 1980.

10. M. Frank, *Was ist Neostrukturalismus?* Frankfurt/Main, 1984.

11. J. Habermas, *Der philosophische Diskurs der Moderne*. Frankfurt/Main, 1985.

12. D. Atkins, *Reading Destruction, Deconstructive Reading*. Lexington, 1983.

13. Richard Beardsworth, *Derrida and the Political*. London, 1996.

14. G. Bennington, *Legislations: The Politics of Deconstructiorn*. New York, 1994.

15. G. Bennington, *Interrupting Derrida*. New York, 2000.

16. P. Brunetter and David Wills, *Screen/Phay: Derrida and Film Theory*. Princeton, 1989.

17. N. Royle, *Jacques Derrida*. London and New York, 2003.

18. C. Howells, *Derrida: Deconstruction from Phenomenology to Ethics*. Malden, 1999.

19. P. Deutscher, *How to Read Derrida*. New York and London, 2005.

20. H. Rapaport, *Later Derrida*. New York and London, 2003.

21. T. Clark, *Derrida, Heidegger, Blanchot: Sources of Derridas Notion and Practice of Literature*. Cambridge, 1992.

22. D. Cornell, M. Rosenfeld, and D. G. Carison, (ed), *Deconstruc tion and the Possibility of Justice*. New York, 2002.

23. S. Critchley, *The Ethics of Deconstruction: Derrida and Levinas*. Oxford, 1992.

24. J. Culler, *On Deconstruction: Theory and Criticism after Structuralism*. Ithaca, 1982.

25. J. Smith, *Jacques Derrida: Live Theory*. New York and London. 2005.

26. V. Descombes, *Modern French Philosophy*, trans. L. Scott-Fox and J. M. Harding. Cambridge, 1981.

27. P. Dews, *Logics of Disintegration: Poststructura list Thought and the Claims for Critical Theory*. London and New York, 1996.

28. T. Eagleton, *Literary Theory: An Introduction*. Minneapolis: University of Minnesota Press, 1983.

29. E. Feder, M. C. Rawlinson, and E. Zakin (ed), *Derrida and Feminism: Recasting the Question of Woman*. New York, 1997.

30. G. Gutting, *French Philosophy in the Twentieth Century*. Cambridge, 2001.

31. I. Harvey, *Derrida and the Economy of* difference. Bloomington, 1986.

32. M. Hobson, *Jacques Derrida: Opening Lines*. London, 1998.

33. C. M. Johnson, *System and Writing in the Philosophy of Jacques Derrida*. Cambridge, 1993.

34. P. Kamuf, *The Division of Literature, or the University in Deconstruction*. Chicago, 1997.

35. 尚杰:《德里达》,长沙:湖南教育出版社1999年版。

36. 杨大春:《文本的世界》,北京:中国社会科学出版社1998年版。

37. 陆扬:《后现代性的哲学文本:福柯与德里达》,上海:上海三联书店2000年版。

38. 冯俊等:《后现代主义哲学讲演录》,北京:商务印书馆2003年版。

39. 肖锦龙:《德里达的解构思想性质论》,北京:中国社会科学出版社2004年版。

40. 高桥哲哉:《现代思想的冒险家——德里达:解构》,王欣泽译,石家庄:河北教育出版社2001年版。

41. 胡继华:《后现代语境下的伦理转向》,北京:京华出版社2006年版。

42. 汪民安、陈永国、马海良主编:《后现代性的哲学话语》,杭州:浙江人民出版社2000年版。

43. 方向红:《生成与解构》,南京:南京大学出版社2006年版。

44. 朱刚:《本源与延异》,上海:上海人民出版社2006年版。

45. 郑敏:《结构—解构视角》,北京:清华大学出版社1998年版。

46. 高宣扬:《当代法国哲学导论》,上海:同济大学出版社2006年版。

47. 克里斯托弗·诺里斯:《德里达》,吴易译,北京:昆仑出版社1999年版。

48. 斯蒂芬·哈恩:《德里达》,吴琼译,北京:中华书局2003年版。

五、德里达著作的中文译本(至2007年,不包括节译的著作和文章)

1.《声音与现象》,杜小真译,北京:商务印书馆1999年版。

2.《论文字学》,汪堂家译,上海:上海译文出版社1999年、2004年版。

3.《马克思的幽灵们》,何一译,北京:中国人民大学出版社1999年版。

4.《多义的记忆》,蒋梓骅译,北京:中央编译出版社1999年版。

5.《书写与差异》,张宁译,北京:生活·读书·新知三联书店 2001 年版。

6.《多重立场》,余碧平译,北京:生活·读书·新知三联书店 2004 年版。

7.《胡塞尔〈几何学的起源〉引论》,方向红译,南京:南京大学出版社 2006 年版。

8.《友爱的政治学》,胡继华译,长春:吉林人民出版社 2006 年版。

9.《解构与思想的未来》,夏可君等编译,长春:吉林人民出版社 2006 年版。

10.《宗教》,杜小真译,北京:商务印书馆 2006 年版。

11.《文学行动》,赵兴国译,北京:中国社会科学出版社 1998 年版。